KB089916

로마의 선택과 결정

② 지중해 패권

로마의 선택과 결정

② 지중해 패권

초판 1쇄 인쇄일 2018년 11월 23일
초판 1쇄 발행일 2018년 11월 30일

편저자 윤홍렬
펴낸이 양옥매
디자인 표지혜 송다희

펴낸곳 도서출판 책과나무
출판등록 제2012-000376
주소 서울특별시 마포구 방울내로 79 이노빌딩 302호
대표전화 02.372.1537 **팩스** 02.372.1538
이메일 booknamu2007@naver.com
홈페이지 www.booknamu.com
ISBN 979-11-5776-643-7(04920)
ISBN 979-11-5776-576-8(04920) 〈세트〉

이 도서의 국립중앙도서관 출판시도서목록(CIP)은 서지정보유통지원 시스템
홈페이지(http://seoji.nl.go.kr)와 국가자료공동목록시스템
(http://www.nl.go.kr/kolisnet)에서 이용하실 수 있습니다.
(CIP제어번호 : CIP2018037563)

로마의
선택과 결정

②

지중해 패권

윤홍렬
편저

책과나무

신神의 검지를 위해 여백을 남긴다

Ad indicem Dei marginem relinquo

1. 이해를 돕기 위해 시대별로 통사를 앞에 두었고, 개별 서사는 뒤따르면서 요약 또는 설명을 먼저 서술하고 그다음에 내용을 붙였다.

2. 지명은 당시의 지명에 따랐으며, 필요시 현재 지명을 부기해 두었다. 다만 오히려 혼란스러울 경우에는 현재 지명으로 표기했다.

3. 기원전은 'BC', 기원후는 'AD'로 표기했으나 아무런 표기가 없는 경우 기원후다.

4. 도량형은 가능한 현대식으로 표기했고, 화폐 단위와 토지 면적 등은 단수형으로 표기했으며, 인명은 프라이노멘·노멘·코그노멘을 모두 명기한 경우에도 셋 중 일반적으로 통용되는 1개만 주로 적었다.

5. 나이는 한국식으로 적었으며, 필요시에는 만 나이를 부기해 두었다.

6. 지도의 지명이 여러 곳일 경우는 좌에서 우로, 상에서 하로 붙였다.

7. "마음에 새기는 말"은 참고한 문헌에서 말한 자의 이름을 언급한 경우에는 명시했으며, 저자의 말을 인용했을 경우에는 별도로 이름을 명시하지 않았다.

8. 용어 정리는 종교, 군사, 정치·행정, 사회, 시설·기타 등의 순서로 했다.

○ 척박한 땅에서 빈곤하고 불행한 자의 용기로 무장한 로마는 성장을
  거듭하여 마침내 이탈리아 반도를 석권했다. 당초 그들은 에트루리
  아보다도 가난했고 삼니움보다도 왜소했다. 하지만 용기가 뛰어나고
  기개가 높았던 그들은 전쟁을 통해서 주변 지역을 정복한 후에 패배
  한 자가 가진 모든 것을 강탈하는 대신, 그들과 통합하여 동맹을 맺
  고 힘을 키웠다.

○ 그 결과 막강한 카르타고와 싸워 승리함으로써 거대한 섬 시킬리아
  에 로마의 깃발을 꽂고 속주로 삼아 지중해로 나아가는 발판을 마련
  할 수 있었다. 로마가 호전적인 주변 부족들을 아우르고 이탈리아를
  통일할 수 있었던 것은 실패로부터 배우는 데 충실했고 앞선 자의 가
  르침에 따라 하기를 주저하지 않았기 때문이다.

○ 지중해에서 세력을 떨쳤던 카르타고는 로마에게 패배하자, 지중해
  서쪽 히스파니아에서 재기의 발판을 마련했다. 그곳은 엄청난 부를

쌓을 수 있고 강건한 병사들을 모을 수 있는 희망의 터였다. 카르타고의 명장 하밀카르는 히스파니아에서 끌어모은 힘을 아들에게 물려주었고, 아버지 하밀카르의 실패와 분노를 지켜보면서 자라 온 한니발은 로마에 대한 적개심을 고스란히 이어받아 마침내 창끝을 로마로 돌렸다.

○ 한니발의 강력한 군대가 이탈리아를 휩쓸며 지나갔지만, 로마와 동맹들의 고리는 끊기에 너무나 질겼으며, 아버지의 죽음과 조국의 위기에 분연히 일어선 로마 젊은이의 탁월한 지휘력으로 마침내 한니발의 분노와 기개는 잠재워졌다. 제2차 포에니 전쟁이 로마의 승리로 마감됨에 따라 역사는 중대한 변화를 맞이하여 지중해 주변에는 새로운 질서가 부여되었고 지중해는 로마의 내해로 바뀌었다.

○ 이 글을 아들과 딸 그리고 그들의 아들과 딸에게 남긴다.

−2018년 11월
윤홍렬

2

공화정 시대

○ 카르타고의 명장 하밀카르는 슬하에 한니발, 하스드루발, 마고 등 3명의 아들을 두었다. 그중 맏아들 한니발은 어렸을 적부터 로마에 대한 적개심을 키워 나갔다. 전해 오는 이야기에 따르면 하밀카르가 히스파니아(註. 현재 지명 '에스파냐', 영식으로 '스페인')로 식민지를 개척하러 갈 때, 겨우 12살 난 한니발이 따라가겠다고 조르자 그를 바알 신전으로 데려가서는 평생토록 로마를 적으로 삼겠다고 맹세시킨 후 데려갔다고 한다. 히스파니아에서 하밀카르는 광산을 개발하여 엄청난 부를 쌓았고 이를 기반으로 히스파니아 종족으로 구성된 대규모의 군대를 조직했다. 그러나 하밀카르는 그곳의 전쟁터에서 목숨을 잃었고 사위 하스드루발이 권력을 이어받았지만 그도 집권 8년 만에 부하에게 살해당하자, 마침내 히스파니아 권력은 한니발의 손 안에 쥐어졌다.

○ 권력을 승계한 한니발은 줄곧 로마와의 전쟁을 생각하고 준비했다. 한니발은 우선 인접한 로마의 동맹국 사군툼(註. 현재 에스파냐의 '사군토')을 공격하여 함락시켰다. 제1차 포에니 전쟁을 마감 지었던 평화 협정에 따르면 카르타고군은 에브로강(註. 당시 명칭은 '이베르강')을 넘어설 수 없었으나, 사군툼은 에브로강 서측에 있어 평화 협정을 위반하지 않고도 공격할 수 있는 위치에 있었기 때문이다. 한니발은 로마와 전쟁을 원했지만 그렇다고 먼저 로마에 선전 포고하기에는

명분이 서지 않았다. 따라서 그는 사군툼을 공격하여 로마가 먼저 선전 포고를 하도록 만든 것이다. 로마는 외교적으로 카르타고의 사군툼 침공을 중지시키려고 사절을 보내는 등 많은 노력을 기울였으나 모두 실패하고 해결을 위해서는 무력에 호소하는 방법밖에 없자 마침내 선전 포고하기에 이르렀다. 이로써 두 국가의 운명을 가름 짓고 지중해 세계의 주도권을 결정한 제2차 포에니 전쟁의 막이 올랐다.

○ BC 218년 한니발은 로마의 선전 포고를 기다렸다는 듯이 병사들과 코끼리를 이끌고 피레네(註. 당시 지명 '피레나이우스')산맥을 넘고 갈리아를 횡단한 후 알프스를 넘어 이탈리아 북쪽으로 쳐들어갔다. 카르타고 노바(註. 현재 에스파냐의 '카르타헤나')를 출발했을 때 10만 명이 넘었던 한니발 휘하의 병사들은 이탈리아 북부에 도착했을 때 보병과 기병을 합쳐 불과 2만 6천 명만 남았다. 이들은 행군과 훈련으로 강인하게 단련되었고, 한니발에 대한 충성도 뛰어난 정예군이었다. 즉, 한니발 휘하에 남은 2만 6천 명의 병사들은 피레네산맥을 넘어서면서 사령관이 어디로 끌고 갈지 알 수 없다며 동요했던 나약한 병사들을 모두 돌려보내고, 알프스산맥을 넘고 지친 행군에서 수많은 병사들이 낙오된 다음에 최후까지 남은 담금질된 병사들이었다.

○ 알프스를 넘어온 한니발이 이탈리아 북부에서 진을 치자 로마의 성장에 위협을 느끼고 있던 갈리아 부족들이 대거 한니발 진영에 합류했다. 그해 한니발은 티키누스강과 트레비아강 유역에서 로마군을 상대로 승리를 거두었다.(註. BC 218년 티키누스강 전투 때 집정관은 大 스키피오의 아버지였다. 그 전투에서 집정관은 몇 명의 호위병들과 함께 수많은 적들에게 둘러싸였고, 게다가 이미 심각한 부상까지 입고 있었다. 아버지가 목숨을 위협받고 있는 모습을 본 스키피오는 병사들에게 위

험에 처한 집정관을 구하자고 외쳤지만 병사들이 두려움으로 이를 거부하자 그는 말에 박차를 가해 홀로 전우들의 시체가 즐비한 길을 뚫고 적들을 향해 뛰어들었다. 그제야 수치심을 느낀 병사들이 그를 따라 함께 돌격하여 집정관을 구해 냈다. 자신의 나이에 걸맞는 용기를 훨씬 뛰어넘은 용맹함을 보여 준 스키피오의 그때 나이 19세였고, 훗날 자마 전투에서 한니발을 이겨 로마의 영웅으로 우뚝 섰다.) 그는 전쟁이란 전투에서의 승리뿐 아니라 심리전과 홍보전도 중요하다는 것을 알고서 전술에 능숙한 면모를 보여 주기도 했다. 따라서 포로 중에서 동맹시 출신의 병사들에게는 관대하게 대하면서, 자신이 이탈리아에 병사들을 이끌고 온 것은 로마 때문이며 다른 도시를 적으로 삼기 위한 것은 아니라며 풀어 주었다.

○ 그다음 해인 BC 217년 한니발의 카르타고군은 아펜니노산맥을 통과하면서 저지대의 늪지에서 눈이 녹아 불어난 물에 견디기 힘든 고통을 겪은 데다 전염병까지 겹쳐 수많은 병사들과 군마들이 쓰러지고 한니발 자신도 눈병을 얻어 한쪽 눈을 잃었다. 하지만 그해 트라시메누스(註. 현재 명칭 '트라시메노') 호수에서 가이우스 플라미니우스가 이끄는 로마군과 싸워 크게 이겼으며, BC 216년 마침내 칸나이에서 전쟁사에 길이 남을 결정적인 승리를 거두었다. 승리자에게는 우군이 따르는 법이다. 한니발이 칸나이에서 승리하자 시라쿠사가 로마와의 동맹을 저버리고 한니발 편으로 돌아섰고, 브루티움과 루카니아를 비롯한 이탈리아 남부 지역의 많은 도시들뿐 아니라 마케도니아도 한니발을 지원하겠다고 전해 왔다.

○ 그러나 한니발이 기대했던 로마 동맹의 와해는 일어나지 않았다. 로마에 완승하기 위해서는 로마를 중심으로 하는 동맹 결속을 무너뜨

려야 했지만, 로마가 승자였을 때 보여 준 관용을 동맹시들은 기억하고 있었다. 이 때문에 동맹시들은 로마에게 쉽게 등을 돌리지 않았던 것이다. 이렇게 되자 한니발은 거대한 로마시를 함락시키려면 무수히 많은 군수품과 시간을 쏟아부어야 될 판이었다. 그렇다고 로마와 동맹시의 끈질긴 결속이 그대로 존속하고 있는 데다, 카르타고 본국으로부터 군수 물자조차 제대로 공급받지 못하는 상황에서 무모하게 공성전을 벌일 수는 없었다. 한니발은 로마시의 성벽 앞까지 와서 시민들의 가슴에 공포와 놀라움을 심어 주기는 했으나 정작 도시의 공략은 시도조차 하지 못했다.(註. 로마인들은 이 일이 있고 난 후 얼마나 소스라치게 놀랐던지 아이들이 칭얼대면 두려움을 주어 그치게 하려고 "성문 앞에 한니발이 나타났다!Hannibal ad portas!"고 말했다. 한니발이 로마 성벽에 가장 가까이 온 지점은 로마 남측 카페나 성문에서 아피아가도를 따라 두 번째 이정표가 있던 지점이었다. 훗날 로마인들은 이곳에 '적을 되돌려보내는 수호신'을 위한 제단을 세웠다.) 공성전은 망루, 공격용 탑, 파성추, 투석기, 토성과 지하 갱도의 건설 등 수많은 노력과 기술력 그리고 인력 투입이 필요한 전투다. 하지만 한니발은 동맹시의 배후 공격도 두려웠고 동원할 수 있는 병력도 적었으며 공성전을 위한 기술도 부족했다.(註. 로마군의 경우에는 모든 군단병이 평소부터 도로 건설, 성곽 축성, 참호와 군사 기지 건설 등에 동원되어 토목 기술자처럼 뛰어난 건설 능력을 가지고 있었다. 따라서 공성전은 로마군의 최대 장기였으며, 이것은 로마군에 의한 대제국 창건의 밑거름이었다.) 게다가 이제는 이탈리아에 처음 진군하던 때와는 달리 전투에서 완전한 승리는 없었고, 갈수록 로마군은 강인해지고 영리해졌으며 전쟁의 끝은 보이지 않았다. 더군다나 BC 211년 수학자이자 발명자인 아르키메데스의 놀라운 무기로 방어망을 갖추고 있던 시라쿠사가 로마 장군 마르켈루스에 의해 함락되었고, 같은 해 카푸아마저 로마의 지배에 굴복했다. 또한 BC 209년 타렌툼마저 로마군에게 다시 빼앗겼으며, 마케도니아가 카르타고를 지원하려던 계획은 로마군에 의해 봉쇄되고 말았다.

○ 카르타고 측에 섰다가 다시 로마에 복속된 도시들의 처분은 가혹했다. 도시의 지도층과 지휘관들이 참혹하게 처형되고 수많은 시민들이 재산을 강탈당하고 노예로 팔려 갔다. 만일 그 도시가 카르타고에 넘어갈 때 로마 시민들을 살해했다면 더욱 가혹한 처분이 뒤따랐는데, 카푸아의 경우 이 같은 일을 저질렀다는 이유로 이탈리아 제2의 도시에서 완전히 밀려나는 냉혹한 운명을 맞이해야만 했다.

○ 하지만 로마의 전황도 만만하지 않았다. BC 211년 로마는 한니발의 본거지인 히스파니아를 공략하기 위해 스키피오 형제가 로마군을 이끌고 싸웠으나 패배하고 형제들은 모두 전사했다. 그러자 그의 나이 어린 아들 스키피오(註. 스키피오의 어린 아들은 훗날 자마 전투에서 한니발에게 승리한 스키피오 아프리카누스였다.)가 히스파니아 전투에서 전사한 아버지와 백부의 원수를 갚기 위해 히스파니아에 파견된 군대를 지휘할 수 있게 해 달라고 원로원에 요청했다. 원로원은 격렬한 논쟁 끝에 나이로나 경력으로나 자격 미달이었던 스키피오를 파격적으로 승인했다. 다만 자유분방한 결정을 내리지 못하도록 감독을 붙였다. 그러나 예상 밖으로 스키피오는 히스파니아에서 대승을 거두었다.

○ 스키피오가 히스파니아에서 연이은 승리로 자리를 굳히자 한니발의 동생 하스드루발은 한니발과 합류하기 위해 병사들을 이끌고 알프스

를 넘어 이탈리아에 왔다. 하지만 그는 형과 만나기도 전에 로마군과 싸우다 전사하고 말았다. 그렇게 되자 한니발의 위세도 꺾여 이탈리아 반도의 남쪽 끝자락 브루티움 지역으로 축소되었다. 그제야 이 전쟁의 패전이 가져올 심각성을 깨달은 카르타고 정부는 이탈리아에 있는 한니발과 히스파니아에 있는 한니발의 막냇동생 마고에게 지원 병력과 전쟁 물자를 지원했다. 그리고 마케도니아의 필립포스 5세에게 사절을 보내 군대를 이끌고 이탈리아에 상륙할 것을 종용했다. 그렇게 되자 마고는 적은 병력이나마 군대를 이끌고 북이탈리아 리구리아 지역 게누아에 도착했다.

○ 하지만 모든 것은 이미 너무 늦었다. 마케도니아 왕 필립포스는 로마와 강화 조약(註. BC 205년 포이니케 조약)을 맺은 지 겨우 몇 달밖에 지나지 않았고, 마고가 이끌고 온 병력은 이탈리아를 정복하기에는 너무 적었으며 한니발의 기세도 약해져 예전의 막강함을 찾아볼 수 없었다. 카르타고 정부와 한니발의 정적들은 조국을 구하는 것이 가능할 때는 딴전을 피우다가 돌이킬 수 없게 되자 그제야 조국을 구하려고 했던 것이다. 조국이 누란의 위기를 맞아서도 그들은 정적의 승리를 시기하며 정쟁을 일삼다가 멸망을 눈앞에 두고서 깨달았으니 그 깨달음은 오히려 자신들의 어리석음을 인정할 뿐이었다. 아니, 어쩌면 그들은 정적의 파멸을 위해서는 조국의 멸망도 기꺼이 감수할 준비가 되어 있었으리라.

○ 마침내 히스파니아 전선의 승장이자 BC 205년 집정관 스키피오는 지구전을 주창한 파비우스의 반대에도 불구하고 이 전쟁을 끝내려면 아예 카르타고 본토를 공격해야 한다고 주장하기에 이르렀다. 로마 원로원은 집정관 스키피오가 관습과 국헌이 자신의 의견과 다를 때

거리낌 없이 이를 무시하고 대중적인 명성과 인기를 도모하기 위해 처신할 것이란 염려에 더하여 승리에 확신이 없었기 때문인지 걱정 속에 시간을 끌다가 마지못해 스스로 군대를 모집해야 한다는 조건으로 동의했다. 스키피오는 시킬리아에서 칸나이 전투의 패잔병 2개 군단과 이탈리아 각지에서 모인 7천 명 정도의 지원병들로 아프리카 원정 부대를 겨우 구성할 수 있었다. 원로원에서 보면 이들 병사들은 그야말로 전체 병력이 아프리카에서 전사한다 해도 아쉬울 것 없는 그런 병사들이었다. 하지만 살펴보면 칸나이 패잔병들은 자신들에게 씌워진 불명예의 굴레를 벗고자 용기로 충만한 자들이었고 지원병들은 전쟁의 위험을 스스로 무릅쓴 만큼 용맹한 기상을 가진 병사들로 이루어져 아프리카 원정군은 두려울 게 없는 강력한 군단이었다.

○ 아프리카 우티카 부근에 상륙한 스키피오는 누미디아 왕 마시니사의 막강한 기병들을 지원받아 카르타고의 숨통을 조였다. 카르타고는 로마에게 평화 조약을 제의했고 패자의 입장에서 스키피오의 제안을 수락하기로 했다. 스키피오의 제안에 따르면 카르타고는 전쟁 포로들을 돌려주고, 지중해의 섬들로부터 군대를 철수시킬 것이며, 히스파니아에 대한 권리를 포기하고, 20척을 제외한 모든 전함들을 로마에 양도하며, 전쟁 배상금을 지불하는 등 온건한 내용이었다. 조약의 내용이 이처럼 온건했던 것은 스키피오가 요즘에 와서야 진리가 된 '전쟁이란 완전한 평화를 얻기 위한 수단'이라는 것을 일찌감치 명확히 이해한 자였기 때문이다.

○ 그러나 위기를 느낀 카르타고는 강경파가 다시 세력을 얻자 한니발에게 본국으로 돌아와 조국을 지키라는 명령을 내렸다. 한니발이 정예 부대를 이끌고 카르타고로 건너오자 용기를 얻게 된 카르타고는

로마와 체결하기로 한 평화 조약을 헌신짝처럼 폐기 처분하고 다시금 전쟁을 결의했다. 하지만 한니발은 로마와의 전투를 피하고 싶었는지 BC 202년 로마군 사령관 스키피오에게 협상을 하자며 회담을 제의했다. 회담은 전투 전날 양진영의 중간에서 이루어졌다. 한니발은 전쟁이란 무의미하고 운명이란 인간을 어린애처럼 다루는 위험한 것이니 여기서 그만두자고 제안했다. 하지만 전쟁이란 피하고 싶다고 피할 수 있는 문제가 아니었다. 한니발의 제안에 스키피오는 이 전쟁을 일으킨 것은 바로 한니발 그대이며, 내가 군대와 함께 카르타고로 건너오기 전에 카르타고군이 이탈리아에서 철수했다면, 아니 그것이 아니더라도 평화 협상이 결렬되지만 않았더라도 여기까지 오지는 않았을 것이라고 쏘아붙였다. 그러면서 한니발에게 이제 내일의 전투를 준비해야 할 것이라고 선언했다. 두 사령관끼리의 회담은 결렬되고 만 것이다.

○ 마침내 BC 202년, 한니발과 스키피오는 아프리카의 자마 평원에서 국운을 건 역사적인 전투를 벌였다. 스키피오는 누미디아 기병을 동맹군으로 두었기에 막강한 기동력으로 카르타고군을 압도했다. 패전한 카르타고는 전쟁 배상금을 로마에게 지불하고, 소유한 모든 식민지를 잃었으며, 자위권조차 포기하고 선전 포고를 할 때는 로마의 허가를 받아야 한다는 굴욕적인 조건의 평화 협정을 맺을 수밖에 없었다. 그리고 한니발 측에 섰던 이탈리아 내의 수많은 도시들은 토지를 빼앗기고 자주권이 박탈되었으며 전쟁 배상금이 부과되는 등 가혹한 운명을 맞았다. 로마 시민들은 개선식 때 개선장군의 마차에 매달린 한니발의 모습을 보기 원했지만, 스키피오는 한니발의 신병 인도를 요구하지 않았다. 이는 스키피오의 맑은 정신이 적장의 위대함과 어

우러져 나타난 결과였다.

○ 자마 전투에서 살아남은 한니발은 BC 196년 카르타고의 지도자로 추대되었다. 그는 전쟁터의 지휘관으로서뿐 아니라 국가 통치와 행정에 있어서도 탁월한 지도력을 발휘하여 카르타고를 패전의 굴레와 고통에서 벗어나게 했고 번영의 반석 위에 다시 올려놓았다. 그는 체납 세금과 은닉 재산을 강제로 징수하고 세금 징수 제도를 개선하여 국가 재정을 신속히 정상화했다. 그가 이룩한 경제 발전으로 카르타고는 50년 동안 갚도록 협약된 전쟁 배상금을 10년 만에 모두 갚겠다고 로마에 제의할 정도였다. 하지만 로마는 카르타고가 채무국의 지위에서 벗어나기를 원하지 않았는지 이를 받아들이지 않았다.

○ 이렇듯 한니발의 기세와 자신만만한 태도를 걱정스런 눈길로 바라보던 정적들은 로마로 서신을 몇 번씩이나 계속 보내 그가 반로마적 정서를 가진 세력과 은밀히 내통하면서 또다시 전쟁 준비를 획책하고 있다고 고발했다. 이들은 패전 후 한니발이 이탈리아의 전리품을 은닉했다며 재판에 넘긴 적도 있었는데, 이처럼 그들의 꼴사나운 행위는 국익보다는 파벌의 승리를 앞세웠고 파렴치함을 넘어서 부패한 범죄 행위에 가까웠다. 하지만 한니발이 로마에 대한 분노를 사그라뜨리지 않고 다시 한 번 힘을 끌어 모으고 있다는 주장은 어느 정도 수긍할 만한 것이기도 했다. 이 같은 고발은 로마를 긴장시켰고 결국 로마 원로원은 한니발을 로마로 압송하기로 결정했다. 이에 스키피오는 한니발에 대한 원한과 증오 때문에 카르타고인들의 당파 분쟁에 휘말려 전쟁터에서 그를 이긴 것에 만족하지 못하고 법의 이름 아래 그를 다시 처벌해서는 안 된다며 강력히 반대했지만 로마의 복수심을 잠재울 수 없었다. 그렇게 되자 BC 195년 한니발은 시리아

왕 안티오코스 3세의 궁정에 의탁하기 위해 멀리 망명의 길을 떠났다. 그가 망명길을 떠나자 정적들은 그의 재산을 몰수하고 가옥을 파괴했다. 평생 동안 로마를 적으로 삼겠다던 바알신과의 약속을 한니발은 지킨 셈이지만 그 맹세를 지키는 데는 한없는 시련이 필요했다. 이 점에서 신을 섬기는 기쁨은 시련과 함께하며 신이 사랑하는 사람은 고난 속에서 단련된다는 말이 꼭 들어맞았다.

○ 이즈음 마케도니아의 필립포스 5세가 그리스를 침공하자 그리스는 로마에게 군사 지원을 요청했다. 이로써 로마는 지원을 빌미로 세력을 그리스까지 뻗칠 수 있었고, 동방 세계로 세력 확장을 꾀할 수 있는 기회를 얻었다. 더 나아가 그리스를 로마의 굴레에서 해방시키겠다는 기치 아래 사실상 그리스를 넘보고 있던 시리아의 안티오코스 왕과의 충돌도 불가피했다. 마케도니아 왕 필립포스 5세는 제2차 포에니 전쟁 때 한니발과 동맹하여 로마에 대항하다가 강화 조약(註. 포이니케 조약)을 맺은 적이 있었지만, 그 옛날 페르시아를 무너뜨리고 인도까지 진출했던 알렉산드로스 3세의 영광을 되찾고자 했던 그였기에 다시금 로마와의 충돌은 예정된 수순이었다. 하지만 로마는 제2차 포에니 전쟁이 끝난 지 얼마 되지 않은 시점으로 국토는 초토화되고 시민들은 전쟁의 피로에 지쳐 파병에 반대하는 여론이 일었다.(註. BC 217년 트라시메누스 전투의 패배 이후 파비우스는 주민들을 분산시키고 가옥과 농작물을 불태우라는 명령을 내렸고, 한니발도 이탈리아를 정복하는 곳마다 쑥대밭으로 만들었다. 게다가 중립이 허용되지 않은 채 로마와 한니발 중 선택을 강요받았던 이탈리아의 도시들은 서로 간에 승리를 주고받을 때마다 패자 측에 섰던 도시들은 약탈과 학살에 무참히 희생되었다. 그 결과 이탈리아는 온통 초토화되어 전쟁의 참상을 이

루 다 말할 수 없었다. 이는 한니발이 한동안 우세를 누렸던 이탈리아 중 남부가 특히 심했다.) 그러자 집정관 푸블리우스 술피키우스 갈바는 한니발이 사군툼을 공략하며 발호했을 때 로마가 강력히 대처했더라면 적들이 이탈리아 영토를 짓밟지는 못했을 것이라며 마케도니아 함대가 이탈리아 해변에 얼마나 수월하게 상륙할 수 있는지를 알리며 시민들을 설득했다. 집정관의 노력으로 마침내 시민들이 설득되어 로마군이 파병되었고 훗날 역사가들은 이 전쟁을 '제2차 마케도니아 전쟁'으로 불렀다. 필립포스는 승리를 위해 막대한 군사적 준비와 노력을 기울였음에도 급속히 팽창하는 로마의 무력을 당해 낼 수 없었다. BC 197년 그는 키노스케팔라이 전투에서 로마 장군 플라미니누스에게 결정적인 패배를 당하고, 알렉산드로스 왕의 굳센 기상이 서려 있는 마케도니아는 영광스런 과거의 빛이 바래어 결국에는 로마의 속국으로 떨어졌다.

○ 그럼에도 로마가 패전국 마케도니아를 멸망시키지 않은 것은 그리스를 넘보고 있던 시리아의 안티오코스 3세에 대한 방패 역할을 기대했기 때문이다. 이미 안티오코스는 그리스 몇몇 도시들을 장악했고 게다가 앞서 서술한 대로 카르타고로부터 도망친 한니발이 안티오코스 궁정에서 시리아를 돕고 있었다. 플라미니누스와 안티오코스는 몇 번에 걸쳐 협상을 시도했지만 회담은 결렬되었고, 마케도니아의 멸망을 바랐던 그리스의 아이톨리아인들은 로마가 마케도니아를 멸망시키지 않고 강화 조약을 맺자 이에 불만을 품고 안티오코스에게 로마의 콧대를 꺾어 달라며 부추겼다. 마침내 BC 191년 아퀼리우스가 이끄는 로마군이 그리스에 도착하여 안티오코스를 향해 검을 뽑아들었다. 하지만 시리아와의 전쟁은 강대국 카르타고를 굴복시킨 스

키피오 형제에게 최종 배정되었다. 여기에는 마케도니아와의 전쟁에서 승리한 플라미니누스의 영예를 시기와 질투의 눈으로 바라보았던 스키피오 형제의 야심이 한몫했다. 시리아 왕 안티오코스 3세는 카르타고와의 전쟁으로 강력한 전쟁 기계가 된 로마군을 이길 수가 없었다.

○ BC 190년 로마는 마그네시아 전투를 고비로 시리아 전쟁에서 승리하자, 시리아에게 한니발의 신병 인도를 요구했다. 그러자 한니발은 추적을 피해 다시 한 번 비티니아로 도주했지만 문 앞까지 쫓아온 로마 장군 티투스 플라미니누스가 보낸 추적자들을 따돌리진 못했다. 결국 그는 로마를 한 늙은이에 대한 공포에서 벗어나게 해 주겠다는 말을 남긴 후 자살의 길을 택하고 말았다. 티투스 플라미니누스는 로마를 풍전등화의 위기에 놓이게 했던 명장 한니발을 죽였다는 명성을 얻고 싶어 했겠지만, 후세의 사람들은 그가 날개가 부러진 독수리를 죽음으로 몰아넣었다고 평가했다. 그때 한니발의 나이 65세였다.

○ 역사가 리비우스가 전하는 일화가 있어 여기에 적어 둔다. 한니발이 시리아의 안티오코스에게 의탁해 있을 때 정세를 살피기 위해 파견되었던 스키피오가 에페수스에서 그와 대담한 일이 있었다고 한다. 그때 스키피오가 그에게 물었다. "이제껏 세상에서 가장 위대한 사령관은 누구라고 생각합니까?" 그러자 한니발은 즉답했다. "그는 바로 알렉산드로스요. 알렉산드로스는 적은 병력으로 헤아릴 수 없는 적들을 패퇴시키고, 인간에게서 기대할 수 있는 능력을 넘어섰기 때문이오." 그러자 스키피오는 "그럼 두 번째 위대한 사령관은 누구입니까?" 한니발은 대답했다. "그자는 피로스요. 피로스는 어느 누구보다도 적정한 곳에 진지를 꾸리고 어떤 지휘관보다 진지를 잘 수비했

소." 스키피오가 이어받았다. "그렇다면 세 번째 위대한 사령관은 누구라고 생각하는지요?" 한니발은 말했다. "그자는 바로 나요." 그러자 스키피오가 웃으며 다시 물었다. "만약 그대가 나를 이겼다면?" 한니발은 머뭇거리지 않고 바로 답했다. "내가 그대를 이겼다면, 나는 피로스는 물론 알렉산드로스보다도 앞에 놓여야 될 것이오." 이이야기가 꾸며 낸 것일지는 몰라도 역사가로서 한니발의 군사적 천재성을 언급하고자 한 것이리라.

○ 시리아와의 전쟁 이후 스키피오는 전쟁 배상금을 불법으로 유용했다는 이유로 정적들로부터 고발을 당했다. 아무리 스키피오 형제가 결백을 주장했지만 명백한 입증 자료가 없었고 카토를 비롯한 정적들의 공세는 갈수록 신랄했다. 그렇게 되자 조국을 누란지세의 위기에서 구한 전쟁 영웅 스키피오는 환멸을 느끼며 법정에도 나오지 않고 캄파니아의 리테르눔에 있는 별장에 틀어박힌 후 병이 들어 54세의 나이에 세상을 뜨고 말았다. 죽음이 찾아들었을 때 그는 분노하며 이렇게 말했다. "배은망덕한 로마여, 그대는 이 스키피오의 뼈를 갖지 못하리라!" 우연히도 동일한 운명의 힘을 갖고 있었는지 그가 죽은 해는 한니발이 죽은 해와 같은 BC 183년이었다. 훗날 불법으로 사용했다던 전쟁 배상금의 용도가 밝혀지고 스키피오의 무죄가 입증되었다. 하지만 그때는 이미 스키피오가 죽은 지 2년이 지난 후였다.

○ BC 179년 마케도니아 왕위는 필립포스 5세에서 그의 큰아들 페르세오스에게로 넘어갔다. 페르세오스는 아버지로부터 왕위와 함께 로마에 대한 적개심까지 물려받았다. 그는 집권하자 군사력 증강에 박차를 가하며 로마를 자극했다. 의심의 눈초리로 주시하고 있던 로마에게는 북방의 갈리아족을 방어하기 위해 군비를 증강시킬 수밖에 없

다고 둘러대었다. 하지만 이러한 눈속임도 오래가지 못했다. 왜냐하면 페르세오스가 병력을 정비하여 먼저 동쪽의 페르가몬 왕국으로 창검을 겨누자, 페르가몬은 동맹 조약을 맺은 로마에게 즉시 구원을 요청했기 때문이다. 로마는 군사적 행동으로 나서기 전에 외교적 해결을 위해 노력했지만 모두 수포로 돌아갔다. 위기에 봉착한 페르가몬은 로마에게 즉각 병사들을 파견해 달라고 요구하기에 이르렀다. 이로써 제3차 마케도니아 전쟁이 불을 뿜었다.

○ BC 172년 로마가 마케도니아와 전쟁을 치르기로 결정하자, 그리스 도시 국가와 주변의 수많은 국가들이 로마 편에 설 것이라며 로마에 사절들을 보냈다. 이것은 아마도 마케도니아가 로마에게 적수가 될 수 없으리라고 생각한 당시의 주변국들의 판단을 반영한 것이리라. 심지어 페르세오스의 장인이 통치하는 시리아도 로마와 동맹이 될 것임을 천명했고, 페르세오스의 매제인 비티니아 왕은 중립을 지키겠노라고 선언했다.(註. 페르세오스는 시리아 왕 안티오코스의 딸을 아내로 맞았고, 누이를 비티니아 왕에게 시집보냈다.) 따라서 페르세오스는 전쟁을 벌이기도 전에 외교에서 패하고 말았던 것이다.

○ 드디어 BC 171년 마케도니아 전쟁에 파견된 로마군이 그리스에 도착하여 전쟁의 포문이 열리고 매년 집정관을 새로 뽑아 총사령관을 맡기는 관습에 따라 로마군 사령관이 몇 번 바뀌다가 마침내 페르세오스는 로마 장군 아이밀리우스 파울루스(註. 칸나이 전투에서 바로의 동료 집정관 아이밀리우스의 아들이다.)가 지휘하는 로마군과 맞붙었다. BC 168년 몇 년을 끌던 전쟁은 피드나에서 로마군과 마케도니아군 사이에 불과 1시간의 짧은 전투로 극적인 결말을 보이며 판가름 났다. 두 군대의 접전에서 처음에는 마케도니아군이 우세를 보여

로마군을 울퉁불퉁한 산 위로 밀어붙였다. 하지만 마케도니아의 팔랑크스(註. phalanx, 그리스의 보병 군단의 밀집 대형)가 바닥이 고르지 못한 전장에서 좌우의 병사들 간에 밀착되지 못하는 허점을 드러내자, 로마군이 팔랑크스의 빈틈을 놓치지 않고 공격하여 승기를 잡았기 때문이다. 이로써 그 옛날 알렉산드로스의 위업에 빛났던 마케도니아는 영원히 역사 속으로 사라지고 말았다.

○ 로마는 이 전쟁에서 승리한 후 마케도니아 편에 서서 싸운 70여 개 도시를 약탈하고 주민들을 노예로 삼았으며, 1천 명가량의 귀족들을 로마에 인질로 보냈다. 그때 역사가 폴리비오스도 인질이 되어 로마에 끌려왔다. 하지만 로마는 페르세오스가 부과하던 세금의 절반 정도만 마케도니아인들에게 부과함으로써 망국의 슬픔을 달래 주었다. 또한 한니발이 이탈리아를 떠난 후부터 계속되던 북이탈리아의 정복은 BC 155년에 이르러 완료됨으로써 리구리아와 갈리아 키살피나 지역이 모두 로마의 세력권에 들어왔다.

○ 제2차 포에니 전쟁의 포성이 그친 지 수십 년이 지났을 무렵, 카르타고의 하늘에는 다시금 전운의 먹구름이 감돌았다. 카르타고가 평화 협정을 어기고 로마의 허락 없이 로마 동맹국인 누미디아를 공격한 것이다. 이 분쟁은 사나운 누미디아가 세력 확대를 꾀하며 카르타고를 먼저 공격한 것이 발단이었다. 실상 카르타고는 한니발 전쟁이라고 불리는 제2차 포에니 전쟁 이후 군사적 능력이 거세되었으나, 공업과 상업은 더욱 번성했다. 그들은 경제적 성장에 힘입어 필립포스 5세, 안티오코스 3세, 페르세오스가 로마와 싸울 때 로마를 도우기까지 했었다.

○ 하지만 이러한 지원도 카르타고가 자신의 안전을 지키는 데 도움이

되기는커녕 로마의 의심만 키웠다. 로마는 그렇지 않아도 카르타고의 번영을 의혹의 눈으로 바라보고 있던 참에 평화 협정을 위반하는 일을 벌어지자 이때다 싶어 병력을 이끌고 카르타고로 쳐들어갔다. 이로써 곧 제3차 포에니 전쟁이 시작되었다. 로마와의 전면 대결을 원치 않았던 카르타고는 특사를 파견하여 선처를 요청하자, 로마는 카르타고 시민들 모두 해안선에서 떨어져 내륙으로 이동하라고 요구했다. 하지만 이는 카르타고인들이 받아들일 수 있는 것이 아니었다. 카르타고인들의 모든 삶과 근거가 바다였고 해양 민족이 바다를 떠나 내륙으로 들어갈 수는 없었기 때문이다. 결국 로마군에게 공격 명령이 떨어졌고 카르타고는 필사적으로 저항했으나, 3년 만에 스키피오 아이밀리아누스가 이끄는 로마군에게 성이 함락되고 말았다. 도시는 약탈되고 철저하게 파괴되었으며, 살아남은 시민들은 모두 노예로 팔렸다. 그리고 로마군은 카르타고의 땅을 고른 후 소금을 뿌렸다. 그것은 그 당시 도시의 영원한 멸망을 상징하는 저주스런 행위였다.

○ 카르타고와 동방에서 로마가 승리를 거두자 지중해 주변의 모든 국가로부터 부와 재물 그리고 사치와 향락까지도 로마로 모여들었다. 특히 동방과 그리스로부터 사치스런 문화가 유입되는 것을 보고 로마의 양식 있는 자들은 이런 식으로 가다가는 강건한 로마의 정신이 모두 다 사라지고 나약한 동방 문화만 살아남겠다며 탄식했다. 피정복 국가들은 군사적인 복수 대신에 사치, 낭비 그리고 나태와 같은 사악한 관습을 정복자에게 퍼뜨려 복수한 것이다. 정복된 자들의 못된 풍습들이 로마인들의 심장부에 들어섰고, 검약과 같은 오래된 로마의 훌륭한 미덕은 사라졌다. 역사가 리비우스는 로마의 부유함이 사치를 낳았고 풍요로움에 올라탄 욕망이 파멸을 향해 몰았으며 사

치와 정욕을 통해 피폐한 정신이 생겨났다며 개탄했다. 드넓은 농토에 농사일을 노예에게 맡겨 놓고 귀족들은 도시에서 향락을 즐기고 있다며, 농사를 직접 짓던 과거의 미덕이 사라진 것을 한탄해도 소용없었다.

○ 게다가 이미 BC 195년 카토의 탄식과 반대에도 불구하고 달콤한 맛에 길들여진 로마는 사치를 금지한 법을 철폐했었다.(註. 사치를 금지한 법은 오피우스 법Lex Opia을 말하며 BC 215년 호민관 오피우스가 제안했다.)(註. 키케로는 법을 '묶음, 구속'의 의미가 담긴 'lex'라고 했으나, 대개의 로마 법학자들은 '공정, 정의'란 의미가 내포된 'jus'라고 했다. 예를 들면 자연법을 'lex naturalis' 또는 'jus naturale'라고 썼다. 하지만 고대 라틴어는 'LEXNATVRALIS' 또는 'IVSNATVRARE'라고 표기했는데, 'lex'는 여성형 명사이므로 여성형인 'naturalis'를 'jus'는 중성형 명사이므로 중성형인 'naturale'를 붙였고, 'j'와 'u'는 아직 발명되지 않아 'i'와 'v'를 사용한 것이다. 이처럼 고대 라틴어는 아직 소문자가 발명되지 않았고, 각 단어 간에 띄어쓰기조차 하지 않았으니 해독하기가 매우 어렵다.) 카토는 조국이 사치와 폐습에 빠져드는 것을 그렇게도 염려했지만 그가 반드시 멸망해야 한다고 주장했던 카르타고라는 강력한 적이 차라리 힘을 지닌 채 코앞에서 버티고 있었더라면 로마가 사치와 타락에 물들지는 않았으리라.(註. 카르타고는 BC 146년에 멸망했지만 이미 BC 201년 제2차 포에니 전쟁이 끝났을 때 사실상 로마의 속국에 지나지 않았을 뿐이다. 카르타고가 로마를 공략할 정도는 아니더라도 상당한 힘을 지녔다면 로마 시민들이 사치에 빠져드는 위험을 감수하기보다는 강건한 정신을 유지하는 쪽을 택했을 것이다.) 1~2세기에 활약한 로마 시인 유베날리스(Decimus Junius Juvenalis)는 자신의 풍자시에서 다음과 같이 읊

조렸다. "과욕과 사치가 그녀(로마)를 사로잡았으며, 이로써 정복된 세계는 원수를 갚았노라!"(註. 훗날 4~5세기 교부 아우구스티누스와 18세기 사상가 몽테스키외에 따르면 로마의 패망은 분열 때문이 아니라, 번영 때문이라고 했다. 즉 승리에 따른 부의 집중으로 이제껏 로마를 강건하게 유지시켜 준 용기, 검소, 근면, 절제, 인내 등과 같은 미덕이 사라지고 사치, 낭비, 나태, 시기, 방종, 내분 등과 같은 악덕이 준동하게 되었다고 주장했다. 아우구스티누스는 강건한 시절의 로마는 극장 관중석의 의자 설치를 막았으며, 심지어 연극을 관람할 때만 옮겨 와 사용했던 의자마저도 금지했다고 말했다.)

○ 당시 지중해 주변의 문명 세계에서는 세계를 둘로 나누면 아시아가 한 부분이 되고 유럽과 아프리카가 한 부분으로 나누어진다고 생각했다.(註. '아시아'란 말은 서부 아나톨리아의 국가 '앗수와Assuwa'에서 비롯되었으며, '앗수assu'는 히타이트어로 '좋은'이란 의미다. 이것을 로마가 소아시아를 정복했을 때 어미를 변화시켜 '아시아'로 불렀다고 전한다. 또 다른 설에 의하면 동쪽을 뜻하는 페니키아어 '아사asa'와 관련이 있다고도 한다. '유럽'은 페니키아 공주 '에우로페Europe'에서 비롯되었다. 그녀는 흰 황소로 변한 제우스에게 납치되어 크레타섬에 갔다. 신화에 의하면 에우로페 공주는 죽은 후 신이 되었고, 그녀를 추앙하는 지역에 에우로페의 이름을 붙였다고 한다. '아프리카'는 베르베르어로 동굴을 의미하는 '이프리ifri' 또는 페니키아어로 먼지를 뜻하는 '아파르afar'에서 왔다고 전한다. 먼지는 사하라 사막의 모래 폭풍을 두고 한 말이다. 그러다가 포에니 전쟁으로 카르타고가 로마의 통치하에 들어갔을 때부터 '아프리카'로 불리었다. 다만 '리뷔에'라고 불렀던 곳은 북아프리카 이집트 서쪽 일부 지역을 지칭한 것이었다.) 유럽과 아프리카는 그사이에 바깥 바다에

서 물이 들어와 큰 바다를 이루고 있어 이를 육지로 둘러싸인 바다라는 의미로 지중해라고 불렀는데, 이제 지중해가 로마의 내해가 되었다.(註. "지중해"란 용어는 3세기 후반 가이우스 율리우스 솔리누스의 『기념 수집물』이란 책에서 처음 등장했다고 전한다.) 그리고 주변에는 로마의 위세에 도전할 나라는 사실상 없어졌다. 하지만 로마 세계에 이제는 평화와 행복한 미래만이 남았다고 생각될 즈음 신이 이를 시기하였는지 로마인들끼리의 내분으로 다시금 전운이 감돌고 있었다.

○ 전리품의 약탈은 BC 146년 카르타고와 코린토스의 멸망을 끝으로 사실상 끝났다. 남은 것이라곤 가난하고 무지하게 살아가는 야만족과 치러지는 전쟁뿐이었다. 야만족과의 전쟁에서 승리해 보았자 전리품보다는 로마화에 소요되는 비용이 훨씬 더 많았다. 게다가 로마로 흘러들어 오는 부와 재물은 귀족들과 몇몇의 세력가들이 차지했고 대부분의 시민들은 더욱더 가난해졌다. 목숨을 걸고 전쟁터에서 국가를 지켰건만 돌아온 것은 거의 폐허가 되어 버린 농토와 파괴된 가정뿐이었다. 그렇지만 대지주였던 귀족들은 더욱 넓어진 토지와 정복한 국가에서 잡아 온 노예들을 이용해서 많은 양의 곡물을 더욱 싸게 시장에 내놓았다. 이렇게 되자 자작농인 민중의 삶은 더없이 팍팍해져 수많은 농민들이 소작농으로 전락했다. 공화정 초기 로마가 정복 사업으로 팽창할 무렵 나타난 가난한 자들의 절망과 분노가 그대로 반복된 것이다.

○ 이는 또 다른 문제를 낳았다. 가진 재산이라고는 자식밖에 없다는 뜻에서 무산 계급을 '프롤레타리아투스(註. 'proletariatus'는 자녀를 라틴어로 '프롤레스proles'라고 하는 데서 온 말이다. 무산자들을 '프롤레타리이proletarii'라고 하고, 징집할 수 있는 유산자들을 '아시두이accidui'라고

한다.)'라고 했는데, 이들이 많아지면서 재산에 따라 부과되는 로마의 병역 의무 방식에 의해 병사들의 수가 부족해지고 질이 떨어졌던 것이다. 호민관 그라쿠스 형제가 농지 개혁을 통하여 자작농을 육성하고 유산 계층을 증가시켜 징집할 수 있는 시민의 수를 늘리고자 했지만, 국유지를 재분배하자는 농지 개혁은 기득권 세력의 맹렬한 반대에 부딪혀 물거품이 되었고 그라쿠스 형제는 목숨을 잃었다. 형 티베리우스 그라쿠스와 동생 가이우스 그라쿠스가 시도한 개혁이 실패로 돌아가자 로마의 썩은 부분은 그 상처가 더욱 커지고 체제의 기반까지 흔들거렸지만, 기득권자들은 썩은 부분을 도려내기는커녕 탐욕의 달콤함에 빠져 헤어나지 못했다.(註. 빈부의 격차가 심화되자 훗날 마리우스는 병사들을 무산자 계급에서 충원했고, 이들은 퇴직 시에 받을 수 있는 보상금을 기대했으며, 이는 사령관의 역량에 좌우되었다. 그리고 그들은 사령관의 사병私兵이 되었고 그렇게 되자 독재의 기반이 마련되었다. 이후로 독재의 길은 술라가 시범을 보였고 카이사르가 길을 닦았으며 옥타비아누스가 완성시켰다. 이렇듯 부유한 귀족들은 탐욕의 끈을 놓지 않으려고 안간힘을 쓰는 중에 결국은 자신들의 자유를 속박당했다.)

○ 그러다가 로마 동맹국인 북아프리카 누미디아의 왕 미킵사가 죽자 그의 두 아들과 양자인 유구르타 사이에서 권력 분쟁이 발생했다. 유구르타가 동생 히엠프살을 죽이고 남은 아들 아드헤르발을 쫓아냈던 것이다. 이에 쫓겨난 아드헤르발이 로마로 망명하여 유구르타의 부당함을 호소하고 도움을 청하자 로마에서는 유구르타를 지지하는 측과 아드헤르발을 지지하는 측 간에 맹렬한 논쟁이 벌어졌다. 마침내 그들은 로마의 중재로 국가를 나누어 각각 다스리게 되었지만 로마의 중재는 오래 지속되지 못했다. 전투에 자신만만했던 유구르타가 한동

안 중재안을 따르는 척하다가 본심을 드러냈기 때문이다. 야심에 가득 찬 자신의 본성이 이끄는 대로 유구르타는 군사를 일으켜 친아들을 죽이고 나라를 병합했던 것이다. 이는 로마의 권위에 도전한 것이나 다름없었다. 로마 원로원은 유구르타를 찬탈자로 규정하고 집정관 메텔루스에게 군사를 이끌고 누미디아를 공격할 것을 명령했다.

○ 메텔루스 휘하에는 마리우스가 있었는데 그는 훗날 로마 역사의 한 획을 긋게 되는 카이사르의 고모부였다. 마리우스는 메텔루스의 부장으로 있으면서 혁혁한 전공을 세웠지만 사령관 메텔루스는 전쟁을 조속히 끝장내지 못했다. 그러자 마리우스는 우티카에서 고무적인 예언을 듣고 야심이 생긴 데다 메텔루스의 방법으로는 유구르타와의 전쟁을 종식시킬 수 없다고 생각하고 로마로 가서는 스스로 집정관 선거에 나섰다. 적절한 논리를 내세워 집정관에 당선된 그는 메텔루스의 병력을 인계받아 아프리카에서 과감한 공격을 시도했다.

○ 마리우스의 휘하에는 재무관으로 술라가 참전하고 있었는데, 그는 입대하기 전의 기질로 미루어 보면 과연 군 생활을 제대로 할 수 있을까 의문스러울 정도였지만 뜻밖에도 마리우스 밑에서 유감없이 군사적 재능을 발휘했다. 게다가 그는 재치와 속임수를 써서 유구르타를 사로잡아 지루했던 이 전쟁을 종결시키는 데 결정적인 공을 세웠다. 마침내 승장이 되어 로마로 귀환한 마리우스는 로마에서 최고의 권세를 누렸지만, 술라도 시민들에게 그 공로를 인정받아 큰 세력가로 변모했다.

○ BC 107년 마리우스는 집정관이 되어 유구르타 전쟁을 지휘할 때 로마군의 문제점을 깊이 인식하여 군제 개혁을 실시했다. 그는 로마군의 징집 제도가 주로 의무병이던 것을 지원병으로 바꾸었는데, 이는

직업도 없이 도시를 방황하던 무산자 계급의 아들들을 군대로 흡수하는 결과를 낳았다. 병사가 된 그들은 높은 급료와 농지 배분을 보장받았고 마리우스와 함께 적과 싸우면서 충성스런 부하로 바뀌었다. 그리고 군단병인 이들은 당연히 로마 시민권자였으므로 마리우스의 굳건한 정치적 기반이 되었다. 즉, 평민이었던 마리우스에게는 클리엔스가 없었지만 이들 병사들이 그의 충직한 클리엔스가 된 것이다.(註. 클리엔스cliens는 귀족의 보호를 받는 평민을 의미하며 영어 '클라이언트client'의 어원이다. 복수형은 '클리엔테스clientes'. 대응하는 말로 파트로누스patronus는 후원자를 의미하며 영어 '패트런patron'의 어원이다. 독일의 역사가 몸젠에 의하면 애초에 클리엔스는 로마인들이 도시를 정복한 후 피정복민들을 노예로 만들지 않고 기존의 자유를 인정하되 시민권과 완전한 재산권이 없는 등 반쪽의 불완전한 자유를 누릴 수밖에 없는 자들이라고 정의하고 있다. 이는 로마가 이탈리아 반도를 통일하는 과정에서 나타난 현상이었지만, 훗날 카이사르가 갈리아를 정복하고 갈리아 주민들을 클리엔스로 삼은 경우뿐 아니라 폼페이우스가 히스파니아와 동방을 공략한 후 그곳의 주민들을 클리엔스로 삼은 경우에도 마찬가지였다. 하지만 클리엔스는 오랜 세월을 거쳐 점차적으로 파트로누스의 족쇄에서 벗어나 시민권과 투표권을 가질 수 있었다. 물론 마리우스가 자신의 휘하에 있던 병사들을 클리엔스로 삼은 경우는 그들 모두 군단병이었고 피정복민이 아니었기에 처음부터 로마 시민권자였다. 끈끈했던 파트로누스-클리엔스의 관계는 제정으로 가면서 점차 엷어지기 시작했다.)

○ 로마가 정복 전쟁에서 연이어 승리하자 전리품과 부가 로마로 흘러들었고 로마 시민권은 패권자의 징표가 되어 가치가 솟구쳤다. 로마 시민권이 매우 가치 있고 매력적인 것으로 바뀌자, 로마와 동맹을 맺

고 있던 이탈리아 내의 동맹시들이 시민권의 확대를 요구하고 나섰다. 그들로서는 로마 편에서 포에니 전쟁을 치르면서 피를 흘렸고, 따라서 로마의 성장과 번영에 기여했으니 그 열매도 같이 나누어 가져야 된다는 논리였다. 동맹시로서는 정당한 요구였지만 기득권을 가진 로마 시민들은 자신들의 권리가 확대되는 것을 꺼려했다. 시민권 확대가 쉽게 이루어지지 않자 동맹시들은 마지막으로 호민관 드루수스를 통해 자신들의 권리가 관철되리란 기대를 걸었다. 하지만 그는 완고한 보수주의자에게 살해되고 말았다. 동맹시들은 마지막으로 기대를 걸고 있던 드루수스마저 살해되자 절망했으며, 절망에 빠진 자들이 흔히 그러하듯 가장 폭력적인 방법으로 자신들의 주장을 호소하기에 이르렀다. 마침내 로마와 피를 나누었던 동맹시들은 격분하여 '이탈리아'라는 깃발 아래 항거의 불꽃을 발화시켰다.(註. '이탈리아'는 송아지를 의미하는 오스카어 '비툴루스vitulus'에서 유래했고, 따라서 동맹시들은 자신들의 상징으로 황소를 채택했다. 다만 BC 5세기 아테네 역사가 투키디데스에 따르면 이탈리아는 시켈로이족의 왕 이탈로스에서 유래하고, 시켈로이족은 이탈리아에서 시킬리아로 건너와 섬 이름의 근거가 되었다고 한다.)

○ BC 91년에 발발한 동맹시 전쟁은 BC 90년 루키우스 카이사르의 제안으로 로마 시민권이 동맹시로 확대됨으로써 사실상 끝났지만, BC 88년 마지막 전란의 함성을 술라가 종식시킬 때까지 계속 이어졌다. 야박하고 배타적인 토양 위에 분노가 뿌려지자 한니발이 그렇게도 열망했던 로마 동맹의 분열이 마침내 터져 나와 끈질긴 속성을 버리고 갈가리 찢겨져 나갔고, 로마는 혈맹을 맺었던 동맹시들과 피비린내나는 전쟁을 치른 후에야 자신의 잘못을 뼈저리게 깨달았던 것이다.

✵ 한니발(Hannibal)의 의지(BC 218년)

≪아버지로부터 이어받은 로마에 대한 적개심은 한니발이 히스파니아 실권을 손안에 넣자 마침내 겉으로 드러났다. 그는 전쟁보다는 상업에 더욱 열성을 보였던 페니키아인의 본성에 분노를 주입시켜 로마 침공을 계획했다. 그것도 알프스산맥을 넘어 적의 허점을 찌르겠다는 당시로서는 통상적인 생각을 뛰어넘는 대단한 도전이었다. 하지만 한니발의 계획은 처음부터 실패의 씨앗을 품고 있었다. 그의 계획은 로마 동맹의 고리를 끊어 버리는 것이었으나, 사실 로마 동맹의 고리는 끊기 어려울 만큼 질긴 것이었고 한니발은 그것을 제대로 이해하지 못했기 때문이다.≫

○ 바르카(註. 'Barca'는 카르타고어로 '급습' 혹은 '번개'를 의미하며, '바르카스Barcas' 또는 '바락Barak'이라고도 한다.) 가문의 우두머리이자 카르타고의 군사령관이었던 하밀카르는 식민지 개척을 위해 육군과 해군을 이끌고 히스파니아로 떠났다. 그곳은 용맹한 기상을 지닌 부족들이 있어 많은 병사들을 모을 수 있고, 로마와 멀리 떨어져 있어 의심을 받지 않고 적의에 찬 계획을 감출 수 있으며, 풍부한 자원과 광대한 토지에서 나오는 힘으로 신속히 세력을 모을 수 있는 약속의 땅이었다.(註. 히스파니아 남부 광산에서는 매년 약 46톤의 은을 생산했으며, 이는 1천만 데나리우스에 해당되었다. 훗날 한니발이 전쟁을 도발할 때 6만 명에 달하는 병사들을 유지하기 위해 연간 950만 데나리우스가 필요했던 점을 감안하면 히스파니아 은광은 대단한 재원이었다. 1데나리우스는 4세스테르티우스이며 한화로 약 12,000원에 해당.) 따라서 히

스파니아 식민지 건설은 탁월한 전략가였던 30대 초반의 하밀카르가 생각할 수 있는 어쩌면 당연한 귀결이었다.

○ BC 236년 그가 히스파니아로 떠날 때, 12살 난 맏아들 한니발이 같이 데려가 달라고 아버지를 졸랐다. 그러자 하밀카르는 한니발(註. '바알신의 은총'이란 의미이며, 바알Baal신은 페니키아인들이 섬기는 풍요와 다산을 관장하는 신이다.)을 신전으로 데려가 평생토록 로마를 적으로 삼고 살아갈 것을 맹세시키고 데려갔다.(註. 이것은 실제 있었던 사실이라기보다는 겨우 한니발 한 사람에게 고전을 면치 못한 것을 부끄럽게 여긴 로마에서 지어낸 이야기든지, 아니면 전쟁의 책임을 한니발 한 사람에 돌리려고 했던 카르타고에서 만든 이야기로 추측되나 진위는 알 수 없다.) 하밀카르가 전쟁터에서 목숨을 잃고 (註. BC 236~228년 동안 히스파니아 통치) 그 후계자인 사위 하

▌한니발

스드루발이 부관인 갈리아인과 다투다가 암살당한 후(註. BC 228~220년 동안 히스파니아 통치), 마침내 한니발이 히스파니아의 권력을 이어받아 세력 확대를 꾀했다. 로마는 걸출한 명장이자 강경파였던 하밀카르가 죽자 히스파니아에 대한 걱정거리가 모두 끝났다고 생각했지만, 사실 권력을 승계한 한니발은 아버지의 마음속 깊은 분노를 그대로 이어받은 강인한 장군이었다.

○ 당시 20대 후반의 견실한 청년 한니발은 이미 수많은 경험을 한 자였

다. 부친이 먼 이국땅에서 전쟁을 벌여 승리한 것은 물론, 승리의 보람도 없이 강화 조약으로 힘겨운 귀국길에 오른 것을 보았고 용병들이 일으킨 내전의 참상을 겪었으며, 전쟁터에서 부친이 전사하는 것을 목격했다. 또한 그는 어릴 적부터 부친의 병영에서 자랐지만 그리스어를 배웠고 검을 잘 다루며 말을 타는 데 능숙했고 강건한 육체를 유지했다. 로마와 카르타고의 정적들은 한니발이 잔인하고 탐욕스럽다고 비난했지만, 잔인성은 증오심과 열의에 불타는 젊은이가 지닐 수 있는 본성이었고 탐욕심은 전쟁을 지휘하는 군사령관이 군자금과 군수품을 부족하게 하지 않으려는 수준을 넘지 않았으며, 이 모든 것을 인정하더라도 그의 순수성과 위대성이 가려지지 않았다.

○ BC 219년 한니발은 당시 로마의 동맹국이었던 사군툼(註. 현재 에스파냐의 '사군토')이 정당한 사유 없이 카르타고의 속국을 공격했다는 이유로 포위했다. 2차례에 걸친 로마의 항의에도 불구하고 한니발은 카르타고 본국에 사절을 보내 조언을 구한 다음 그 결정에 따라 포위된 사군툼을 공격했다. 기록에 따르면 한니발의 포위에 기근이 닥친 사군툼은 인육마저 먹기도 했고, 도시가 함락되는 마지막 순간에는 광장에 높다란 장작더미를 쌓아 올리고 불을 붙인 뒤 자기 가족과 자신을 칼로 찌르고 불길 가운데로 몸을 던진 자도 있었다고 한다. 이러한 아비규환의 외침 속에 사군툼은 마침내 함락되었다. 동맹국이 8개월간이나 적에게 포위되어 참혹한 공격을 받고 있을 때 로마가 일리리아의 도적 떼와 상대하고 있지나 않았던들 역사는 우리가 알고 있는 것과는 많이 달라져 있었을 것이다. 아마 그때까지 히스파니아의 움직임을 로마는 심각하게 생각하지 않았으리라. 게다가 카르타고의 정세가 주전파보다 주화파가 더 기세를 얻고 있는 데다, 한니발

이 이탈리아를 공격하자면 함선을 이용할 것이 분명하므로 로마로서는 항구만 든든히 지킨다면 충분하다고 판단했다.

○ 하지만 동맹을 맺은 도시가 카르타고의 공격에 함락되어 로마의 위신이 땅에 떨어지자, 로마는 전쟁을 원치 않는다면 말썽을 일으킨 한니발을 로마에 넘기라고 압박하기에 이르렀다. 카르타고의 한노는 로마와의 위험한 전쟁을 피하기 위해 고군분투했으나, 당시 카르타고의 정세는 이를 빈정거리기만 했다.(註. 한노는 카르타고의 지주 계층을 대표했으며, 북아프리카 영토를 정복하는 과정에서 부를 형성하여 카르타고 정부를 장악했다. 따라서 그는 로마와의 어렵고 위험한 전쟁보다도 북아프리카 영토 확장에 더 큰 관심을 가졌다. 따라서 그는 제1차 포에니 전쟁 중인 BC 244년에 카르타고 해군들을 육군으로 바꾸어 아프리카 정복 사업에 충원하기도 했다. 그렇게 되자 카르타고에 승리의 서광이 잠시 비치었던 제1차 포에니 전쟁은 결국 로마의 승리로 끝났다.) 카르타고 시민들은 조국의 장군을 적에게 넘기는 파렴치한 행동을 하지는 않았던 것이다. 그들은 결국 전쟁을 선택했고, 한니발은 로마로부터 선전 포고를 받았다. 실상 로마에서도 전쟁을 원하는 많은 자들이 있었다. 그들은 히스파니아의 카르타고인들과 남부 갈리아인들이 연맹하여 로마를 공격할 것이란 걱정을 하고 있던 자들이었고, 카르타고 무역상의 세력이 약해지길 원했던 로마의 무역업자들이었으며, 전쟁을 통해 명성과 권력을 손에 쥐려고 했던 군사령관들이었다.

○ 그리하여 에브로강을 넘을 수 없다는 협정(註. 히스파니아에서 카르타고의 세력이 계속 팽창하자 경쟁 도시였던 마실리아는 로마에 중재를 요청했다. 이에 로마는 당시 히스파니아의 통치자 하스드루발과 "에브로강을 넘는다면 전쟁을 선포하는 것으로 간주한다."는 협정을 맺었다. 그리

뉴 카르타고(카르타고 노바), 사군툼, 마실리아 ___ 출처 : 텍사스 대학 도서관. 이하 같다

고 이 협정에는 사군툼에 대한 언급이 전혀 없었다. 이는 히스파니아 병력이 함대를 이끌고 이탈리아로 공격한다면 에브로강 너머의 자유시들의 안전을 보장하여 로마가 반격할 발판을 마련하는 데 주안점을 두었기 때문이다.)에 따라 육로를 이용하여 로마를 공격할 수 없었던 한니발은 로마의 선전 포고를 이끌어 냄으로써 평화 협정을 위반하지 않고서도, 에브로강(註. 당시 명칭 '이베르강')을 넘어 전쟁을 할 수 있는 "대의명분"을 얻었다. 즉, 전쟁의 책임을 로마에게 넘기고 전쟁의 명분을 얻은 것이다. 이로써 현대까지 그를 유명하게 만든 흔히 한니발 전쟁이라고 불리는 제2차 포에니 전쟁이 점화의 불꽃을 튀겼고, 지금은 누구나가 알고 있지만 그 당시에는 아무도 알 수 없었던 알프스 행군을 강행하여 로마를 공략했다. 한니발은 부와 권력을 모두 가지고 있었기에 자신의 삶에 그냥 안주할 수도 있었지만, 12살에 아버지와 신에게 맹세한 약속을 결코 잊지 않았던 것이다. 하지만 생각해

제2차 포에니 전쟁 경로 ____ 출처 : 두피디아

보면, 카르타고가 제1차 포에니 전쟁에서 패배한 후 나태하고 겁 많
은 자들 그리고 어리석고 평화 속에 살다가 죽기를 바라는 자들 때문
에 터질 수밖에 없는 전쟁이 여태껏 뒤로 미루어진 것뿐이었다.

○ 한니발은 로마의 해군력이 이미 무너진 카르타고의 해군과는 비교가
되지 않을 만큼 막강했으므로 육지를 통해 이탈리아를 침공하여 전
쟁의 주도권을 잡으려고 결정했다. 그리고 한니발이 지휘한 군대의
2/3가 아프리카 출신이었고 1/3이 히스파니아 출신이었으므로 병사
들 중에는 히스파니아의 갈리아족들이 다수 있었다. 따라서 북이탈
리아의 갈리아인들이 이미 로마와 분쟁 중에 있으므로 틀림없이 동
족의 병사들이 많은 자신의 편이 될 것이란 계산도 넣어 두었다. 아
마도 부지런한 정보 수집가인 한니발이 북이탈리아 갈리아족들에게
첩자를 보냈을 것이며, 이탈리아 침공에 보조를 맞추어 봉기할 것이

란 약속도 그들에게 받아 낸 듯했다. 알프스산맥을 넘어 이탈리아를 침공하는 통로는 대규모의 군대가 과거에 이미 통과한 적이 있던 갈리아족의 아주 오래된 길이었다. 따라서 한니발의 계획은 결코 무모한 것이 아니었고, 직접 변장을 하거나 수단과 방법을 모두 동원하여 정보 수집에 열심이었던 그가 불가능한 것을 시도할 만큼 어리석다고는 생각할 수 없는 일이다. 로마는 카르타고와 전쟁이 터진다면 로마군이 아프리카에 상륙하면서 개전될 것이고 아프리카 상륙을 차질 없이 진행시키려면 히스파니아에도 동시에 함대를 보내야 한다고 생각했다. 하지만 전쟁은 상상을 뛰어넘어 가장 궁극적인 곳에서 로마의 목을 조이기 시작했다.

○ 한니발은 카르타고 노바(註. '신카르타고'란 의미. 현재 에스파냐의 '카르타헤나')에서 보병 9만 명, 기병 1만 2천 명, 코끼리 37마리를 이끌고 출발했다. 만약 로마군이 늑장을 부리지 않았다면 집정관 스키피오(註. 자마 전투 영웅 스키피오의 부친)의 부대는 에브로강에서 한니발과 맞닥뜨려 역사는 달라졌으리라. 하지만 한니발이 에브로강에서 그곳 부족민과 병력의 1/4을 희생시키며 전투를 벌일 때조차도 로마군은 늑장을 부리며 히스파니아 전선에 오지 않았다. 한니발은 진군 중에 저항하는 지역 부족민을 굴복시키며 피레네산맥에 도착한 후 에브로강에서 피레네산맥까지의 방어를 위해 보병 1만 명과 기병 1천 명을 배치했다. 피레네산맥을 넘을 쯤에서는 어디까지 끌려갈지 두려워하던 병사들 사이에서 동요가 일어났다. 카르타고 노바를 떠나면서 한니발이 멀고 먼 원정길을 설명하며 조국과 사령관에 대한 충성심을 일깨워 병사들의 가슴을 불타게 했지만 알지도 못하는 먼곳으로의 여정에 병사들의 두려움은 가라앉지 않았다. 결국 한니발

은 귀가를 원하는 병사들은 돌려보내 주었다. 충성심과 군건함이 부족한 병사로서는 알프스를 넘어 적진으로 쳐들어갈 수도 없을 뿐 아니라, 필요 없이 숫자만 많은 병력은 식량 조달에도 힘든 것이다. 따라서 한니발에게는 강건한 정예 병사들이 필요했다. 결국 갈리아 쪽으로 갔을 때는 보병 5만 명, 기병 9천 명, 코끼리 37마리가 남았다. 집정관 스키피오 부대가 마실리아(註. 현재 지명 '마르세유')에 도착했을 때, 이미 한니발은 피레네산맥을 넘어 론강(註. 당시 명칭 '로다누스강')을 향하고 있었다. 그제야 로마 집정관은 한니발의 말머리가 어느 쪽으로 향하고 있는지를 깨달았다.

○ 한니발군은 론강을 도하하고 나서 보병과 기병을 합해 4만 6천 명, 코끼리 30마리였고, 알프스산맥을 넘고 이탈리아에 도착했을 때는 보병 2만 명, 기병 6천 명, 코끼리 몇 마리가 마지막으로 남았다. 이들은 모든 어려움과 위험을 지나온 한니발의 정예군이었다. 이 병사들은 카르타고 노바를 떠난 지 4개월 만에 이탈리아에 도착했으며, 알프스산맥을 넘는 데는 15일이 걸렸다. 온갖 어려움을 이겨 내고 이들을 통솔한 한니발은 그때 나이 30세였다.

｜ 마음에 새기는 말 ｜

대부분의 일은 그 자체로는 불가능한 일처럼 보인다. 그러나 관점만 바꾸면 가능한 일이 될 수 있다.

_ 한니발

- 카르타고군은 항구 도시 타렌툼을 점령하는 데는 성공했으나 벼랑 위의 로마군 요새를 함락하지 못해 타렌툼의 항구가 쓸모없어지는 처지가 되었다. 그러자 한니발은 위와 같이 말하면서 근처의 만을

로마의 선택과 결정 ② 지중해 패권

항구로 개조하고 항구에 정박 중인 배들의 물품을 육로로 수송했다.(註. 훗날 유사한 사례로, 오스만 튀르크의 술탄 메흐메드 2세가 콘스탄티노폴리스를 공격할 때 항구의 확보에 실패하자 항구에서 멀리 떨어진 곳에 수송선을 선착시킨 후 육로를 통해 물자를 보급받았다. 마침내 그는 콘스탄티노폴리스를 함락하고 동로마를 멸망시켰다.)

| 알아두기 |

• 페니키아의 알파벳

시리아와 레바논의 해안 지대에 있던 페니키아인들은 무역 활동을 주로 했는데, 기록의 필요성을 느껴 알파벳 문자 체계를 갖추게 되었다. 페니키아 문자의 기원은 시나이 문자이며, 시나이 문자는 시나이 반도의 어느 광산에서 셈족 노동자가 만든 것으로 알려져 있다. 시나이 문자는 이집트의 히에로글리프(註. '신성 문자'라고 하며 주로 신관들이 사용)와 크레타 회화 문자의 영향을 받아 페니키아 문자로 발전했다. 이렇게 하여 페니키아는 좁고 바위투성이인 해안 지방이었음에도 유럽 문자의 기원을 마련함으로써 인류의 기억 속에 영원히 살아남게 되었다.

하지만 이집트인들은 이렇게 말하고 있다. "동물의 형상으로 문자를 만들어 낸 것은 이집트인이다. 그러므로 문자를 처음 고안해 낸 것도 이집트인이다. 바다를 제패하고 있던 페니키아인들이 문자를 이집트에서 그리스로 가져가서는 자신들이 발명한 것처럼 잘못 알렸을 뿐이다. 사실 페니키아인들은 차용자에 지나지 않는다."

BC 15세기에 22자의 자음으로 된 알파벳 체계를 갖추었으며, 알파벳은 BC 11세기에 지중해 연안으로 전파되었다. 이후 그리스 본토에서 모음 문자가 더해지는 등 변화와 발전을 거듭하여 오늘날의 알파벳으로 완성되었다. 당시 고대에는 모두 대문자를 사용했으며 중세가 되어서 소문자가 만들어졌다.(註. 알파벳이란 말은 그리스어의 처음 2개의 문자가 알파α와 베타β로 불렀기 때문이다. 다만 고대 로마인들은 이를 '에레멘타'라고 했다.)

※ 론강 동쪽 갈리아 부족의 실패(BC 218년)

≪수많은 목숨이 달려 있는 전쟁을 하려면 감정을 내던지고 이성의 창문을 통해 현실을 바라보아야 한다. 갈리아인들이 좀 더 주의 깊고 현명하게 살펴보았더라면, 강을 건너려는 카르타고군의 목적이 갈리아의 약탈이 아니라 로마 침공에 있음을 알았으리라. 그러했다면 그들은 세심한 협약을 맺어 전쟁으로 빚어지는 막대한 피해를 피할 수 있었다. 하지만 침공을 위해 길을 터 달라는 요구란 약소국으로서는 항상 어려운 문제였다. 길을 터 준다면 동맹을 맺어야 할 것이고, 항거한다면 막강한 자들과 적이 되어 싸워야 할 판이기 때문이다.≫

○ 한니발이 로마로 가기 위해서는 론강을 건너야 했다. 이곳 남부 갈리아는 갈리아 지역 중에서도 가장 빨리 로마화하여 문명의 혜택을 받은 곳이었으나, 당시 론강 주변에는 아직 문명의 빛이 닿지 않은 미개한 상태의 갈리아 부족들이 있었다. 론강 동쪽의 갈리아 부족들은 한니발군이 자기 부족에게 위해를 가할 수도 있다고 판단했다. 수많은 군사들이 부족의 영토를 가로지른다면 예측하지 못한 피해가 발

생할 수 있기 때문이다. 또한 사령관인 한니발과의 협약을 맺어 부족의 땅에 피해를 끼치지 않기로 약속한다고 해도 수만 명에 이르는 병사들이 이동하는 중에 조그마한 분쟁 정도는 발생하기 쉽고, 이러한

▍론강 ___ 출처 : 두피디아

소요는 큰 싸움으로 번질 수 있음을 충분히 예견할 수 있었다. 그렇게 된다면 이미 후회해도 늦어 버리고 죄 없는 동족들이 재산과 목숨을 내던져야 할 지경에 이르게 될 것이 뻔한 이치였다. 결국 그들은 강둑에 서서 자신들의 무기를 머리 위로 치켜세우며 흔들어 대었다. 이것은 위험한 파괴자로 돌변할 수 있는 카르타고군의 도강을 허용할 수 없다는 의사를 분명히 밝힌 것이고, 만약에 카르타고군이 도강을 강행한다면 공격할 것이라며 위협을 가한 것이다.

○ 그렇게 되자 한니발은 건너야 할 강 저편에 적이 있는 상태로 도강한다면 큰 피해를 입을 것이라고 생각했다. 그래서 그는 일부 기병으로 하여금 강 상류 쪽의 얕은 곳을 선택하여 적군 몰래 도강시킨 후 기습 공격을 가하게 했다. 허를 찌르는 기병들의 기습 공격에 갈리아족은 혼란에 싸였다. 혼란스런 그 틈에 한니발의 주력 부대가 도강에 성공하여 항거하는 갈리아 부족을 모조리 약탈하고 불태웠다. 결국 갈리아인들은 잘못된 판단으로 한니발을 적대시하지 않았다면 지킬 수 있었던 재산과 인명에 막대한 손실을 자초했다. 하지만 갈리아족

의 항거는 어리석음의 결과이기보다는 정보의 부재와 판단의 실패에 따른 것이었다.

○ 조선은 명나라를 공략하기 위해 길을 열어 달라는 일본의 요구에 반대했다. 훗날 카이사르는 부족의 이동을 위해 길을 터 달라는 헬베티족의 요구를 거절했다. 조선은 명나라의 원조

▌ 론강

를 믿었고, 카이사르는 자신의 군대를 믿었다. 그러나 카르타고군을 맞이한 론강 동쪽의 갈리아족은 로마의 원조를 받을 수도 없었고 스스로 지킬 수도 없었다. 차라리 한니발에 협조했다면 부족의 재산과 생명을 지키는 데 훨씬 도움이 되었으리라. 실제로 북이탈리아에 거주했던 갈리아 부족들은 한니발의 카르타고군이 알프스를 넘어오자 그들의 동맹군으로 편성되는 데 주저함이 없었기 때문이다.

※ 한니발의 빗나간 계산

≪한니발이 가르침을 받았던 알렉산드로스는 페르시아 절대 군주였던 다레이오스에게 관용 정책을 베풀었다. 그럼으로써 그는 절대 군주에게 핍박받던 시민들을 쉽게 자기편으로 끌어들일 수 있었고 정

복지를 통치할 수 있었다. 하지만 한니발은 알렉산드로스로부터 전투에만 배움을 얻었고, 통치에는 배움을 얻지 못했다. 한니발이 이 점을 좀 더 깊이 통찰했더라면 그의 전략이 바뀌었으리라.≫

○ 한니발이 아펜니노산맥을 넘어 토스카나 지방으로 들어왔을 때부터 병력은 5만 명에 가깝도록 불어났다. 한니발의 카르타고군에 붙은 자들이 늘어났기 때문이다. 그는 군대를 이동할 때마다 주변의 민가를 약탈하고 불태웠으며, 그때마다 자국민의 피해를 방관할 수 없는 로마군은 한니발에게 도전했다. 로마군의 도전을 받아들인 한니발은 전투할 때마다 승리했다. 그는 전투 전에 첩자를 이용하거나 포로를 심문하는 등 정보 수집을 게을리하지 않았으며, 전투 장소를 항상 자신이 원하는 곳으로 선정하여 전투를 벌였기에 지형지물에 자신이 있었고 적보다 좋은 위치를 선점했다. 그리고 기병의 기동력을 이용하여 측면을 돌파한 후 적을 포위하는 전술을 썼다.

○ 한니발은 전투에서 로마군에게 승리함으로써 로마 동맹군이 로마로부터 등을 돌리게 할 속셈이었다. 동맹시들은 항상 강자에게 붙기 마련이기 때문이다. 그는 로마의 동맹시들이 지원을 계속하고 있는 한 로마를 완벽하게 굴복시킬 수 없다고 생각했다. 그는 동맹시들을 향해 이렇게 말하면서 로마를 향한 그들의 적개심을 키우려 했다. "내가 병사들을 이끌고 이탈리아로 온 것은 여러분과 싸우기 위해서가 아니라 로마인의 오만함을 응징하기 위해서입니다. 내가 완전한 승리를 거두면 여러분이 로마에 빼앗긴 영토와 자유를 반드시 되돌려 줄 것입니다." 그러나 여러 전투에서 한니발이 승리했음에도 불구하고 에트루리아족을 포함한 동맹시들은 로마와의 동맹에서 이탈하지

않았다.

○ 로마의 동맹이 이토록 질긴 데에는 한니발이 미처 깨닫지 못한 이유가 있었다. 로마의 동맹시들은 로마에 패전한 국가였지만, 승자가 패자의 모든 것을 가져가는 그 시대에 모든 것을 빼앗긴 것이 아니었다. 그들은 승전국 로마의 정책에 따라 로마와 동화했다. 결국 동맹시들은 로마의 관용적인 대우에 익숙해졌고 그보다 못한 대우에는 저항했으며, 자기의 부모 형제를 죽인 자와 동맹을 맺지 않았던 것이다. 이것이 로마와 동맹시 간에 쉽게 끊기지 않는 질긴 연결 고리가 형성된 이유였고, 한니발이 그렇게 많은 승리를 거두었음에도 전쟁을 끝장내는 결정적인 승리를 이루어 내지 못한 이유였다.

※ 파비우스(Fabius)의 지구전과 미누키우스(Minucius)의 속전(BC 217년)

≪카르타고 기병의 압도적인 우세를 깨달은 파비우스는 현명하게도 한니발과의 전면전을 피하고 적군이 스스로 파멸되기를 기다렸다. 하지만 적의 강점을 제대로 이해하지 못했던 미누키우스는 패전의 쓴맛을 맛본 뒤에야 파비우스의 책략을 높게 평가하고 다시금 파비우스의 지휘에 복종했다. 미누키우스의 경솔함과 불복종은 처벌을 받아 마땅했지만 파비우스는 그에게 온화하고 너그럽게 관용을 베풀었다.

지휘관이 전투에서 승리하려면 우수한 전투 장비, 정보 수집, 병사들의 충성심, 적절한 보급품이 필요하겠지만 무엇보다도 진영과 전투

장소를 유리한 곳에 선정할 수 있는 능력을 갖추어야 한다. 파비우스가 지구전으로 한니발을 곤경에 빠뜨릴 수 있었던 것은 그가 진영과 전투 장소를 선정하는 데 탁월했으며 불리한 곳에서는 절대로 적과 싸우지 않았기 때문이다. ≫

○ 한니발의 이탈리아 침공으로 시작된 제2차 포에니 전쟁에서 로마는 전쟁 초기에 참패를 당했다. 알프스를 넘어온 병사들의 피로와 초췌함 그리고 병력을 과소평가한 결과이기도 했지만 한니발의 전략과 전술을 잘 알지 못했던 결과였다. BC 217년 집정관 가이우스 플라미니우스가 이끄는 로마군은 에트루리아 지방의 트라시메누스 호수 근처에서 벌어진 전투에서 산산이 부서져 총 1만 5천 명이 살육되었고 그 이상의 병사가 포로로 잡히는 참패를 겪었다. 법무관 마르쿠스 폼포니우스는 이 사실을 로마 광장에서 차분한 음성으로 공표했다. "로마가 대전투에서 참패했습니다."

○ 트라시메누스 전투의 참패로 로마는 동요하며 공포와 절망이 번져갔다. 그러나 한편으로는 모두가 한마음으로 합치는 계기가 되었다. 즉 독재관이라는 절대적 권력이 필요한 상황이며, 그런 직책을 가질 만한 인물로는 퀸투스 파비우스 막시무스(Quintus Fabius Maximus)가 유일하다고 결정했다. 파비우스만큼 기상과 품격과 분별력과 용기와 실행력을 가진 사람이 로마에는 없다고 여겨졌기 때문이다. 그는 로마법에 따라 6개월간 독재관으로 임명되었다.

○ 독재관 파비우스는 평원에서의 한니발군의 위력을 실감하며 이를 완벽히 이해하고 있었다. 그는 병사들을 엄격히 통제한 다음 로마군이 가장 적합하다고 판단되는 시간과 방식 그리고 장소에 맞춰 전투를

시도해야만 승리할 수 있음을 깨
달았다. 그러나 전술가 한니발이
허약하고 위험한 진영을 꾸릴 리
없었다. 게다가 로마군은 트라시
메누스 전투에서 수많은 병사들
을 잃고 패잔병들과 신병들로 새
로이 이루어진 군대여서 훈련이
부족했고 병사들 간에 전우애와
같은 친밀감도 없는 상태였다. 이
는 수많은 역경을 헤치고 승리의
기세로 들이닥친 한니발군을 대

| 파비우스

적할 수 있는 상대가 아니라는 의미였다.

○ 따라서 그는 한니발과 한 판의 전투로 결정적인 승패를 가름하는 회
전 방식의 싸움을 피하고, 그 대신 파비우스의 로마군은 시간과 자
금, 병력이 충분했으므로 절정에 달한 사기와 얼마 안 되는 물자가
전부인 한니발의 군대를 서서히 소모시켜 파멸시킬 생각이었다. 한
니발 기병대의 파괴력을 알고 있는 파비우스는 기병대의 기동력이
미치지 못하는 언덕과 산 위의 유리한 고지에 진을 치고서 적의 기병
대를 무력화시켰다. 적이 움직이지 않으면 로마군도 잠자코 있다가,
적이 움직이면 산 위에서 내려와 전투태세를 갖추되 하루나 이틀 정
도의 진군 간격을 유지한 채 싸움이 벌어질 정도로 거리를 좁히지는
않았다. 다시 말해 파비우스의 책략은 적이 기름이 다한 등잔불처럼
가물거리다가 저절로 꺼지도록 내버려 두는 것이었다. 그렇다고 한
니발이 결정적으로 불리한 장소까지 로마군을 끌고 갈 수는 없었으

므로 한니발의 군대는 시간만 보내게 되었다.(註. 파비우스가 지연전을 펼칠 수 있었던 것은 적보다 명백하게 유리한 상황을 만들어 놓고 기다리고 있었기 때문이다. 따라서 파비우스가 전투를 회피한 것이 아니라, 엄밀히 말해서는 한니발이 불리한 상황에서는 전투를 벌이지 않았다고 보아야 한다. 즉, 파비우스의 지구전도 로마군이 유리한 상황에서는 강력해야만 효과가 있었다. BC 197년 마케도니아의 필립포스 5세는 로마와 전투를 벌일 때 파비우스처럼 산 정상에서 진영을 차리고 전투를 피했지만 로마군이 산 정상까지 쫓아 올라와 공격하자 완패하고 말았다. 패전의 이유는 필립포스 5세의 군대가 밀집 대형을 짰지만 울퉁불퉁한 산 지형에서는 약점이 드러나 진형이 무너지기 쉬웠고, 이들 군대가 유리한 상황에서도 나약했기 때문이다.)

○ 화려한 전술로 일거에 적들을 섬멸하는 것에 익숙한 로마 시민들에게 이러한 지연전은 인기가 없었기에, 파비우스의 정적들은 이를 거침없이 비판했다. 그들은 파비우스를 굼뜬 사내란 조롱 섞인 의미로 '쿤크타토르(註. 나중에 파비우스의 지연전이 구국의 전술임을 인정받자 쿤크타토르cunctator는 지구전주의자란 명예로운 의미를 담게 되었다.)'라는 별칭으로 부르면서, 강토가 적에게 짓밟히고 약탈당하는 것을 구경하기 위해 파비우스는 저 높은 산꼭대기에 진을 치고서 산 아래 세상에는 아무 관심도 없이 군대를 구름 속에 감추고 있다고 비난을 퍼부었다. 다만 한니발만은 파비우스의 영리한 계책과 상대가 택한 전술을 깊이 납득했고, 모든 가능한 꾀와 전술을 동원하여 로마군을 전쟁터로 끌어내지 않는다면, 결국 자신이 이끄는 카르다르군은 파멸한 것이라고 여겼다. 그는 카르타고군이 전투에서 로마군보다 우세했지만 싸움이 벌어지지 않아 소용이 없었고,

그러는 동안 빈약한 병력과 자금이 고갈되어 서서히 패배할 것을 걱정한 것이다.

○ 순조롭게 자신이 계획한 전략대로 이끌고 가던 파비우스에게도 문제는 있었다. 원칙대로 하자면 독재관은 국가의 모든 실권을 손안에 쥐고 부장인 기병대장(註. '마기스테르 에퀴툼Magister Equitum'이라고 하며 독재관 다음가는 지휘관이다. 독재관은 전투 시에 말을 탈 수 없었으며 보병을 지휘했다. 따라서 귀족들로 구성된 기병을 기병대장에게 맡겼던 데서 유래했다.)까지도 지명하게 되어 있으나 이때는 기병대장을 독재관의 지명이 아니라 투표로 선출했다. 선출된 기병대장은 BC 122년 집정관을 역임했던 대담한 성격의 미누키우스(Marcus Minucius Rufus)였다. 독재관 파비우스는 자신이 지명한 사람이 아닌 투표에 의해 선발된 기병대장과 전술이나 성격 등이 잘 맞지 않았던 것이다.

○ 마침내 기병대장 마르쿠스 미누키우스는 무턱대고 싸우고 싶어 안달하면서 병사들에게 조급함을 부추기고 헛된 희망을 심어 지지 세력을 키웠다. 미누키우스에게 설득된 병사들은 전투를 피하는 파비우스를 비겁하다며 욕했고, 경멸에 찬 목소리로 그에게 한니발의 꽁무니를 졸졸 따라다니는 노예 가정교사라고 비꼬았다. 기세등등해진 미누키우스는 고지대에서 진영만 차려 놓고 적들을 바라만 보게 하는 것은 이탈리아가 적들의 약탈에 의해 폐허가 되어 가는 끔찍한 광경을 구경만 하게 하는 것이라고 했다. 이렇게 진영이 소란스러워지자 파비우스의 친구들은 이런 모욕적인 비난을 일소하려거든 빨리 전투를 벌이라고 조언했다. 그러나 파비우스는 "내가 스스로 정한 계획을 버리고 다른 사람들의 의견과 악의에 가득 찬 비난이 두려워 다른 길을 택한다면 독재관이라는 중책을 맡을 자격이 없는 사람이라

네. 어리석은 자들을 일깨워 그들에게 올바른 길을 밝혀야 할 의무가 있는 사람이 오히려 그들의 노예가 되어서는 안 된다는 말이네."라며 굽히지 않았다.(註. 훗날 폼페이우스가 그리스에서 카이사르와 접전할 때, 디라키움에서 승리를 거두자 전술에 무지한 자들이 내륙으로 도피하는 카이사르를 따라가 적을 섬멸하라고 요구했다. 그때 폼페이우스는 정적들의 의심과 비난을 못 견뎌 해군력의 우세를 활용했던 자신의 탁월한 전술을 포기하고 그리스의 내륙 파르살루스에서 전투를 벌여 결정적인 패배를 당했다. 무릇 지휘관은 자신의 전술이 있는 법이며 그것을 포기할 경우 위험에 처해지기 마련이다.)

○ 게다가 한니발은 파비우스에 대한 로마 시민들의 분노를 부채질하기 위해서 계략을 썼다. 그가 지나가는 이탈리아의 영토에서 모든 경작지와 시설물을 짓밟았으나 파비우스 소유의 농경지에는 일체 약탈이나 방화를 금지한 것이다. 그것도 모자라 파비우스 소유의 밭에는 경비병을 붙여 해를 입히지도 못하게 했다. 이러한 소식은 로마에 전해졌고 파비우스에 대한 시민들의 증오는 갈수록 거칠어졌다.(註. 코리올라누스가 전리품의 부당한 처분을 이유로 추방형을 언도받은 후 조국인 로마에 대해 보복을 하기 위해 볼스키족의 병사들을 이끌고 로마로 쳐들어왔었다. 그때 그는 모든 것을 짓밟았으나 귀족들의 영토는 철저히 지켜 아무것도 약탈이나 손상되게 하지 않았다. 그것은 평민 계급이 귀족 계급에게 비난을 퍼붓고 두 계급 간의 반목을 이끌어 내기 위함이었다.)

○ 그중에서도 호민관 메틸리우스는 지속적으로 파비우스의 비난을 선동했다. 그가 파비우스를 특별히 미워한 것은 아니었으나, 속전주의자인 미누키우스의 친척이었기에 경쟁자인 파비우스를 비방하면 미

누키우스의 명예와 명성이 더 올라갈 거라고 생각했기 때문이다. 게다가 원로원 의원들은 파비우스가 한니발과 협의한 내용에 대해 불만을 가졌다. 한니발과 파비우스 간에 합의한 내용에 따르면, 포로를 일대일 교환하되 한쪽의 포로가 다른 쪽보다 많을 경우 포로를 되찾기 위해서는 250데나리우스를 지불해야 한다는 내용이었다. 포로 교환의 결과 로마군의 포로가 240명이 더 많았다. 그러나 원로원에서는 비겁하게 처신한 대가로 적의 포로가 된 자들을 되찾을 필요가 없다며 몸값을 보내지 않기로 결정해 버렸다. 그뿐만 아니라 포로를 찾아오려는 파비우스의 노력이 로마의 위상과 어울리지 않고 국가에 이득이 되지도 않는다는 이유로 파비우스의 결정을 탓하기까지 했다. 원로원의 결정에 대한 소식을 들은 파비우스는 아들을 로마로 보내 농경지를 팔고 그 돈을 당장 전쟁터로 가져오라고 했다. 그렇게 하여 겨우 마련한 돈으로 그는 한니발과의 협약을 지킬 수 있었고, 이때 포로에서 풀려난 병사들은 감읍하여 훗날 몸값을 필히 갚겠다고 약속했지만, 파비우스는 단 한 사람의 돈조차 받지 않고 빚을 모두 면제해 주었다.

○ 그 이후 파비우스가 제례를 치르기 위해 로마로 가야 했을 때, 부장인 미누키우스에게 군 지휘권을 맡기면서 어떠한 경우에도 전투를 벌이거나 공격하지 말 것을 신신당부했다. 그것도 못 미더워 독재관으로서의 명령이 아니라, 연장자로서 타이르고 간청하기를 몇 번이고 반복했다. 그럼에도 미누키우스는 지시받고 당부받은 모든 것을 완전히 무시하고 공격에 나섰다.

○ 어느 날 한니발이 식량 문제를 해결하기 위해 대부분의 병사들을 이끌고 진영을 비우게 되었다. 이 사실을 알게 된 미누키우스는 남아

있던 소수의 적들을 공격했고, 이들 중 여러 명을 전사시켰다. 소규모 기습에 성공하자 로마군은 커다란 자만심과 무모함으로 가득 찼다. 또한 이 소식은 과장된 포장을 거쳐 로마로 재빠르게 전달되었다. 민중은 환호하며 기뻐했고 호민관 메틸리우스는 연단에 올라가서는 미누키우스를 찬양하고 파비우스에게는 약골에다가 실제로는 겁쟁이라고 비난했다. 메틸리우스의 논리에 따르면, 막강한 권한을 손안에 쥔 독재관 파비우스가 시간을 지체함으로써 한니발이 카르타고로부터 지원군과 물자를 보충받아 유리해지도록 노력하고 있다는 것이었다. 더군다나 한니발의 군대는 그해 겨울을 나기 위해 중부 이탈리아를 온통 돌아다니며 생필품을 약탈하고 있지만 파비우스는 이제껏 그냥 보고만 있다며 분통을 터뜨렸다. 따라서 파비우스의 지구전은 적을 이롭게 하는 행위라며 그를 역적으로 몰아세웠다. 이에 파비우스의 정적인 테렌티우스 바로(註. 바로는 다음 해 칸나이 전투에서 한니발에게 대패했다.)도 불만이 쌓인 병사들과 약탈당한 토지주를 지지하며 메틸리우스의 주장에 힘을 보탰다.

○ 메틸리우스가 연설이 끝나고 연단에서 내려오자, 파비우스는 자신의 주장을 말하기 위해 연단에 섰다. 그는 미누키우스의 작은 승리가 끼칠 해악을 걱정하면서 자신의 비난에 대해 변호하기 위해 쓸데없이 시간을 낭비하지 않겠노라고 단언했다. 그러면서 제례를 최대한 신속히 마무리한 후에 진영으로 돌아가 그렇게도 다짐했건만 명령을 어긴 미누키우스를 처벌할 것임을 분노에 찬 목소리로 선언했다. 시민들 사이에서는 동요가 일어났다. 독재관은 재판 없이도 범죄자를 감금하거나 사형에 처할 수 있었고, 평소 온화했던 파비우스가 그토록 분노하고 있으니 미누키우스는 틀림없이 가혹한 징벌을 받게 될

것이라고 생각했기 때문이다.

○ 그 당시 면책권이 있던 유일한 관직은 호민관이었다. 파비우스의 분노에 미누키우스가 징벌을 받게 될까 두려웠던 호민관 메틸리우스는 그의 독재 권력을 빼앗아 미누키우스에게 넘기자고 제안했다. 하지만 파비우스의 공적과 권위 그리고 국가의 위기를 절실하게 느끼고 있던 로마 시민은 어느 누구도 감히 그에게 독재관의 권한을 내놓으라고 요구하지 못했다. 다만 미누키우스에게도 동일한 지휘권을 주어 독재관과 똑같은 자격으로 병사들을 지휘하게 했다. 독재관이 임명되었음에도 총사령관을 또 한 명 더 두는 것은 로마에서는 처음 있는 일이었다. 이는 국난이 닥쳤을 때 최고 명령권이 분열되는 것을 막기 위해 독재관을 임명하여 1인에게 강력한 권한을 부여한 것임을 생각하면 어리석기 짝이 없는 결정이었다.

○ 파비우스와 동일한 지휘권을 부여받은 미누키우스는 군단의 지휘권을 하루씩 번갈아 가며 전체 군단을 지휘하자고 파비우스에게 제안했다. 하지만 파비우스는 전체 군단을 미누키우스와 번갈아 가며 하루씩 맡는다면 매우 위험할 수 있다고 생각하여 그의 제안을 거절하고 전체 군단을 둘로 나누어 각각 지휘하기로 했다.(註. 훗날 칸나이 전투에서 아이밀리우스와 바로가 하루씩 번갈아 가며 지휘를 했다. 그러다가 바로가 지휘하던 날 전투가 벌어지고 로마군은 재기할 수 없을 만큼 완패함으로써 경솔한 자에게 국가의 운명을 하루씩 맡기는 것은 위험하다는 파비우스의 판단이 옳았음이 입증되었다.) 로마군의 절반을 지휘하게 된 미누키우스는 파비우스와 조금 떨어진 곳에 진영을 차리고서는 자신의 방법으로 한니발을 공격했다. 아마 그는 자신의 방법이 옳다는 것을 전투에서 입증해야만 하는 중압감 때문에 자신의 지휘 아

래 있는 절반의 병력만으로 공격에 나섰으리라. 그러나 그는 한니발과 지혜와 전투력을 겨룰 수 있는 상대가 아니었다. 한니발은 미누키우스가 파비우스의 통제를 벗어나 공격을 시작하자, 복병을 숨겨 두고 미누키우스의 공격을 견디지 못하는 것처럼 거짓으로 도망쳤다. 속임수인지도 모르고 적진 깊숙이 공격하던 미누키우스는 곧 한니발의 복병들을 맞아 휘하 병사들이 마구 살육되었고, 모든 병력이 단 하루 만에 완전히 부서지는 전멸의 위기를 맞았다. 그러나 미누키우스의 지휘를 불안하게 여기며 지켜보던 파비우스가 때맞추어 병사들을 보내 지원한 덕택에 겨우 전멸을 모면할 수 있었다.

○ 결국 미누키우스는 자신의 잘못을 깊이 인정하고 휘하에 있던 모든 병사들의 지휘권을 파비우스에게 넘기고 말았다. 그러면서 그는 살아남은 병사들을 모아 놓고 이렇게 선언했다. "실패를 교훈으로 삼는 것은 욕된 것이 아니라, 용감하고 분별 있는 태도라고 생각한다. 나는 지나온 모든 시간에서도 배울 수 없었던 것을 단 하루 만에 깨달았으며, 내가 남에게 명령을 내릴 처지가 아니며, 남의 지휘를 받아야 한다는 것 또한 깨달았다. 따라서 우리 부대의 파멸을 막아 준 파비우스에게 가서 직접 감사의 뜻을 표하겠다. 그리고 이후로는 누구보다도 먼저 그의 조언과 명령을 따르겠다."(註. 미누키우스는 다음 해인 BC 216년 칸나이 전투에서 전사했다.)

○ 파비우스의 개입으로 전세가 역전되자, 한니발은 전쟁터에서 병력을 물리게 한 후 다음과 같은 말을 후세에 남겼다. "산꼭대기에 머물고 있던 먹구름이 언젠가 우리에게 폭우를 쏟아붓고 돌풍을 몰아치게 할 것이라고 내가 종종 말하지 않았던가?"

○ 지난날 한니발이 사군툼을 침공했을 때 파비우스는 로마의 사절단으

로 카르타고에 가서 침공의 부당함을 지적하며, 한니발의 군사적 행동이 카르타고 본국의 뜻에 따른 것이냐고 따졌다. 이에 대해 카르타고 관리가 부인하지 않자 파비우스는 그 자리에서 일어나 자신이 입고 있던 토가의 가슴 부위를 움켜잡고 말했다. "내 토가 안에 평화를 적은 것과 전쟁을 적은 것 두 가지 쪽지가 들어 있소. 어떤 것을 떨어 뜨려야 하오?" 이에 카르타고의 관리가 마음대로 하라고 맞받아치자 파비우스는 전쟁의 쪽지를 떨어뜨렸다. 전래되어 오는 이 이야기는 파비우스가 한니발과 맞붙어 싸우는 데 두려워하지 않았다는 것을 말하는 것이었다.

마음에 새기는 말

조련사들도 개와 말의 고집과 사나움, 불만을 없애기 위해 막대기와 굵은 목줄보다는 따뜻한 보살핌과 친밀감, 먹이에 의존하는데 사람을 지휘하는 자들이 호의와 친절을 훈련의 바탕으로 삼는 것은 당연하다.

_ 퀸투스 파비우스 막시무스

– 한니발과의 전쟁 시에 용기 있고 태생이 고귀한 동맹군의 어느 병사가 논공행상에 불만을 품고 적에게 투항하려 했다. 이 말을 들은 파비우스는 그를 벌하기는커녕 그가 부당하게 대우받았다는 것을 인정했다. 그리고 그 병사의 용맹을 치하하고 군마 한 필을 비롯하여 뛰어난 공로에 합당한 포상을 내렸다. 그 이후 그 병사는 가장 충직하고 열정적인 병사가 되었다는 것에 대하여.

⁂ 바로(Varro)의 집권과 칸나이(Cannae) 전투(BC 216년)

≪집정관 테렌티우스 바로는 업적과 명예를 쌓아야 되겠다는 집념이 앞서 무지 속에서 오만함을 저질렀다. 이는 그가 평민 출신인 데다 조기 결전하겠다는 인기몰이로 집정관에 당선된 것이니만큼, 시민들의 기대에 부응하는 승리를 거머쥐어야겠다는 초조감 속에서 자신의 기량과 적의 기량을 제대로 파악하지 못했기 때문이다. 결국 국가의 존망이 걸릴 만큼 막대한 병력과 물자가 동원된 전투에서 로마군은 산산이 부서졌다.

바로가 무모한 전투에 집착할 수 있었던 것은 어쩌면 로마 시민들의 부추김에 따른 결과였으리라. 그래서인지 로마 시민들은 패장이 되어 돌아온 바로에게 그가 가진 역량으로 최선을 다한 것이라며 칭송했다. 이는 패전한 이유가 바로를 선택한 로마 시민 스스로에게 있었음을 인정한 것이며, 능력의 부족에 따른 실패에 책임을 묻지 않고 관용을 베푼 것이다. 하지만 판단의 저울질을 엄격하게 한다면 진정으로 칭송을 받을 자는 바로가 아니라 아이밀리우스였다. 왜냐하면 바로는 패전의 원인을 제공했음에도 도망쳐 살아남았고, 아이밀리우스는 패전의 원인을 막지 못했음에 막중한 책임을 느끼고 전쟁터에서 산화했기 때문이다.≫

○ 파비우스의 지구전에 진력이 난 로마는 조기 결전파와 지구전파로 갈라졌다. 그러나 로마의 민심은 플라미니우스와 미누키우스의 패배를 목도하고서도 파비우스의 전략보다는 조기 결전을 강력히 원했다. 왜냐하면 지구전이란 적병들이 조국의 강토와 민가를 휘젓고 다

니며 약탈하고 있어도 적극적인 대처가 불가능했기 때문이다. 게다가 한니발이 이끄는 카르타고군이 카우디움 협곡에 갇혔을 때, 야간을 틈타 소뿔에 불을 붙여 파비우스를 속인 다음 포위망을 뚫고 탈출하는 일이 발생했다. 그렇게 되자 이탈리아의 곡창 지대가 적의 공격과 약탈 앞에 놓였고, 로마의 여론은 다 잡은 적을 섬멸하지 못했다며 파비우스에 대한 비난으로 들끓었으며 정적들에게는 공격의 빌미를 주었다. 결국 원로원은 독재관 파비우스를 소환하고 새로이 집정관을 선출했다.

○ 로마는 BC 216년의 집정관으로 루키우스 아이밀리우스 파울루스(Lucius Aemilius Paulus)와 가이우스 테렌티우스 바로(Gaius Terentius Varro)를 선택했다. 아이밀리우스는 귀족이었으며, 바로는 푸줏간집 아들로 평민이었다.(註. 신분의 고귀함이 행동과 도덕성의 고귀함과 비례하는 것은 아니지만 고대 역사서에 흔히 인용되며 비유되는 방식이다.)

○ 바로는 시민들의 감정에 아첨하였고 행동은 경솔했으며, 무모한 단한 번의 모험으로 로마의 위기를 해결하고 시민들의 인기를 얻으려고하는 것이 분명해 보였다. 여하튼 그는 당시의 로마 분위기인 조기 결전을 옹호함으로써 국정 최고 책임자인 집정관에 선출되어 총사령관으로서 전군을 지휘하게 되었다. 한편 바로와 함께 집정관에 선출된아이밀리우스는 전쟁 경험이 많았지만 얼마 전 유죄 판결을 받고서벌금이 부과된 탓에, 시민들의 지지를 얻지 못하고 있어 사기가 꺾여있었다. 하지만 그는 몇 년 전 일리리아 전투에서 마케도니아 연합군에게 승리한 적이 있어 군사적 능력이 입증된 지휘관이었다.

○ 기세등등한 바로는 "로마가 파비우스 같은 자에게 지휘권을 맡기는한 전쟁은 끝나지 않으리라. 나는 적을 만나면 즉시 결전하여 그들을

섬멸할 것이다."라며 호언장담했다. 실제로 그는 큰소리치는 데만 그치질 않고 로마 역사상 유례없는 엄청난 숫자의 병력을 모았다. 전체가 8개 군단이었고 그것도 평시보다 20%가 증원되었으며 물론 동맹군도 그에 상응하게 증편되었다. 이는 그가 앞서 서술한 미누키우스의 패전의 원인을 적은 병력에서 찾은 결과였다. 그렇게 되자 분별력 있는 로마 시민들은 많은 걱정을 했다. 만약 한니발과의 전투에서 패전하여 그 많은 젊은이들을 잃게 되면 로마는 회복하기조차 힘든 상황으로 빠져들 수가 있었기 때문이다.

○ 마침내 갈리아 용병을 포함하여 보병 4만 명, 기병 1만 명으로 모두 5만 명으로 짜인 한니발의 군대와, 동맹군을 포함하여 보병 8만 명, 기병 7천 2백 명으로 구성된 로마군이 서로 맞서게 되었다. 이즈음의 한니발 부대는 연전연승하는 상승세로 사기가 충천해 있었다. 로마로서는 트레비아강 유역에서의 패전을 비롯하여 집정관 플라미니우스까지 전사한 트라시메누스 호수 근처에서의 패전까지 겪은 참이었다. 다만 파비우스만은 아이밀리우스에게 말했다.(註. 파비우스는 트라시메누스 전투에서 전사한 플라미니우스와 정적이었다. 플라미니우스가 평민 출신의 민중파였던 반면, 파비우스는 귀족이었고 보수주의자였다.) "한니발에 대한 전략만은 내 말을 믿어야 합니다. 그가 여러 전투에서 승리하고 이탈리아를 발아래 굽어보고 있다고 생각되는 지금에도 그의 편으로 넘어간 동맹국은 없으며 히스파니아에서 데려온 병력은 채 3분의 1에도 미치지 못합니다. 그러니 올해만이라도 지구전을 펼친다면 한니발은 이탈리아에서 목숨을 잃거나 멀리 도망칠 수밖에 없습니다." 아이밀리우스는 대답했다. "충고하신 내용을 꼭 기억하겠습니다. 전쟁터에서는 장군께서 걱정하시는 저 무모한 사람

들처럼 행동하지는 않을 것입니다."

○ 당시 한니발의 나이는 32세였으나, 두 집정관은 집정관 선출 조건이
만 40세 이상인 것을 감안하면, 한니발보다 꽤 나이가 더 많았다고
볼 수 있다. 그럼에도 불구하고 바로는 전투 경험이라고는 일개 병
졸로 참가한 적밖에 없는 사람이었다.(註. 공화국 때에는 집정관 바로
처럼 군의 밑바닥을 경험한 평민 출신의 사령관이 있었다. 그러다가 제정
시대에 들어오면서 원로원의 자제는 6개 백인대 병사를 지휘하는 대대장
부터 시작했다. 즉, 사회가 진보되면서 출신 성분에 따른 출발선이 달라
지고 계급의 고착화가 진행되었던 것이다.)

○ 한니발은 로마의 식량 저장 기지의 한 곳인 칸나이(註. 오늘날 국제

| 칸나이 ___ 출처 : 텍사스 대학 도서관. 이하 같다

영화제로 유명한 '칸네') 마을을 점령하고 있었다. 카르타고군과의 대결을 위해 로마군은 맞은편에 진영을 쳤다. 그때 아이밀리우스가 전체 병력을 나누어 통솔하자고 했으나, 바로는 전래의 관습에 따라 군 지휘권을 두 집정관이 하루씩 번갈아 가며 통솔하자고 고집했다.(註. 앞서 하루씩 번갈아 가며 지휘권을 가지자는 미누키우스의 제의를 파비우스가 거부할 수 있었던 것은 그가 집정관이 아닌 독재관이었기 때문이다.) 바로의 주장대로 되면 총지휘를 맡게 되는 집정관의 권한이 더 커지며 실패 시에는 그만큼 더 위험해질 수밖에 없었다. 아이밀리우스는 군대를 적군에 근접 배치하여 한니발이 군대를 물리거나 아니면 불리한 지형에서 공격할 수밖에 없도록 압박하자고 제안했다. 하지만 바로는 자신은 진지를 지키기 위해서 전투에 나온 것이 아니라, 검을 휘두르기 위해서 참전했다며 제안을 거부했다. 운명의 여신은 자신의 힘이 아무런 저항을 받지 않도록 사람의 눈을 멀게 한다는 말은 이렇듯 진실이었다.

○ 전투가 있던 그날은 바로가 총지휘를 맡은 날이었다. 한니발은 지형의 장점을 이용하여 바람을 등지고 싸울 수 있도록 배치했다. 모래바람이 불 때면 바람을 정면으로 받게 되는 로마군은 이를 피하기 위해 고개를 숙이거나 뒤로 돌 수밖에 없어 절대적으로 불리했다. 또한 한니발은 가장 든든하고 전투 경험이 많은 병사들을 양측에 놓고 중앙에는 가장 약한 병사들을 배치했으며, 중앙을 다른 부분의 병사들보다 훨씬 전진 배치시켜 볼록하게 전투 대형을 구성했다. 그것은 중앙부의 약한 병사들로 하여금 먼저 로마군을 상대하게 하면 로마군들은 맹렬하게 한니발군의 중앙을 파고들 것이며, 바로 그때 강력한 양쪽의 병사들이 측면을 공격하고 절대 우위에 있는 기병들이 로마 기

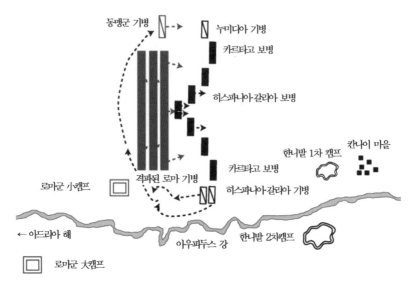

▌칸나이 전투 배치

병들을 패퇴시키고 후방을 막아서 포위하는 전술을 완성시키려는 계
책이었다. 즉, 한니발은 일시에 모든 병력을 투입한 것이 아니라 시
점을 달리하면서 서서히 포위하는 전술을 택한 반면에 바로는 병력의
수를 과신하여 밀집 대형의 형태로 일격에 승리하고자 했던 것이다.

○ 전투는 한니발의 예상대로 진행되었다. 로마군이 중앙의 히스파니아
와 갈리아 보병을 상대하면서 밀어붙였다. 중앙의 한니발 측 병사들
은 로마군의 적수가 아니었지만 그럼에도 로마군은 그들을 공격하느
라 많이 지쳐 있었다. 그때 양익에 있던 카르타고 보병들이 새로운
힘으로 로마군을 에워싸고, 게다가 로마 기병들을 물리친 히스파니
아와 갈리아의 카르타고 측 기병들이 로마군의 후위를 포위하여 한
니발의 작전은 완성되었다. 그 이후의 전황은 전투라기보다는 살육

이었다.(註. 한니발의 칸나이에서의 전술은 고전이 되었다. 그는 병력의 배치와 시간 조절 그리고 병사들 간의 협력에 근거하여 승리했다. 훗날 한니발의 동생 하스드루발이 똑같은 전술로 에브로강 유역에서 로마군과 싸웠으나 그때 그는 패배했다. 왜냐하면 중앙의 힘이 너무 약해 로마군에게 돌파당하고 카르타고군이 두 동강 나 버렸기 때문이다. 이처럼 야전에서의 전술은 적을 포위하느냐 아니면 공격력을 한곳으로 두텁게 집중시키느냐의 문제인데, 동양에서 일컫는 학익진과 어린진의 전술도 이와 유사하다. 충무공은 한산도대첩에서 학익진으로 적을 둘러싸 승리했지만, 임진왜란이 터지기 전에 일본 내전에서 학익진을 펼친 도쿠가와 이에야스는 어린진으로 대응한 다케다 신겐에게 처참한 패배를 당했다. 도쿠가와 이

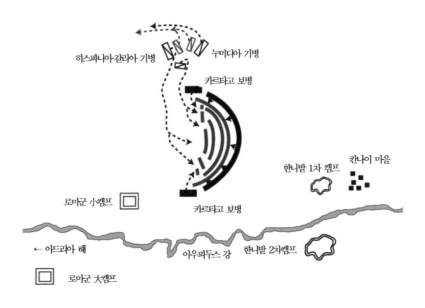

▌ 칸나이 전투 진행

에야스의 학익진은 한쪽 날개가 격파되어 전열이 두 동강이 난 후 두텁고도 강력한 다케다 신겐의 공격에 노출되었기 때문이다.)

○ 칸나이에서 벌어진 이 전투로 포위당하기 이전에 운 좋게 탈출한 약간의 병사들을 제외하고는 모든 로마군이 적에게 압도당해 섬멸되었다. 테렌티우스 바로는 기병 50기만 이끌고 겨우 목숨만 건졌다. 보병 4천 명과 기병 200명의 패잔병은 칸나이 북쪽 20㎞ 떨어진 카노사까지 도망쳤다. 패잔병의 무리 중에는 훗날 자마 전투의 영웅이 된 21세의 코르넬리우스 스키피오도 있었다. 스키피오는 2년 전 포강(註. 당시 명칭 '파두스강')의 지류인 티키누스강과 트레비아강 유역에서 치른 전투를 포함하여 한니발의 탁월한 전술을 경험한 것이 이때가 통틀어 세 번째였다.

○ 칸나이 전투에서 집정관 아이밀리우스의 용맹에 대해서는 다음과 같이 전해진다. 한참 전투가 진행 중일 때 아이밀리우스는 투석병이 던진 돌에 얼굴을 맞아 중상을 입고 말에서 떨어졌는데 주변에 있던 호위병들이 다 같이 말에서 내려 집정관의 신변을 방어했다. 먼 거리에서 이를 본 기병대들은 그것이 전체 기병대를 말에서 내리라는 명령인 줄 잘못 알고 말에서 내린 채 적과 싸우게 되었다. 이를 본 한니발은 그들을 비웃으며 소리쳤다. "차라리 그들을 결박해서 나에게 넘겨주는 것이 더 낫지 않을까?" 이것은 기병이 말에서 내린다면 마치 결박당한 것과 같이 전투력을 상실하고 만다는 것을 빗대어 말한 것이다.(註. 마키아벨리에 의하면 아이밀리우스의 명령으로 기병들이 말에서 내렸으며, 이러한 결정은 기병끼리의 싸움에서 적을 무찌르지 못하고 패색이 짙어지자 차라리 말에서 내려 보병처럼 싸우는 것이 더 낫다고 판단했기 때문이라고 했다.

보병이 기병보다 강하다는 것을 보여 주는 전투로서는 BC 58년 카이사르가 갈리아의 헬베티족과 싸울 때를 예로 들 수 있다. 그때 카이사르는 모든 기병들이 말을 버리고 보병이 되어 싸우게 했다. 그는 아군이 말을 타고 도망칠 기회를 제거하기 위해서였다고 했지만 보병의 강점을 이용하고자 한 것이기도 했다. 또한 파르살루스 전투에서 카이사르는 7배나 많은 폼페이우스 기병들을 무력화시키기 위해 보병으로 별동 부대를 조직했다. 그는 폼페이우스의 기병들에 의해 우익이 포위될 위험에 처하자 별동 부대를 투입하여 폼페이우스 기병들을 무찌르고 승리의 단초를 마련했다.

그리고 게르만족들은 조그만 토종말을 타고 전투를 벌였는데 종종 말에서 뛰어내려 보병처럼 싸웠다. BC 55년 게르만족의 일파인 우시페테스족과 텐크테리족이 로마군과 기병전을 치를 때 게르만족 기병은 800기였고 로마군은 5,000기였다. 그때 게르만 기병들은 평소의 훈련대로 말에서 뛰어내려 로마군의 말을 칼로 찌르고 기병들을 말에서 끌어내려 승리했다.

마키아벨리는 보병이 기병보다 우세하므로 기병이 말에서 내려 보병화하는 것은 전술적으로도 당연하다고 주장했다. 그러나 이 경우는 작전 체계가 무너지고 기병이 보병과의 유기적인 전술이 불가할 때만 한정하여 적용되어야 한다. 제정 후기에 발리스타 등 탄도무기가 개량되어 성능이 향상되자 보병은 기병과 겨룰 수 없을 만큼 약화되었고 로마군의 주력은 기병으로 바뀌었다.) 그 이후 한니발군의 공격에 로마군은 공포로 도망치느라 군기와 전열이 무너졌고 아이밀리우스도 몸에 화살이 꽂힌 채 얼굴은 피범벅이 되었다.

○ 크나큰 실패와 감당할 수 없는 불행에 몸과 마음을 추스를 수 없었던 아이밀리우스는 바위에 기대어 주저앉았고, 적군이 자신을 빨리 죽

여 주기만을 기다릴 수밖에 없었다. 패배와 살육의 거대한 파도가 로마군에게 덮치는 혼란 속에 머리와 얼굴이 피범벅이 된 채 주저앉아 있는 집정관 아이밀리우스를 아무도 알아채지 못했다. 가까운 동료나 측근조차도 그를 알아보지 못하였는지 아니면 우선 나부터 살고 보자는 심정이었는지 그냥 지나칠 때, 코르넬리우스 렌툴루스만이 아이밀리우스를 알아보고 말에서 뛰어내렸다. 그리고 말을 건네며 지금 로마는 어느 때보다도 용감한 지휘관을 필요로 하니, 살아남은 병사와 시민들을 위해서라도 부디 목숨을 부지하라고 눈물범벅이 된 채로 간청했다. 그러나 아이밀리우스는 패전의 아픔으로 울면서, 목숨을 지키라고 간청하는 젊은 렌툴루스를 억지로 말에 태우면서 손을 잡고 말했다. "렌툴루스! 파비우스에게 꼭 전하게. 아이밀리우스 파울루스는 끝까지 파비우스의 가르침에 따라 약속을 지켰으나, 가

「아이밀리우스 파울루스의 죽음」, 존 트럼블 作

혹한 운명 때문에 바로에게 먼저 패하고 그다음 한니발에게 패했다고." 렌툴루스를 떠나보낸 아이밀리우스는 살육이 벌어지고 있는 장소로 뛰어가 마지막까지 싸운 끝에 장렬히 생을 마감했다. 바로가 위험한 결정을 저지른 당사자이면서도 전장에서 도망쳐 살아남았지만, 아이밀리우스는 삶을 도모하라는 부하들의 충언에도 불구하고 적진에 뛰어들어 군인으로서 부끄럼 없이 싸우다 전사한 것이다.

○ 전설에 의하면 아이밀리우스가(家)는 수학자 피타고라스와 인연이 있다고 한다. 이와 같은 말은 입증된 것이라기보다는 피타고라스가 누마 왕의 스승이었다고 말하는 사람들의 주장이다.(註. 누마 왕의 아들 마메르쿠스는 유창한 연설가란 의미의 '아이밀리우스'란 칭호를 얻었고, 여기에서 아이밀리우스 씨족의 이름이 유래했다.) 그러나 피타고라스는 남부 이탈리아의 그리스 식민시인 루카니아 지역의 메타폰툼에서 살았던 BC 6세기의 사람이고, 누마는 BC 8세기에 등극했다고 전해지므로 피타고라스가 누마의 스승이 되기는 어렵다고 보아야겠다.

○ 애초부터 피타고라스는 소수의 귀족 지배 체제를 유지하기 위해 지배 계급을 신처럼 공경하고, 피지배 계급은 짐승처럼 복종할 것을 가르쳤다. 하지만 이런 가르침은 부작용과 반발을 일으켜 피타고라스파들이 제거되었고 자유분방한 과거의 민주 체제를 부활시켰을 뿐이었다. 당파 분쟁, 노예 폭동, 사회적 불공정 등 타락한 온갖 악덕은 그리스 식민 사회가 통제력을 완전히 상실할 때까지 미친 듯이 이어졌던 것이다. 따라서 아이밀리우스를 피타고라스와 연관시키는 것은 그가 완전한 귀족 정신을 가진 자였기 때문이기도 했을 것이다. 키케로에 따르면 사람들이 누마 왕을 피타고라스 제자라고 여긴 것은 피타고라스학파에 대한 존경심이 공정성과 지혜가 탁월했던 누마 왕의

성품과 어우러져 생겨난 믿음이라고 주장했다.

○ 칸나이 전투의 승리로 한니발은 수렵과 채집에 의존하여 가까스로 병사들의 식량을 제공하던 상황에서 벗어날 수 있었다. 이제껏 한니발군은 거대한 도적 떼같이 군대를 이끌고 여기저기 방황했지만, 이제는 거의 모든 이탈리아 지방에서 안정된 전쟁 물자를 지원받을 수 있었다. 왜냐하면 많은 동맹국들이 로마를 버리고 한니발이 이끄는 카르타고군의 편에 섰기 때문이었다.(註. 그러나 일부의 동맹국을 제외한 대부분의 동맹국들은 로마 편에 그대로 남아 있었다.)

○ 이 전투에서 참전했던 원로원 의원 80명을 비롯해 로마군 5만 명이 전사했고 야영지를 지키고 있던 1만 명이 포로가 되었다. 이는 건국 이래 단일 전투로는 최대의 패전이었고, 역사상 단 하루 동안의 전투에서 이렇듯 많은 전사자가 발생하기는 20세기 제1차 세계대전이 터지기 전까지 전례가 없었다.(註. 로마 공화정 때 평균 전사율이 8.8%였다. 승전 시는 4.2%였고, 패전 시는 16%였는데, 승전과 패전을 더하여 나눈 것보다 평균 전사율이 더 적은 것은 승전 시에 더 많은 병사가 투입된 결과다. 전쟁 시 평균적으로 로마 성인 남자의 1/3~1/5가량이 참전했다.)

○ 패전 이후 루키우스 케실리우스 메텔루스를 비롯한 로마의 몇몇 주요 인사들 사이에서는 국가의 운이 다하여 구할 희망이 없으므로 이탈리아를 버리고 시킬리아로 피난하자며 깊은 논의가 오고 갔다. 이러한 운명론은 지도층 인사들을 낙담시키고 다시 일어설 수 있는 힘을 꺾어 놓았다. 이때 스키피오(註. 훗날 자마 전투 영웅이 된 스키피오 아프리카누스를 말하며, 그는 칸나이 전투에서 대대장tribunus militum으로 참전했다.)는 믿을 만한 병사 몇 명과 함께 분연히 일어서서 피난 논의가 한창 진행 중인 주요 인사들 앞에 나와 검을 뽑아 들고 그들

에게 조국을 버리지 않겠노라고 맹세하게 했다. 그러면서 만약 맹세를 깨뜨리는 자가 있으면 끔찍한 저주와 함께 그를 죽이겠다는 내용까지 덧붙여 맹세시켰다. 그가 이렇게 한 것은 로마인들이 인간의 권능보다는 신의 권능을 더 중시하여 법률을 위반하는 것보다 맹세를 어기는 것을 더 두려워했기 때문이다.

○ 로마에서는 칸나이 전투의 패배에 따른 패장 바로를 비난하는 목소리도, 조기 결전론에 반대하는 목소리도, 패전을 지휘한 사람들이 모두 평민 출신 집정관이라는 사실을 암시하는 귀족들의 목소리도 전혀 들리지 않았다. 칸나이 전투는 비난과 항의조차 입 다물게 한 로마 역사상 단 하루의 전투로 입은 최대의 패배였기 때문이다. 바로가 패장이 되어 로마로 도망쳐 왔을 때 수치와 실의에 빠진 그에게 원로원 의원들을 포함한 모든 시민들이 성문으로 나와 환영해 주었다. 파비우스를 비롯한 원로원의 주요 인사들은 바로를 향해 큰 불행에서도 좌절하거나 목숨을 버리지 않고 나라를 구원하기 위해 다시 돌아왔다고 칭송했다. 사실 원로원에 속한 귀족들은 자신들의 정적이었던 바로가 패한 것이 국가로서는 끔찍한 패배였으나 정쟁에서는 승리였다. 하지만 바로가 평민 출신이었고 국가가 위기에 닥쳤을 때 평민들의 신뢰를 얻는 것이 얼마나 중요한가를 깨달았기에 살아 돌아온 그를 맞으러 나가 노고를 치하한 것이다. 그럼에도 이는 국운이 풍전등화가 된 패전의 충격 속에서 로마 시민들이 보여 준 너그럽고 품격 있는 마음이었다.

○ 하지만 칸나이 전투에서 패배한 후 살아남은 병사들은 '10분의 1처형'이라고 불리는 잔혹한 데키마티오(註. decimatio. 처벌 대상 병사들을 추첨하여 10명당 1명씩 뽑아 나머지 9명이 몽둥이로 때려죽이는 형벌이

다. 기록에 나와 있는 것으로서는 BC 471년 집정관 아피우스 클라우디우스가 볼스키인과의 전투에서 병사들이 명령에 불복종하며 연거푸 이틀 동안 도망가자 이를 시행했다고 전한다.)에 처해졌고, 7년 동안 식량으로 보리를 먹도록 명령을 받았다.(註. 로마인들에게 보리는 가축들에게 주는 먹이였다). 또한 로마는 그들에게 반드시 도시 밖에서 숙박하며 식사를 서서 해야 한다는 조건을 달아 시킬리아로 추방해 버렸다.(註. 병사들에게 서서 식사하게 한 것은 패전에 대한 벌칙이다. 왜냐하면 로마인들의 식사 습관이 한쪽 팔베개를 하고서 비스듬히 누워 손가락으로 음식을 집어 먹는 것이기에, 서서 먹는 것은 물론 앉아 먹는 것조차도 정중한 식사 예절이 아니었기 때문이다.) 이것은 로마 사회에서 지휘관과 병사들에 대한 관점과 태도가 달랐다는 증거였다. 이들 패잔병들은 BC 214년 집정관 마르켈루스가 시킬리아에 왔을 때 명예 회복의 기회를 겨우 마련할 수 있었다.

※ 마르켈루스(Marcellus)의 설득

≪용감무쌍한 동맹군 병사 반티우스는 한니발의 호의에 감복하고 그를 지지하는 자가 되었으나, 마르켈루스의 설득과 논리에 다시금 로마 편으로 돌아섰다. 이것은 반티우스의 반복되는 배신이라기보다는 자신을 인정해 주는 쪽으로 돌아서는 보편적인 인간 감정이다.≫

○ 제2차 포에니 전쟁, 그러니까 한니발 전쟁 때의 일이다. 로마 장군

마르켈루스(Marcus Claudius Marcellus '마르켈루스'란 전쟁의 신 '마르스'와 닮았다는 의미)는 병사들을 이끌고 네아폴리스(註. 현재 지명 '나폴리')와 놀라로 갔다. 동맹시들의 동향을 파악하고 계속 우호적인 관계를 유지하기 위해서였다. 그러나 네아폴리스에서는 로마에 대한 시민들의 우의와 동맹이 견고했으나 놀라에서는 그렇지가 못했다. 놀라의 시민들은 로마파와 한니발파로 나뉘어 서로 간에 반목하고 있었던 것이다. 놀라의 원로원과 관리들조차도 한니발을 따르고자 하는 시민들을 통제할 수 없을 정도였다. 이렇게 된 데에는 로마 동맹군 중에 반티우스란 자가 그 원인이었음이 밝혀졌다. 그는 그 지역에서 신분이 고귀한 자였고, 성품 또한 용맹했다. 따라서 놀라에서 그의 영향력은 막대했다.

○ 사실 반티우스는 칸나이 전투에서 온몸에 화살이 박히는 위험을 무릅쓰면서 로마를 위해 싸웠다. 그러다가 전사자의 시체 더미 속에서 겨우 살아 있던 그를 카르타고군이 발견하고 한니발에게 데려갔다. 한니발은 그의 용맹에 탄복하여 그를 살려 주었을 뿐 아니라 선물까지 주고 친구로 삼기까지 했다. 한니발의 호의에 감복한 반티우스는 이후부터 드러나지 않게 한니발을 적극 지지하는 쪽으로 돌아섰고, 자신의 막대한 영향력을 이용하여 로마에 대하여는 반란을 일으키고자 했던 것이다. 한니발이 반티우스에게 보여 준 관대한 처분은 로마가 칸나이 전투에서 패한 병사들과 동맹군들을 멸시한 것과는 확연히 비교되었다.(註. 앞서 서술했듯이 로마는 패장인 집정관 바로에 대해서는 너그럽게 용서했으나, 병사들에 대해서는 패전의 책임을 물어 시킬리아로 추방했다.)

○ 마르켈루스는 정보와 조사를 통하여 반티우스가 왜 로마에 반감을

가지는지, 그리고 그가 시도하려는 위험하고 불온한 모든 정황을 낱낱이 알게 되었다. 만약 마르켈루스가 평범한 자였다면 반역을 꾀한 자를 잡아들여 처형으로 다스렸을 것이다. 하지만 마르켈루스는 호방한 영웅이었고 보통의 사람들이 생각하는 판단과는 다른 결정을 내렸다. 왜냐하면 반티우스처럼 용맹하고 한때 로마를 위해 위험한 임무를 마다하지 않았던 자를 처형하는 것은 옳지 않다고 생각했기 때문이다. 또한 마르켈루스의 성품은 전투에서 사납고 용맹스러운 것과는 달리 평상시에는 너그럽고 온화한 마음을 가졌고, 명예를 존중하는 사람에게는 거친 군대식 어조가 아니라 그를 설득하는 부드러운 화법을 구사할 줄도 알았다. 그리고 그는 인정받지 못하고 명예가 훼손된 사람의 상처를 다독거리며 속마음을 헤아릴 줄 아는 지휘관이었다.

○ 어느 날 반티우스가 지나가면서 마르켈루스에게 절도 있는 군대식 경례를 붙이자, 그는 전혀 모르는 사람인 척하며 일부러 누구인가 하고 물었다. 마르켈루스가 그와 대화를 나눌 구실을 만들려고 했던 것이다. 반티우스가 "예! 루키우스 반티우스입니다."라고 대답하자, 마르켈루스는 짐짓 놀랍고 기쁜 표정을 보이며 말했다. "아니! 그대가 칸나이에서 용맹함을 떨친 그 반티우스란 말인가? 집정관 아이밀리우스 파울루스를 끝까지 지켜 준 유일한 사람! 집정관을 향하

▌ 마르켈루스

——— 로마의 선택과 결정 ② 지중해 패권

는 모든 화살을 제 몸으로 대신 막아 낸 사람!"(註. 집정관 아이밀리우스 파울루스는 칸나이에서 전사했다.) 이 말을 들은 반티우스는 자랑스럽게 자신의 흉터를 몇 군데 보여 주었다. 그러자 마르켈루스는 말했다. "아니, 그대는 로마에 대한 우정의 증표를 그렇게 지니고 있으면서 왜 당장 나를 만나러 오지 않았는가? 적에게도 존경을 받기까지 한 동맹군 병사(註. 당시까지만 해도 이탈리아 내의 주민들에게도 로마 시민권을 다 주지는 않았다. 따라서 로마 시민권자가 아닌 동맹시의 군대는 로마군이 될 수 없었고, 동맹군의 자격으로 참전했다. 이탈리아의 모든 자유민에게 로마 시민권이 부여된 것은 동맹시 전쟁 중인 BC 90년부터 점차로 확대되었다.)의 무공을 내가 모른 체하면서 아무런 보답도 하지 않을 거라고 생각했는가?" 그리고 나서 그는 반티우스에게 따뜻하게 인사하고 군마 한 필과 은화 5백 데나리우스의 선물까지 주었다.

○ 이처럼 로마 장군 마르켈루스에게 자신의 공로를 인정받자 반티우스는 로마의 가장 확고한 동맹자이자 지원군으로 되돌아섰다. 또한 그는 한니발 편에 선 사람들을 무섭게 비난하고 몰아세우며 그들을 색출하는 일도 서슴지 않았다.

| 마음에 새기는 말 |

호의에 기꺼이 보답하는 선한 마음보다 더 고귀한 것은 자신을 괴롭혔던 적의 용맹을 미워하면서도 인정하는 마음이다.

– 앞의 경우는 탁월함보다 사적인 이익과 필요가 먼저 고려되며, 뒤의 경우는 덕성만으로 적을 존경하는 경우이기 때문이다. 한니발이 마르켈루스로 인해 많은 어려움과 곤란을 겪었으나 그의 군사적 능력을 인정하여 주검에 대해 정중히 장례를 치르고 경의를 표

한 것에 대하여.(註. BC 208년 마르켈루스는 한니발과 겨루기 위해 삼니움 지역 남부 끝자락에 있는 베누시아 인근을 정찰하던 중 한니발 편의 누미디아 기병대에게 살해당했다.)

✴ 그라쿠스(Gracchus)의 실책과 약속(BC 212년)

≪그라쿠스는 노예 병사들과의 약속을 지킴으로써 그들의 충성이 시들지 않았으며 승리는 이어졌다. 이렇듯 약속을 엄숙히 지킨다는 것은 극난의 위기에서도 결코 빛이 바래지 않는 숭고한 정신이다.

하지만 전쟁에서 지휘관의 목숨은 가벼운 것이 아니니, 자존심과 단순한 신뢰에만 의지하는 것은 참으로 위험한 결정이다. 그라쿠스는 실무 담당 장교를 먼저 회담 장소로 보내어 항복하려는 자들을 만나게 하고, 그 이후 그자들을 자신의 진영으로 불러서 항복을 받아내야 마땅했다.≫

○ 이탈리아 남부에서 카르타고군과 대치하고 있던 티베리우스 셈프로니우스 그라쿠스에게 카르타고 장군이 보낸 전령이 왔다.(註. 노예 군단을 이끈 그라쿠스 장군은 훗날 농지법으로 후세에 명성을 남긴 호민관 그라쿠스 형제의 종조할아버지이다. 즉 호민관 그라쿠스의 아버지는 노예 군단을 이끈 그라쿠스 장군의 조카였다.) 카르타르 장군은 전령을 통해 그라쿠스에게 말하기를 로마군의 공격과 용맹을 이길 수 없고 자신이 지휘하는 군대가 절박한 위기에 처해 항복하고자 하니, 그

절차를 논의하기 위해 협상 장소로 나와 달라고 요구했다. 하지만 그것은 속임수였다. 그 말을 믿고 소규모 부대만을 거느리고 지정된 장소로 간 그라쿠스는 카르타고군의 습격을 받아 그만 목숨을 잃고 말았다.

○ 그라쿠스는 한니발의 공격으로 로마가 가장 어려움에 처했을 때, 대부분 노예로 편성된 군단을 구성했으며 전투에서 공을 세우면 노예의 신분을 벗어나게 해 주겠다고 약속했다. 그 이후 그라쿠스가 이끄는 노예 군단은 베네벤툼 전투에서 승리했고, 노예의 신분에서 벗어나게 해 주겠다던 그라쿠스의 약속은 지켜졌다. 다만 노예 신분에서 해방되려면 노예 주인에게 국가가 보상금을 지불해야 했지만 전쟁 통에 로마의 국고는 형편없이 줄어들어 있었다. 그러자 조국의 형편을 잘 알고 있던 노예 주인들은 국고를 관리하는 3인 재무 위원회가 보상금을 지불하려 했을 때 자신들이 받아야 할 보상금을 전쟁이 끝날 때까지 보류하겠다며 그 뜻을 전했다. 그들은 국난의 위기에서 국고란 보상금 수령보다 더욱 긴급한 용도에 쓰여야 한다고 생각했기 때문이다.

○ 그리고 해방된 노예 병사들도 전쟁이 끝날 때까지는 무기를 들고 전쟁터에 남겠다는 그라쿠스와의 약속을 어기지 않았다. 노예 군단 내에서는 해방 노예와 로마 시민권자 간에 차별이 없었으며, 지휘관뿐 아니라 동료 간에도 해방 노예에게 차별적 언행을 하는 자는 가차 없이 처형하는 엄격한 규정을 실행했다. 하지만 카르타고 장군의 속임수로 그들이 4년간이나 의지하고 따르던 지휘관 그라쿠스를 잃게 되자 노예 군단은 산산이 흩어져 사라지고 말았다.

○ 반면에 임진왜란 때 유성룡은 군공을 세운 노비를 해방시키겠다고

약속함으로써 백성들의 적극적인 호응을 얻어 망국의 위기를 벗어나게 했다. 하지만 노비들을 해방시키려고 하자 모든 권한을 틀어쥐고 있던 선조와 사대부들이 이에 반발하며 거부했다. 이렇게 되자 훗날 정묘호란과 병자호란 때는 의병의 씨가 말랐고 강토는 또다시 적의 군마에게 짓밟혔다.

○ 이 말 많고 정쟁을 좋아하는 조선의 사대부들이 적들의 총검에 모조리 죽었더라면 차라리 조선의 앞날이 밝았으리라. 하지만 조선의 사대부들은 국가의 명운을 뒤흔드는 임진왜란을 겪고서도 끈질기게 살아남아 '진정한 승리자'가 되었다. 왜냐하면 7년간에 걸친 피비린내 나는 전쟁으로 명은 국운이 기울어 청으로 바뀌었고 도요토미 히데요시의 가문은 도쿠가와 이에야스에게 권좌를 내주어야 했지만, 조선의 사대부들은 자신들의 잘못으로 강토를 적의 군마에 짓밟히게 해 놓고서도 백성들이 흘린 피로 절체절명의 위기에서 벗어나 국가권력의 정상에 다시금 우뚝 서서 자손 대대로 찬란한 세도를 누렸기 때문이다.

☼ 한니발의 속셈과 시라쿠사 함락(BC 211년)

≪시라쿠사 왕 히에로니무스는 어리석은 탐욕으로 시라쿠사 시민들을 정복자의 칼날 앞에 떨게 했을 뿐 아니라 자신의 목숨조차 지키지 못했다. 이렇듯 현명하지 못한 지도자를 둔 시민들은 불행하기 마련이다. 하지만 시민들이 로마를 배반한 것은 로마를 미워하거나 증오로

○ 칸나이 전투에서 대승을 거둔 한니발이었지만, 로마 동맹을 와해시키지 못하고 있을 즈음, BC 216년 친로마파인 시라쿠사의 참주 히에론이 칸나이 전투가 끝난 지 얼마 지나지 않아 죽고 그의 손자인 15살 난 소년 왕 히에로니무스가 계승했다. 그때 카르타고가 사절을 보내 시라쿠사가 카르타고 편에 서면 예전의 영토뿐 아니라 시킬리아 전체를 지배하게 해 주겠다고 약속하자, 히에로니무스는 경솔하게도 로마를 버리고 카르타고의 동맹국이 되었다. 이에 BC 215년 친로마파에 속했던 권신들은 그간의 은혜를 저버리고 모반을 꾀하여 왕을 살해했다.

▍ 시라쿠사의 극장

○ 그렇게 되자 한니발은 히포크라테스와 에피키데스를 사절로 보내 로마에 등을 돌렸다가 최근 다시 로마에 굴복한 인접 도시 레온티니의 끔찍한 처벌을 시라쿠사 시민들에게 상기시켰다. 즉, 약소국의 예종과 굴욕을 도구로 민중의 공포를 자극한 것이다. 게다가 시라쿠사의 용병 중에는 로마 해군에서 근무하다가 탈영한 수병들이 많았는데, 이들은 시라쿠사와 로마의 동맹은 곧 자신들의 사형 선고라고 굳게 믿었다. 결국 정변이 일어나 시라쿠사의 친로마파들은 모두 살해되고 한니발이 보낸 사절들이 통치권을 장악했다.

○ 이렇게 하여 시라쿠사는 소년 왕 히에로니무스가 살해된 이후 다시 카르타고 편에 서게 되어, BC 213년 "이탈리아의 검"이라 불린 로마 장군 마르켈루스의 공격을 받게 되었다. 시라쿠사는 성을 방어하기 위해 수학자 아르키메데스가 제작한 병기로 적군의 공격을 막았지만, 히포크라테스가 전염병으로 죽고 에피키데스가 절망하여 성벽 방어를 포기하고 아그리겐툼으로 도망치자 시라쿠사는 로마에 항복하려고 협상을 시작했다. 하지만 또다시 로마의 탈영병들이 폭동을 일으켜 시라쿠사의 지도자들을 죽이고 도시를 장악했다. 그렇게 되자 로마 장군 마르켈루스는 탈영병들의 지휘관과 협상을 진행했다. 그러던 중 시민들이 로마군에게 성문을 스스로 열어 주었다.

○ 절실하게 몇 번이나 외세의 폭정에서 벗어나기 위해 노력한 이 도시에 로마의 엄격한 법을 적용하더라도 자비를 베풀 수 있었으리라. 하지만 부유한 이 도시의 재물이 탐이 났는지 마르켈루스는 시민들을 노예로 잡아가고 약탈을 자행함으로써 전사로서의 명예를 더럽히고 말았다. 훗날 살아남은 시라쿠사인들이 마르켈루스를 규탄하며 예전에 누렸던 자유시의 권리를 돌려 달라고 했지만 로마는 도시

의 자유뿐 아니라 약탈한 전리품도 돌려주지 않았고 시라쿠사는 계속하여 로마의 속국으로 남게 되었다.(註. 자유시는 로마에 바치는 조공이 면제되었고 군사 지원의 의무가 없으며 대외 정책을 독립적으로 가질 수 있었다. 훗날 자유시가 아닌 도시에서 납부하는 조공을 '스티펜디움 stipendium'이라고 했다. 애초에 스티펜디움은 카밀루스가 베이이와 싸울 때 제정한 것으로 '군인의 봉급'을 의미했지만, 훗날 스키피오 아이밀리아누스가 히스파니아에 주둔할 때 병사들에게 급료를 줄 수 없어 현지인들로부터 돈을 거두어 병사들에게 나누어 준 다음부터 의미가 확장되었다.)

○ 또한 한니발은 알렉산드로스에 심취한 22세의 마케도니아 왕 필립포스 5세에게 그리스를 제패할 수 있도록 군사력을 지원하겠으며 그 외에도 모든 요구 조건을 들어주겠다고 약속하고서는 마케도니아를 동맹군으로 포섭하기도 했다. 하지만 한니발의 속셈은 로마만 격파하고 나면, 시라쿠사든 마케도니아든 카르타고의 적수가 되질 못한다는 것을 계산에 넣었다. 최후의 승리를 위해서 지키지 않을 수도 있는 약속을 한 것이다.(註. 마케도니아는 제2차 포에니 전쟁의 승자에게 속국으로 떨어지고 말 운명이었다. 필립포스 5세는 승리의 깃발이 어디에서 나부낄지 제대로 통찰하지 못했고, 결국 제2차 포에니 전쟁이 로마의 승리로 종결되자 그는 아들을 로마에 인질로 보내는 등 패전국으로서 대우를 받았다.)

✳ 한니발에 대한 카르타고의 결정

≪야전군 사령관이 전쟁 물자를 지원하는 자와 생각이 다르다면 외롭고 힘든 과정만 남게 되는 법이다. 따라서 외적과 싸우기 전에 정치적 승리부터 반드시 쟁취하여 자국 내에 우호 세력을 닦아 놓아야 한다.

카르타고는 제해권을 모두 잃어버렸기에 위험을 무릅쓰고 바다를 건너 한니발을 지원한다는 것이 무모하기도 했으리라. 그럴더라도 훗날 닥친 카르타고의 비참한 멸망을 생각해 보면, 그들은 한니발을 적극 지원하거나 한노의 주장대로 승리했을 때 유리한 조건으로 평화 협정을 맺는 데 노력을 기울여야 했지만, 어정쩡한 태도로 일관하다가 패망의 나락으로 떨어졌다.≫

○ 칸나이 전투 이후 이탈리아 중남부를 지배하에 두게 된 한니발은 로마에서 얼마 떨어지지 않은 카푸아에서 진을 치고 있었다. 그가 막냇동생 마고를 보내 칸나이의 대승을 카르타고에 알리자, 카르타고는 승리에 환호를 했다. 그러나 한니발이 원했던 전쟁 물자의 지원은 없었다. 카르타고 정부는 히스파니아 전선이 불안하기도 했지만, 제해권을 잃어버린 티레니아해를 건너 항구 도시도 아닌 카푸아까지 한니발을 지원한다는 것은 무모하다고 판단했기 때문이다. 따라서 카르타고 정부는 전쟁 물품을 실은 배를 이탈리아에서 고군분투 중인 한니발에게 보내 준 것이 아니라, 히스파니아를 지원토록 마고에게 명령하고 말았던 것이다.
○ 이러한 결정은 한니발의 모험을 의심의 눈으로 바라보던 카르타고의

세도가 한노의 영향이 컸다. 한노는 칸나이 전투에서 승리한 후 한니발이 보낸 그의 동생 마고를 맞이했다. 대단한 세도가였던 그는 마고의 보고를 상세히 들은 후 칸나이에서의 승리 후 로마에서 화평을 하자고 사절을 보내온 적이 있는지, 그리고 로마 동맹국이 동맹을 깨뜨리고 로마에 대항하고 있는지를 물었다. 하지만 마고는 딱 부러지게 답하지 못했다. 왜냐하면 그는 칸나이 전투에서 승리한 이후에 이탈리아 남부 브루티움, 루카니아, 아풀리아 지역에서 12개가량의 도시들이 넘어오긴 했지만 이탈리아의 로마 동맹국이 해체되지 않았다는 사실을 잘 알고 있었기 때문이다. 그러자 한노가 말했다. "이 전쟁의 결말은 아직도 판가름 나지 않았다!" 그러면서 잔인하게도 이렇게 덧붙였다. "그가 진정한 승리자라면 어떠한 도움도 필요로 하지 않을 것이다." 결국 카르타고의 실력자 한노는 불확실한 로마 정복보다는 명확하고 전쟁 수행에서 유리함에도 불구하고 로마와의 전투에서 고전하고 있던 히스파니아에 대해 지원할 것을 결정했던 것이다.(註. 그러나 전쟁이 진행되는 동안 카르타고는 한니발에게 물품 지원을 위한 선단을 몇 번이고 파견했다. 예상되었던 결과이긴 했지만 한두 번을 빼고는 전부 실패했다. 하지만 그 정도로서는 국가의 존망을 거는 최선의 노력이 아니었다는 점에서 비난을 피할 수 없다.) 이는 조국이 당한 굴욕에 분노한 젊은이가 목숨을 담보로 적진 한가운데 뛰어들어 역사에 길이 남을 놀라운 승리를 쟁취하고 최종 목적 완수를 눈앞에 두었을 때, 내부의 노회한 자들이 정적의 성공을 질시하면서 가능과 불가를 저울질하고 이끌어 낸 가당찮은 결론이었다. 실로 로마로서는 카르타고의 정치인들이 동맹국들의 인내와 충성보다 더 큰 조력자였고 힘을 보탠 자들이었다.(註. 하얼빈에서 이토 히로부미가 안중근의 총격에 처단되자, 순종은 일본의 눈치를 보며 급히 포고문을 내렸다. "이토 공작께서는 정성을 다해 중흥의 큰 위업을 도왔으며 지금까지 대신의 중책을 지닌 수십 년 동안 법률을 제정하고 계책을 세우며 항상 동양 평화로 일관하여 대명을 받들었지만, 지난번 하얼빈을 지나다가 짐의 고약한 백성의 흉측한 손에 의해 갑자기 세상을 떠나실 줄 어찌 생각이나 했겠는가?" 물론 순종이 언급한 '고약한 백성'은 바로 안중근이다. 당시 상황이 이해되지 않는 것은 아니지만, 이 또한 조국의 굴욕에 분노한 젊은이가 못된 짓을 한 적국의 우두머리를 죽이고 자신의 목숨과 맞바꾼 결연한 기개를 국왕이 찬사와 박수를 보내기는커녕 앞장서서 우롱한 가당찮은 말이었다.)

○ 그러면서 이 연륜 있고 사려 깊은 카르타고인은 칸나이의 승리를 마음속에 두고서 이참에 로마를 아예 멸망시키려는 희망을 꿈꾸어서는 안 된다고 충고했다. 그는 칸나이의 승리를 로마와의 평화 협정 체결에 유리하게 사용해야 한다고 주장했다. 만약 계속 전쟁을 벌이다가 패배라도 한다면 유리한 조건의 평화 협정은 물 건너갈 것이며, 카르타고가 로마와 싸워서 이길 정도로 강력하다는 것을 보여 준 지금 평화를 위한 노력을 아끼지 않아야 한다고 말했다. 하지만 카르타고의 지도층은 한노의 주장을 받아들이지 않았다. 결국 그들은 한니발의 요구를 들어주지도 못하고 그렇다고 한노의 주장을 받아들이지도 못한 채 점차 파국의 길로 들어섰다. 훗날 모든 기회를 놓친 후에야 한니발의 요구가 얼마나 시의적절했는지, 한노의 제안이 얼마나 현명했는지를 알았지만 너무 늦은 깨달음이었다.

타협은 서로가 한 걸음씩 양보하는 것이므로 모든 참가자가 약간씩 불만을 품는 결과로 나타난다.

_ 마키아벨리

☀ 파비우스의 야심과 잔혹함(BC 209년)

≪파비우스는 자신의 명성과 명예를 돋보이게 하려고 참혹한 일을 저질렀다. 이는 끈기와 온화함을 특징으로 하는 것이 그의 성품이었음에도 명성의 노예가 되었기 때문이다. 이렇듯 그가 약속과 은혜를 배반으로 덮고 세상을 우롱하려 했지만, 결코 세상의 눈과 귀를 속일 수가 없었다.≫

○ 로마군뿐만 아니라 동맹군에게도 온화했고, 자신의 명령을 어긴 미누키우스와 칸나이 전투에서 패배한 바로에게조차 관용과 포용력을 보여 준 파비우스에게도 야심과 잔혹함이 없지는 않았다. 이는 파비우스가 BC 212년 함락되어 한니발의 수중에 있는 타렌툼을 되찾는 데서 볼 수 있다. 당시 한니발은 장화 모양의 이탈리아 반도 발끝에 있는 브루티움 지역이 궁지에 몰리자, 그곳을 돕기 위해 급히 떠나고 없어 타렌툼을 도울 수 없었다.

○ 파비우스 부하 중에 타렌툼 출신의 젊은이가 있었는데, 그 병사에게는 오빠를 무척 따르는 아름다운 누이가 있었다. 그런데 한니발이 파

견한 타렌툼 수비대의 지휘관이 이 누이를 깊이 사랑하고 있었다. 그 수비대 지휘관은 브루티움 지역 출신이었으며, 브루티움은 한니발이 칸나이에서 승리하자 제일 먼저 카르타고 편으로 넘어갔던 곳이었다.

○ 이를 알게 된 파비우스는 타렌툼을 탈환하기 위해 계책을 쓰기로 했다. 그는 그 젊은 병사와 미리 짜고서 탈영한 것처럼 꾸며 그 병사를 타렌툼으로 들여보냈다. 그러나 오빠가 집에 오고 난 후에는 타렌툼 수비대의 지휘관이 누이를 찾아오지 않았다. 그 이유는 자신의 연인에 대해 오빠가 모른다고 생각했고, 다른 종족 출신의 연인을 두고 있다는 것이 탄로 나면 오빠에게 혼날까 봐 두려워 이를 숨기고 있던 누이 때문이었다. 젊은 병사는 파비우스와의 약속도 있고 시간도 많지 않아 어느 날 누이를 불러 놓고 속마음을 털어놓았다. "네가 타렌툼 수비대의 지휘관과 만나고 있다는 소문이 내가 로마 진영에 있을 때 파다하게 퍼져 있었다. 그런데 그 사람은 평판이 좋더구나. 그 소문대로 그가 기품이 훌륭한 사람이라면, 이렇게 생각하는 것이 마땅하다. 전쟁이란 모든 것을 어지럽게 뒤섞어 민족도 따지지 않으며, 또한 강요에 의해 어쩔 수 없이 저지른 행위는 비난되어서는 안 되는 법이다. 그리고 정의가 무시될 때 권력을 가진 자가 우리를 친절하게 대한다면 그것은 오히려 행운에 가깝다." 이 말에 용기를 얻은 누이는 자신의 연인인 지휘관을 불러 오빠에게 소개시켰다. 그 젊은 병사는 타렌툼 지휘관과 금세 친해져서 서로 간에 믿음과 친분을 쌓았다. 그렇게 되자 한니발에 대한 깊은 충성심이라고는 당초부터 없었던 용병인 데다가 사랑의 늪에 빠진 그 지휘관은 자신의 직무를 저버리고 쉽사리 로마 편으로 돌아섰다. 그가 로마 편이 된 데에는 로마군을 도우면 로마의 총사령관 파비우스가 선물을 듬뿍 줄 것이라는

오빠의 언질도 한몫했다.

○ 일이 그렇게 진행되는 동안 파비우스는 타렌툼을 포위 공격했다. 5일째 공격하던 날, 타렌툼의 수비대 지휘관을 로마 편으로 끌어들이는 데 성공한 그 젊은 병사는 어둠을 틈타

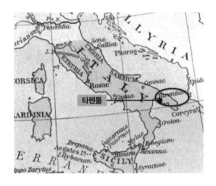

▌ 타렌툼 ___ 출처 : 텍사스 대학 도서관. 이하 같다

파비우스에게로 돌아왔다. 그는 그간의 일을 파비우스에게 보고하며, 타렌툼의 지휘관이 성벽 어느 곳에서 기다리고 있을 것인지도 말했다. 그러나 용의주도한 파비우스는 지휘관 한 사람의 배신에 타렌툼 공략 작전의 모든 운명을 걸지는 않았다. 파비우스가 그 지휘관을 만나러 가는 동안에 로마군으로 하여금 성벽을 향해 전면 공격을 감행시킨 것이다. 로마군이 요란하게 성벽을 공격할 때, 타렌툼 수비대의 지휘관이 파비우스에게 신호를 보냈다. 파비우스와 그를 따르던 병사들은 신호가 있는 성벽 쪽을 타고 올라가 타렌툼을 손쉽게 점령할 수 있었다. 이는 지구전으로 조국을 구하고 명성을 날린 노장의 마지막 전투였다.

○ 그러나 이렇듯 쉽게 도시를 점령했을 때, 파비우스의 마음속 깊은 곳에 웅크리고 있던 야심이 고개를 들추었다. 그는 부하들에게 무엇보다도 먼저 타렌툼 수비대 지휘관의 측근과 병사들을 제거하라고 명령했다. 도움을 준 자의 은혜를 저버리고 살육과 피로 갚은 것이다. 파비우스가 타렌툼 지휘관과의 약속을 헌신짝처럼 내던진 것은 적의 배신으로 쉽게 타렌툼을 되찾았다는 것이 알려진다면 그동안 쌓아올

린 자신의 명예와 명성이 일거에 무너질까 두려웠기 때문이다.

○ 타렌툼의 공격으로 수많은 사람들이 죽음을 맞았고, 3만 명이 노예로 팔렸다. 로마군은 도시를 약탈하여 국고에 3천 탈란톤을 보태고, 손에 잡히는 모든 것을 전리품으로 취했다. 이러한 잔혹함은 그리스의 스토아 철학자 포세이도니오스가 공격적이고 도전적인 성향 때문에 '이탈리아의 검'이라고 칭한 마르켈루스가 '이탈리아의 방패'라고 불리었던 파비우스보다 오히려 더 너그럽고 인간답게 보이게 했고, 더 존경받을 만한 인물로 느끼게 했다. 그뿐만 아니라 한니발은 마르켈루스가 경쟁 상대로 보여 두렵다고 했으며 파비우스는 그를 비난하는 자들의 말을 빌려 주인 아들을 졸졸 따라다니는 가정 교사 같다고 했지만, 이 일은 그런 판단을 보류하는 것이 정당하다는 것을 입증했다.

○ 그러나 생각해 보면 역사란 쓰는 자에 따라 비난의 대상이 달라지는 법이다. 사비니족의 타티우스가 로물루스와 싸울 때 카피톨리누스 요새의 수비 대장 딸 타르페이아는 재물에 눈이 어두워 조국을 배반하고 적에게 성문을 열어 주었다. 그때 타티우스와 그의 부하들은 약속한 재물을 던져 준다며 그녀를 살해했다. 타티우스와 파비우스는 자신을 도운 배반자를 살해한 점에서는 같았지만, 타티우스는 비난받지 않은 반면에 파비우스는 잔혹하고 비열한 처신이라고 비난받았다. 비난받지 않은 타티우스는 로마의 적이었고 비난받은 파비우스는 로마인이었지만, 타르페이아는 로마를 배반했고 타렌툼의 지휘관은 카르타고를 배반했기 때문에 로마의 역사가는 조국을 배반한 타르페이아를 용서하지 못했으리라.

※ 공직에 대한 파비우스의 생각

≪파비우스는 국가 위기를 헤쳐 간 구국의 영웅으로 모두가 받들었지만, 스스로는 명예와 공훈을 내세우기보다는 법의 원칙을 벗어나지 않도록 행동했다. 그뿐만 아니라 아들에 대해서도 인간적인 감정보다는 법의 원칙에 따라 합당하게 행동하는 것이 정의롭다고 가르쳤다.≫

○ 로마에서 집정관, 법무관 등 선출직 공직에 오르는 일은 호구지책을 마련하기 위함이 아니라, 명예로운 경력(註. '쿠르수스 호노룸cursus honorum'이라고 한다.)이라고 정의하며 공공의 선을 위한 일이었다. 그럼에도 로마 귀족들은 정치적 입신양명을 위해 앞다투어 공직을 맡으려고 했다. 그러므로 파비우스의 아들도 당시 귀족들의 관습에 따라 공직에 나섰고 드디어는 로마 최고의 선출직 행정관인 집정관에 출마하여 손쉽게 당선되었다. 그가 이렇듯 쉽게 집정관에 당선된 것은 시민들이 파비우스의 공적과 역량을 보아 왔기에 그의 아들도 마찬가지라고 생각하는 마음에다 파비우스의 공로에 보답하는 마음까지 더해졌기 때문이다.

○ 아들이 집정관 업무를 수행하면서 전쟁 문제로 고심하고 있을 때, 파비우스는 아들을 시험하고픈 생각에서인지 말을 탄 채 현직 집정관인 아들을 향해 다가갔다. 그런데 로마의 최고위직인 집정관 앞에서는 누구나가 말에서 내려야 하는 것이 당시의 규칙이었다. 젊은 아들은 멀리서 아버지가 말을 탄 채 가까이 다가오는 것을 보고는 호위병을 시켜 집정관에게 볼일이 있다면 말에서 내려 걸어오라는 명령을

전하게 했다.

○ 주변의 사람들은 아들의 무례함을 괘씸하다고 생각했다. 파비우스는 집정관 자신의 아버지일 뿐 아니라, 국가의 공훈을 생각해 보아도 결코 가벼운 지위의 사람이 아니었기 때문이다. 그러나 호위병으로부터 명령을 전해 들은 파비우스는 재빨리 말에서 뛰어내려 아들에게 다가가 따뜻이 품에 껴안았다. "너의 생각과 행동은 무례한 것이 아니라 정당하다. 그것은 네가 시민들이 앉혀 준 집정관이란 자리가 얼마나 존귀한지도 알고 있다는 뜻이다. 너의 조상들도 모두 그런 정신으로 로마를 위대하게 만들었다. 부모와 자식의 관계보다 나라의 존엄과 이익을 먼저 생각하는 정신 말이다."

○ 집정관에 5번이나 오른 파비우스조차도 아들이 집정관이었을 때는 부장으로 참전했다. 승리 후의 개선식에서도 아들이 개선장군으로 네 필의 말이 끄는 전차로 행진할 때, 말을 타고 다른 지휘관들과 행렬의 뒤를 따랐다.(註. 개선식 행렬은 맨 처음 나팔수가 행진하고 그다음에 참전 장군과 원로원 의원이 뒤따랐으며 그 뒤로 전리품과 포로들이 실려 나왔고 마지막에 개선장군이 말미를 장식했다. 그러니까 파비우스는 아들의 뒤를 따른 것이 아니라 아들의 앞에서 행진한 것이다. 로마의 개선장군은 개선 행렬의 맨 뒤에서 네 필의 백마가 끄는 마차에 올라 얼굴을 붉게 칠하고 황금 별을 수놓은 토가 위에 자색 망토를 입었다. 그는 한 손에는 독수리 왕관의 장식이 있는 홀을, 다른 한 손에는 월계수 가지를 들었다. 개선장군 뒤에는 한 남자가 계속 이렇게 속삭였다. "죽음을 기억하라.Memento mori. 뒤를 돌아보라, 너는 인간임을 기억하라.Respice post te, hominem te esse memento." 이는 인간이란 죽음을 피할 수 없는 한낱 유한한 존재임을 잊지 말라는 경고였다.) 파비우스

스스로는 가장 위대한 시민의 한 사람이었음에도, 법의 원칙에 따라 자신을 스스로 낮추었다는 사실을 자랑스럽게 여겼고, 이는 존경받을 만한 그의 성품이며 공직에 대한 그의 생각이었다.

☀ 스키피오(Scipio)의 카르타고 노바 공략(BC 209년)

≪스키피오는 자신의 기질과 잘 어울리는 독특한 방식으로 군대를 지휘했다. 그는 총사령관이 되기에는 아직 어린 나이임에도 정보의 중요성을 이미 이해했고 전후 처리의 중요함도 동시에 깨달았으며, 이 모든 것이 자신의 기질과 잘 맞아떨어진 결과 승리할 수 있었다.

또한 카르타고 노바가 로마군의 창검에 성문이 뚫리고 재앙에 맞닥뜨린 것은 사실이지만, 그나마 위안으로 삼을 수 있었던 것은 인간의 본성을 억제하고 뛰어넘을 수 있는 스키피오라는 자에게 정복당했다는 점이다.≫

○ 로마는 한니발의 근거지를 공략하기 위해 히스파니아로 군대를 보냈다. 하지만 푸블리우스 코르넬리우스 스키피오(註. Publius Cornelius Scipio. 자마 전투의 영웅인 스키피오 아프리카누스를 말한다. 그는 아버지와 이름이 같았다.)의 아버지와 백부가 지휘한 히스파니아 파병군은 현지에서 모병한 병사들의 탈영이 심화되는 등 고전을 면치 못하다가, BC 211년 결국 패전으로 궤멸되고 스키피오의 아버지(Publius Cornelius Scipio. BC 218년 집정관)와 백부(Gnaeus Cornelius Scipio.

BC 222년 집정관)는 전사하고 말았다. 카르타고에게 궤멸되어 뿔뿔이 흩어진 패잔병들은 기병 장교 루키우스 마르키우스가 지휘하고 있었다.(註. 마르키우스는 로마 원로원에 전황을 보고하면서 전직 법무관propraetor이라고 자칭했다가 원로원의 분노를 자아내게 했지만 스키피오는 히스파니아에 왔을 때 그를 예우하고 칭찬했다.) 따라서 로마 원로원은 멀고도 위험한 히스파니아에 새로운 사령관을 파견해야만 했다. 그러나 위험하기도 하지만 승리해 보았자 이탈리아에서의 승리만큼 인기도 없는 그곳에 가려는 자가 아무도 없었다. 다만 오직 한 사람 히스파니아에서 전사한 사령관의 아들 스키피오가 히스파니아 전선을 맡겠다며 과감하게 나섰다.

○ 그러자 BC 210년 로마 원로원은 격론 끝에 전사한 사령관과 같은 이름을 가진 아들 스키피오에게 히스파니아 파병군의 지휘를 맡겼다. 스키피오의 지휘에 반대가 있었던 것은 만 40세가 되어야 2개 군단을 지휘할 수 있는 집정관 및 법무관 또는 전직 집정관(프로콘술proconsul) 및 전직 법무관(프로프라이토르propraetor)의 자격이 주어졌지만, 겨우 26세에 불과한 스키피오에게 지휘권을 맡길 수 없다는 이유로 신중론자인 파비우스 등이 격렬하게 반대했던 것이다.(註. 집정관 또는 법무관만이 사령관이 되어 지휘권, 즉 임페리움imperium을 가질 수 있었으나, 로마의 판도가 확장됨에 따라 전쟁 지역이 넓어지고 거리가 멀어져 매년 새로이 선출되는 이들이 전쟁터로 파견되어 지휘권을 넘겨받기가 현실적으로 힘들어졌다. 이에 로마는 임용 기간이 종료된 사령관들에게 전직 집정관proconsul 또는 전직 법무관propraetor이라는 직함을 주어 전투를 계속 지휘할 수 있게 했다. 훗날 프로콘술proconsul과 프로프라이토르propraetor는 의미가 확장되어 총독을 뜻하게 되었다.) 이 같은 격

렬한 반대에도 스키피오가 히스파니아 군단 사령관의 지휘를 맡을 수 있었던 것은 히스파니아에서 전사한 아버지와 백부의 원한을 갚게 할 기회를 주자는 의견이 승리한 결과이기도 했지만, 한편으로는 히스파니아 전선의 사령관은 구미 당기는 자리가 아니었기에 더욱 쉽게 얻을 수 있었다. 왜냐하면 그곳은 로마에서 거리가 멀고 적지이므로 지원군이나 보급품을 거의 기대할 수 없었으며, 승리할 경우에도 이탈리아에서 승리한 자가 집정관 선거에 당선될 가능성이 훨씬 높았기 때문이다. 다만 원로원은 나이 어린 스키피오를 불안하게 여겨 혹시 있을지도 모를 스키피오의 실수와 방종을 견제할 수 있도록 전직 법무관 마르쿠스 실레누스를 지명하여 함께 히스파니아로 보냈다.

○ 총사령관 스키피오는 한니발의 아버지 하밀카르가 식민지를 개척하면서 세운 히스파니아의 수도 카르타고 노바를 공격하기로 마음먹고, 유일하게 육지 쪽과 연결된 북쪽을 공격하면서 동쪽과 남쪽은 해군으로 봉쇄했다. 카르타고군도 북쪽의 공격을 예상하고 대비했으며, 실제 전투도 그곳에서 일어났다. 그러면서 스키피오는 정보 수집에도 정성을 다하여 만나는 사람마다 이곳 사람들의 특성과 지리에 대해 문의했고, 이를 자신이 이미 수집한 정보와 계획에 접목하여 작전을 가다듬었다.

○ 마침내 스키피오는 카르타고군이 안심하고 있는 서쪽의 석호를 주의 깊게 관찰하여 그곳에 대해 정보를 수집한 결과, 타라코(註. 현재 에스파냐의 '타라고나')의 어부와 선원들로부터 물의 깊이가 낮아지는 시점을 알아냈다. 석호 쪽은 바닷물이 있어 방어에 안전하다는 판단으로 카르타고군의 수비가 허술한 곳이었다. 하지만 스키피오는 수위가 낮아지면 병사들이 석호를 건너 공격할 수 있으므로 적의 허점을

찌를 수 있다고 생각했다. 그러면서 넵투누스(註. 바다의 신으로 그리스의 '포세이돈'에 해당)가 꿈에 나타나 자신을 지켜 줄 것을 약속했다고 하며, 하루에도 몇 번씩 감사의 기도를 하면서 신과 대화하는 등 휘하의 병사들에게 신비로움을 보여 주었다.(註. 스키피오는 병사들의 충성심과 신뢰를 얻어 내기 위해 바닷물이 낮아진 것은 바다의 신 넵투누스가 자신을 가호하기 때문이라고 했지만, 수위가 낮아진 것은 돌풍과 같은 자연적인 현상이 일정한 시간대에 발생한 것으로 보인다.) 그는 석호의 수위가 낮아지기를 기다렸다가 기회가 왔을 때 기동력이 뛰어난 정예 병사들과 함께 적이 전혀 예상하지 못한 서측의 석호 쪽으로 신속히 공격했다. 마침내 난공불락처럼 보였던 히스파니아의 고도 카

카르타고 노바(카르타헤나)의 로마 유적

르타고 노바는 단 하루 만에 로마군에게 함락되고 말았다.

○ 스키피오가 전투에서 승리한 이유는 감찰관인 실레누스를 회유하여 전투와 작전에 간섭하지 못하도록 지휘권을 일원화시켰으며, 카르타고 노바의 정보와 지형을 숙지하여 예상하지 못한 곳으로 기습하여 적의 허를 찔렀다는 데 있었다. 그리고 전투의 승리가 진정으로 굳어지게 된 것은 포로가 된 시민들을 노예로 삼지 않고 아녀자와 노약자에게는 패전 이전과 같은 자유를 주었으며, 건장한 자들과 2천 명에 달하는 기능공들에게는 전쟁이 끝날 때까지 조건부로 로마군에 복무하도록 한 조치 때문이었다.

○ 그는 성을 함락할 때 어쩔 수 없이 학살과 약탈을 저질렀지만 성을 함락한 후에는 패전국 시민들의 자유와 재산을 송두리째 몰수하는 승리자의 권리를 주장하지 않았던 것이다. 심지어 카르타고 노바의 지배층 인사가 도시에서 가장 아름다운 여인을 정복군의 사령관 스키피오에게 바쳤지만 그는 그 여인이 약혼한 사실을 알고 약혼자인 갈리아 족장 알루키우스에게 돌려보냈다. 이 같은 행동이 나이 많은 노장군이 아니라 혈기 왕성한 젊은 장군에게서 나온 것이라 그곳의 주민들은 더욱 놀라워했다. 그러한 점에서 스키피오는 진정한 영웅이었다. 왜냐하면 영웅이란 자신의 욕망을 절제할 줄 아는 자이기 때문이다. 게다가 알루키우스 부모가 스키피오에게 감사하다며 선물을 바치자 그는 이것을 신부의 지참금으로 알루키우스에게 주기도 했다. 그의 처분에 감동했는지 알루키우스는 며칠 후 1,400명의 기병을 데리고 스키피오 진영에 합류하여 로마군에게 실질적인 이익을 가져다주었다.

○ 마침내 카르타고 노바 주민들은 젊은 로마 사령관의 온화한 처분에 감격했고, 이에 따라 로마군은 시내를 비무장 상태로 다녀도 신변에

▌「스키피오의 관용」, 니콜라 푸생 作

위험을 느끼지 않을 정도로 주민들의 마음이 우호적으로 되었기에
최적의 항구와 풍부한 자금을 가진 카르타고 노바는 더 이상 적지가
아니라 동맹시와 다름이 없을 정도였다.(註. 하지만 스키피오의 관용
정신도 로마를 배신한 부족들에게는 미치지 못했다. 스키피오는 승리의
여신이 저울질을 하는 동안에는 속셈을 내비치지 않다가 BC 206년 일리
파 전투의 승리로 히스파니아에서 카르타고의 세력이 완전히 무너지자 장
래의 안전을 위해서라도 배신자들을 응징했다. 바이쿨라 전쟁터에 인접
한 도시 일리투르기스는 성이 함락되고 로마군의 잔인한 보복과 폭력 앞
에 무방비로 노출되어 수많은 주민들이 학살되고 도시가 철저히 파괴되어
배신의 죗값을 치렀다.)

○ 그러나 스키피오의 승리는 위험을 담보로 한 것이었다. 왜냐하면 한
니발의 동생 하스드루발이 병사를 이끌고 갈리아를 거쳐 이탈리아로

향할 것이란 소문이 파다했기 때문이다. 스키피오는 카르타고 노바를 정복하기 위해 보병 2만 5천 명과 기병 2천 5백 명을 이끌고 갔으며, 에브로강 유역의 진영에는 불과 보병 3천 명과 기병 5백 명만 남겨 두었다. 만약 스키피오가 남겨 두었던 에브로강 유역의 로마군이 하스드루발의 대군과 맞붙었다면 중과부적으로 패배할 것이 뻔했다. 그러나 넵투누스의 가호가 있었기 때문인지 스키피오는 행운이 닿아 하스드루발이 에브로강에 나타나기 전에 에브로강 동측에 있는 타라코 진영으로 되돌아올 수 있었다.

❊ 클라우디우스 네로(Claudius Nero)의 분노(BC 207년)

≪히스파니아에서 쓰디쓴 실패를 맛본 가이우스 클라우디우스 네로는 복수심에 불타올랐다. 그 분노가 자신을 속인 하스드루발을 향하고 있는지, 아니면 자신의 노력과 충정을 가볍게 여긴 조국과 시민들을 향한 것인지는 알 수 없으나, 그것들은 클라디우스 네로에게 복수의 열망보다 중요하지 않았다. 그러나 국가의 운명이 개인의 분노에 맡겨진 것은 참으로 위험하기 짝이 없는 순간이었다.≫

○ 한니발의 동생 하스드루발은 형이 BC 216년 칸나이 전투에서 승리할 즈음에 아프리카로부터 지원군을 확보하여 형의 발자취를 따라 피레네산맥과 알프스산맥을 넘어 이탈리아로 진격하려고 했다. 하지만 스키피오 형제(註. 자마 전투의 영웅 스키피오 아프리카누스의 아

버지와 백부)들이 지휘하는 로마군에 의해 육로는 물론 마실리아를 통한 해로까지 모두 봉쇄되어 실패한 적이 있었다. 지원군의 요청은 BC 218년 한니발이 이탈리아에 침공했을 때부터 카르타고 정부에게 줄곧 요청했던 최우선 과제였다. 이는 이

▌하스드루발이 새겨진 주화

전쟁을 승리로 끝내기 위해서는 가장 긴급히 처리해야 할 사항이었지만 카르타고 정부의 안이한 태도 그리고 정적들의 비협조와 반대로 계속 미루어져 왔던 것이다.

○ 그러다가 BC 208년 마침내 하스드루발이 지원군을 이끌고 이탈리아로 가기 위해 북쪽으로 진군했으나, 히스파니아의 바이쿨라에서 스키피오와 맞닥뜨려 패하고 말았다.(註. 바이쿨라 전투에서 스키피오는 아프리카 누미디아 왕족 마시니사의 조카 마시바를 포로로 잡았는데, 이 아이를 선물과 함께 마시니사에게 돌려보냈다. 이때의 일을 깊이 마음에 새겼는지 훗날 마시니사는 시팍스에게 조국 누미디아를 빼앗기자 카르타고를 버리고 로마 편에 섰다.) 하지만 이는 일부 병사들의 희생이었을 뿐 본래의 목적이 실패한 것이 아니었다. 그는 막대한 자금과 정예 부대를 이끌고 히스파니아에서 알프스산맥을 넘어 신속히 이탈리아로 진격해 들어왔기 때문이다. 하스드루발이 예상외로 빠르게 알프스를 넘을 수 있었던 것은 이제 알프스의 통행이 익숙해져 그곳의 갈리아 부족들이 군대의 이동을 방해하기는커녕 얼마의 통행료를 받고 통과하는 데 필요한 물품까지 지원해 주었기 때문이다. 그의 지원은 한니발이 11년 동안 그렇게도 바랐건만 마케도니아 필립포스 5세뿐

▌ 바이쿨라 ___ 출처 : 텍사스 대학 도서관. 이하 같다

아니라 본국 카르타고조차 결행하지 못했던 것을 동생으로부터 지원 받게 된 것이다. 한니발은 아풀리아 지역의 카누시움에서 동생을 기다리고 있었다.

○ 하스드루발이 알프스산맥을 넘어 이탈리아로 왔다는 소식이 로마에 날아들었을 때 시민들은 두려움으로 요동치고 있었다. 게다가 아벤티누스 언덕에 있는 유노 신전이 벼락을 맞자 이는 불길한 전조라는 복점관의 말에 로마 시민들은 끔찍한 상상에 휩싸였다. 그렇게 되자 여신의 진노를 진정시켜야 한다는 복점관의 충고에 따라 사제들과 조영관들이 인근에 사는 모든 기혼 여성을 소집하고 두 마리의 흰 암소로 희생 제의를 드렸다.

○ 그 당시 로마 집정관 클라우디우스 네로(Gaius Claudius Nero)는 동생을 기다리고 있던 한니발과 대치하고 있었다. 그러던 중 그는 이탈리아에 발을 디딘 후 플라미니아 가도를 따라 진군하던 하스드루발이 형에게 자신의 위치와 계획을 알리기 위해 미리 보낸 전령을 우연히

사로잡아 하스드루발의 위치와 움직임을 알게 되었다. 하스드루발이 한니발과 연합하기 위해 이탈리아로 들어왔다는 소식을 접하자 그는 병사들 중 일부만 한니발과 대적하도록 남겨 둔 채 정예군 7천 명을 이끌고 하스드루발을 공격하기 위해 군대를 움직였다. 이는 거의 380㎞나 되는 길을 6일 만에 도착하는 놀라운 행군이었다.

○ 그가 중요한 작전을 내팽개치고 이렇게 행동한 데는 이유가 있었다. 몇 년 전인 BC 210년 네로가 히스파니아에서 하스드루발과 대치했을 때, 적군을 포위하여 위기로 몰아넣었다. 하지만 하스드루발은 네로에게 강화를 맺자고 제의하고서는 네로가 방심한 틈을 타 로마군의 포위를 벗어나 도망쳐 버린 일이 있었다. 이는 적의 속임수에 승리의 기회를 놓쳐 버린 것이다. 이 일로 네로는 원로원에 소환당했고 시민들의 비난을 모질게 받았다. 게다가 네로는 군사적 능력은 있었지만 가혹하고 성마른 성격 탓에 병사들과 시민들에게 인기가 없는 자이기도 했다. 결국 원로원에서는 지휘관으로서의 연령에 아직 도달하지도 못한 스키피오를 히스파니아에 보냈다. 그리고 네로는 적을 눈앞에서 놓아주었다는 모진 비난에 따른 깊은 불명예와 시민들의 분노를 사게 되었다. 네로는 이 일을 잊지 않고 있었다.

○ 따라서 네로는 하스드루발이 이탈리아에 상륙했다는 소식을 듣자 이것을 복수의 기회로 삼았다. 그는 동료 집정관 리비우스가 지휘하는 군대를 도와 하스드루발을 공격하기로 했다. 그러나 한니발과 대치하고 있던 병력을 빼돌려 하스드루발과 싸우도록 결정한 것은 국가의 운명이 걸린 위험한 행동이었다. 한니발이 어떤 장군인가? 그는 수많은 로마의 지휘관과 병사들의 목숨을 앗아가고 시민들의 마음을 서늘하게 만든 당대 최고의 전술가요 지휘관이다. 그런 장군과 대치

─── 로마의 선택과 결정 ② 지중해 패권

하도록 명령받은 네로가 전선을 이탈하고 지휘명령을 위반하여 놀라운 속도로 병력을 이동시킨 것이다.

○ 하스드루발은 로마군과 싸우지 않고 지체 없이 한니발군과 합치려고 서둘렀지만, 안내자의 서툰 길 안내로 낯선 지형에서 길을 잃고 메타우루스강 근처에서 로마의 두 집정관들과 맞붙게 되었다. 이 전투에서 하스드루발은 네로와 리비우스의 로마군에게 완패했다. 하스드루발의 병사들은 전멸했고 진영은 무참히 짓

▌ 메타우루스강

밟혔다. 하스드루발도 하밀카르의 아들답게 용감히 싸우다 군인으로서 명예롭게 죽음을 맞았다. 하스드루발의 주검을 찾아낸 네로는 그의 머리를 잘라 원래의 진영으로 되돌아와서 아직도 동생의 소식을 기다리고 있던 한니발의 진영에 내던졌다. 전쟁 영웅 한니발은 자신에게 패한 아이밀리우스, 그라쿠스, 마르켈루스의 주검을 명예롭게 대우했지 훼손하는 짓은 하지 않았다. 하지만 로마 집정관 네로는 조국을 위해 용맹스럽게 싸우다 죽은 하스드루발의 주검을 그렇게 조롱했다. 한니발은 로마군이 내던진 동생의 머리를 받아 보았을 때, 자신의 계획이 실패하고 모든 것이 끝났음을 깨달았다.

○ 당시 이탈리아는 11년간의 전쟁으로 힘이 소진되고 지쳐 있어 로마

동맹시들에서 항명의 기운이 싹트고 있었기에 만일 하스드루발이 단한 번의 전투에서라도 승리한다면 스러져 가는 기운에 치명타를 날리게 될 상황이었다. 따라서 로마에서는 네로와 리비우스가 메타우루스강 전투에서 하스드루발을 무찔렀다는 소식이 들려올 때까지 네로의 위험천만한 결정에 공포와 흥분으로 들끓었다. 나중에 왜 그렇게 극단적인 행동을 하였느냐는 질문을 받자, 네로는 이렇게 답했다. "내가 성공할 경우 히스파니아에서 잃었던 명예를 되찾을 수 있다고 생각했고, 만약 그 반대로 성공하지 못했을 경우 배은망덕하고 신중하지 못한 조국과 동포에게 복수할 수 있다고 생각했다."

○ 개선식 때 리비우스는 자신의 작전 지역에서 전투를 치렀으므로 4필의 말이 이끄는 전차를 타고 행진했지만, 더 큰 공을 세웠음에도 명령받은 전투 지역을 벗어난 네로는 말을 타고 리비우스의 뒤를 따라가는 것으로 만족해야 했다. 리비우스와 네로는 이렇듯 힘을 합하여적을 물리치기도 했지만, 훗날 함께 감찰관으로 있으면서 호구 조사를 할 때 서로를 비난하고 언쟁을 벌이다가 마침내 타고 있던 말을 빼앗는 등 드잡이를 하기도 했다.

⁂ 스키피오에 대한 파비우스의 방해(BC 205년)

≪영웅이란 자신의 자질과 성향이 시대 상황과 잘 어울려야 영웅이될 수 있는 법이다. 파비우스의 지구전 전략은 전쟁의 후반기에 설득력을 잃었다. 로마 시민들은 파비우스의 순수성을 의심했고, 그가 새

로운 영웅에 대해 시기심을 부린다고 생각되자 정나미가 떨어졌다. 그러나 분명 그는 한 시대를 성공적으로 이끈 위대한 전략가였으며, 한니발이 계획했던 로마 동맹의 파괴를 저지함으로써 시간을 벌고 궁극적인 승리를 가져다준 뛰어난 장군이었다.≫

○ 히스파니아에서 빛나는 무공을 세우고 돌아온 푸블리우스 코르넬리우스 스키피오(Publius Cornelius Scipio)는 대단한 인기와 명성을 누렸고 시민들은 그를 집정관에 당선시킴으로써 보답했다. 그는 이탈리아에서 한니발과 싸운다는 것을 매우 낡고 뒤떨어진 책략이라고 생각하며, 한니발을 이탈리아에서 떠나게 하고 지긋지긋한 이 전쟁을 궁극적으로 종결시키려면 무기와 병력을 아프리카의 카르타고로 이동시켜 그곳을 전쟁터로 삼아야 한다고 설파했다. 그러나 파비우스는 스키피오의 제안은 국가를 위험에 빠뜨리는 정책이며 헤어나지 못할 구렁텅이로 밀어내는 결과를 초래할 것이라고 시민들에게 말했다. 또한 로마가 어리석고 경솔한 젊은이의 말에 어떻게 될지도 모르는 위험을 향해 항해하려고 서둘러 가고 있다며 두려움을 불어넣었다. 더하여 한니발이 이 땅에 있음에도 굳이 이탈리아를 떠나려 하는 것은 국가의 이익을 도모하는 것이 아니라 자신의 명예와 영광을 추구하는 것이며, 군대는 이탈리아의 도시를 보호하기 위해 있는 것이지 집정관의 허영심을 위해 어디든지 따라다니는 것이 아니라며 비난을 퍼부었다.

○ 이러한 파비우스의 노력은 원로원을 설득하는 데는 성공했으나, 시민들의 이해는 구하지 못했다. 로마 시민들은 그가 스키피오의 공훈을 시기하여 앞길을 막고 있다고 생각했고, 스키피오가 또다시 위대

한 업적을 이루어 내어 전쟁을 종결지을까 봐 시샘하는 것이라고 여겼다. 게다가 스키피오의 전략으로 전쟁을 일찌감치 끝내는 결과가 생기면, 파비우스가 지연전을 펼쳐 그토록 전쟁을 오래 끌고 온 이유가 자신의 게으름과 나약함 때문이라는 것이 들통 날 수가 있어 더욱 반대하고 있다고 간주했다.

○ 파비우스가 목청을 돋우며 비난을 계속하자 스키피오는 반박했다. 자신의 아버지와 백부가 히스파니아에서 전사하고 그곳이 카르타고의 발아래 있었을 때 카르타고를 무찌르고 히스파니아를 정복한 지금, 아프리카에는 과연 그 당시 히스파니아보다 더 뛰어난 장군이 있는지, 그리고 한니발의 위세가 하늘을 찌를 때 파비우스가 해냈던 일을 그의 위세가 약해지고 있는 지금 왜 남아 있는 다른 한 명의 집정관이 로마와 이탈리아를 지킬 수 없다고 생각하는지를 따졌다.

○ 그래도 원로원이 아프리카의 카르타고 본거지를 공격하자는 제안에 계속 동의하지 않자, 자신의 계획이 일반 시민들에게 얼마나 설득력과 호소력을 얻고 있는지 이미 알고 있던 스키피오는 그 제안을 민회에 회부하겠다며 위협을 가했다. 그러자 원로원은 민회에 안건을 넘기지 말고 무조건 원로원의 뜻을 따르라고 스키피오를 압박했다. 결국 스키피오가 친화력과 양보심을 발휘하여 원로원의 결정에 따르겠다고 하자, 원로원은 타협안을 제시했다. 제비뽑기로 두 명의 집정관 중 1인에게 시킬리아를 맡기고, 시킬리아를 맡은 집정관이 아프리카를 공략하기로 한 것이다. 그때 스키피오는행운이 닿아 시킬리아를 관할 구역으로 뽑았다.

○ 그러나 공정하게 생각해 보면 파비우스가 스키피오의 제안에 반대한 것은 그의 품성인 조심성과 분별력으로 시작되었을 것이다. 대중들

은 항상 강력하고 과감한 결정을 좋아하는 법이다. 하지만 칸나이 전투의 결과를 보아도 대중들이 쉽게 현혹되는 과감하고 위험한 결정은 수많은 실패와 패망의 이유가 되었다. 파비우스가 말하고 싶은 것은 바로 이 점이었으리라. 그러다가 점차로 시기심과 경쟁심 때문에 스키피오의 영향력을 꺾기 위해, 갈수록 더 거칠고 더 세차게 반대했을 가능성도 높은 것은 사실이었다. 그가 전쟁을 준비할 자금의 집행을 막아 버리는 바람에, 스키피오는 자신에게 호의와 충성을 보이고 있던 에트루리아의 도시들로부터 혼자 힘으로 전쟁 비용을 모으기도 했다.

○ 또한 파비우스는 스키피오를 따라 병사가 되려는 젊은이들을 방해하고 제지했다. 회의장에서 연설할 때 스키피오가 이탈리아에 있는 한니발을 피해서 아프리카로 도망치려 한다고 했을 뿐 아니라, 젊은이들을 데리고 이탈리아를 떠나 그들의 부모, 아내, 자식을 버리게 하고 있다고 소리 높여 외쳤다.

○ 마침내 파비우스의 이 같은 연설은 시민들과 원로원에게 씨가 먹혀들어 스키피오에게 카르타고에는 칸나이 전투의 패잔병인 시킬리아 병력만 데려가도록 허락했고, 히스파니아에서 함께 싸웠던 충성스런 병사들은 3백 명만 데려갈 수 있도록 한정했다. 이는 스키피오에 대한 로마의 지원이 한니발에 대한 카르타고의 지원보다 사실상 더 열악했음을 말한다. 위험하기 짝이 없는 적지의 한가운데 뛰어들어 조국의 승리를 위해 목숨을 거는 젊은이에게 지도층이 보내는 응원이 겨우 이 정도였다.

○ 그러나 스키피오가 아프리카에서 세운 업적은 놀라웠다. 그럼에도 불구하고 파비우스는 스키피오를 교체할 후임이 반드시 필요하다고 우

겼다. 그러면서 행운이 언제나 한 사람에게만 찾아오지 않는다는 빈약하기 짝이 없는 이유를 대었다. 국가의 명운이 걸린 중대한 문제를 한 사람의 운명에 맡길 수 없다는 것이다.

스키피오 아프리카누스

○ 결국 많은 로마 시민들은 파비우스의 시기와 질투를 불쾌하게 여기게 되었다. 그들은 파비우스가 남의 성공에 대해 트집 잡기를 좋아하고 악의가 있는 사람이라고 생각했다. 아프리카에서 스키피오의 공격이 성공을 거두자, 카르타고는 한니발에게 즉시 귀국하여 조국의 위기를 구하라는 명령을 내렸다. 한니발이 스키피오의 예견대로 마침내 로마를 떠나게 되었음에도 파비우스는 자신의 의견을 굽히지 않았다. 그는 한니발이 카르타고로 데려가는 병사들은 전투에 이골이 난 단련된 병사들이며 그들은 수많은 로마 장군들과 지휘관들의 피를 흘리게 만든 장본인이라고 말했다. 그러면서 그들의 막강한 힘과 용맹이 아프리카에 있는 로마군을 덮쳐 로마는 또 한 번의 커다란 재앙을 맞이할 것이라고 겁을 주었다.

○ 파비우스의 연설에 로마 시민들은 불안을 감추지 못하고 혼란스러워 했으나, 얼마 지나지 않아 스키피오는 자마 전투에서 한니발을 무참하게 짓밟았다. 하지만 파비우스는 생전에 전쟁의 끝을 보지 못했다. 그리고 한니발의 패배에 대해서도 듣지 못했다. BC 203년

그는 한니발이 아프리카의 카르타고를 향해 이탈리아를 떠난 지 한 달쯤 되었을 무렵 병을 얻어 죽었기 때문이다. 그때 그의 나이 73세였다.

사람이란 본성이 이끄는 것에 반대되는 행동을 할 수 없는 것이고, 한 가지 행동 방식에 따라 크게 성공했다면 다른 방식으로 행동함으로써 성공할 수 있다고 설득되기 어렵다.

_ 마키아벨리

- BC 205년 불과 32세인 스키피오는 연령 미달과 경험 부족을 이유로 많은 반대에 부딪혔지만 다음 연도 집정관에 선출되었다. 그뿐만 아니라 집정관의 임지는 이탈리아를 벗어날 수 없음에도 그는 자신의 임지를 아프리카로 정해 달라고 원로원에 요청했다. 그러자 파비우스는 격렬하게 반대했다. 한니발이 아직도 이탈리아 내에 건재해 있건만, 보급도 제대로 받을 수 없는 적지에 뛰어들어 국가를 위험에 처하게 해서는 안 된다는 주장이었다. 더군다나 그는 지구전으로 명성을 얻은 자였기에 스키피오의 과감한 전략과 전술을 믿지 못할 정도가 아니라 아예 위험하다고 생각했다. 이렇듯 성공은 사람을 완고하게 만들고 성공으로 얻은 자신감은 다른 방법을 선택하기 어렵게 한다. 따라서 개혁은 뛰어난 재능을 가진 자이면서도 성공에 대한 과거의 기억이 없는 사람이 달성하기 쉽다.

☀ 스키피오의 정보 수집

≪전쟁에서 정보 수집의 중요성을 한니발도 스키피오도 깊이 깨닫고 있었다. 다만 스키피오는 정보 수집을 위한 계략도 하나의 전술이라고 생각했다. 전쟁이란 도덕의 문제가 아니라, 수많은 국민들의 목숨이 달린 코앞의 잔혹한 현실이기 때문이다.≫

○ 로마인들은 전투란 책략을 쓰지 않고 정정당당히 싸우는 것이라고 배워 왔지만, 한니발로부터 책략을 써서 이기는 것도 승리라는 것을 배웠다. 이 점에서 스키피오의 세대들은 한니발의 빼어난 제자들이었다.

○ BC 204년 카르타고의 본토로 쳐들어간 스키피오는 겨울의 휴전기 동안 카르타고 편에 있던 누미디아 왕 시팍스에게 카르타고와 강화를 맺고 싶으니 중재자 역할을 해 달라고 부탁했다. 애초에 시팍스는 친로마파였으나 카르타고 장군인 하스드루발 기스코의 딸을 아내로 맞이함으로써 카르타고 편으로 돌아섰으며, 카르타고의 힘을 빌려 마시니사가 다스리던 누미디아를 병합할 수 있었다. 따라서 시팍스로서는 이제 더 이상 카르타고로부터 얻을 것이 없는 상황이었다. 또한 당시 지중해 세계의 최강인 로마와 카르타고의 중재를 맡는다는 데 대한 허영심도 시팍스를 부추겼다. 이렇게 하여 어리석게도 시팍스는 정보 수집과 적정을 살피는 데 게을리하면서 시간을 낭비했다.

| 스키피오 아프리카누스 기념 주화

○ 게다가 한때 카르타고 편에 서서 바이쿨라 전투에 참전했던 마시니
 사는 시팍스에게 모든 것을 빼앗긴 후 기병 200명을 데리고 스키피오
 가 이끄는 로마군에 합류했다. 그가 그렇게 한 것은 카르타고와 동맹
 을 맺은 시팍스와 대항하기 위해서는 로마 편에 설 수밖에 없기도 했
 겠지만, BC 208년에 히스파니아에서 치른 바이쿨라 전투에서 자신
 과 함께 참전했던 어린 조카를 스키피오가 포로로 잡았는데 이 아이
 를 선물과 함께 돌려보냈던 일을 마음 깊이 새겼기 때문이다.

○ 스키피오는 강화를 위한 사절단을 누미디아 진영에 보낼 때, 정보 수
 집 요원들을 하인으로 위장하여 누미디아 진영의 사정을 속속들이
 알아 오도록 보냈다. 사절단이 강화 교섭을 하는 동안 하인들은 자
 유로웠기 때문이다. 스키피오는 강화 교섭을 최대한 지연시켰으며,
 마지막에 가서는 시팍스가 스키피오의 뜻대로 따를 것임을 전했지만
 그는 휘하 장교들이 반대하므로 강화할 수 없다고 통보해 버렸다.

○ 누미디아군에 대한 정보를 속속들이 알게 된 로마군은 다가오는 봄

전투에서 누미디아와 카르타고의 동맹군에게 화공(火攻)을 퍼부어 큰 승리를 거두었다. 역사가 리비우스는 이 공격으로 로마군이 적군 4만 명을 전사시켰고 5천 명을 사로잡았다는 기록을 남겼다. 하지만 스키피오의 이러한 책략은 훗날 카르타고가 스키피오와의 협상을 끌면서 한니발이 아프리카로 귀환하자 협상을 결렬시키는 데 똑같이 써먹었다. 그때 카르타고는 비난받을 만한 이 교활한 책략을 바로 로마의 스키피오로부터 배웠다고 비아냥거렸다.

※ 로마의 일대일 결투

≪지휘관끼리 일대일로 맞붙는 결투는 불리한 전황을 돌파하기 위해서거나 아니면 다른 실리적인 목적이 있어야 한다. 지휘관의 목숨이란 전쟁의 승패를 결정할 수 있을 만큼 중요하기 때문이다. 따라서 자존심 하나 때문에 일대일 결투를 벌인다면 무책임하며 신중하지 못한 행동이라고 볼 수밖에 없다. 카이사르의 고모부였던 로마 장군 마리우스는 일대일 결투를 요구하는 적에게 냉철하게 말했다. "전쟁에 임한 이상 적의 요구에 귀를 기울이지 않는 것이 우리의 방식이다."≫

○ 장군끼리 일대일로 겨루는 것은 로마 역사에서 수많은 사례가 있지만 기록으로 남는 최초의 경우는 로물루스였다. 그가 사비니족 여인들을 강탈했을 때, 사비니족 도시 가운데 하나인 카이니나의 왕 아크론은 로물루스와 로마인들의 버릇을 고쳐 주어야겠다고 생각했다.

막강한 병력을 이끌고 로마로 향한 아크론은 로물루스의 로마군과 맞섰다. 로물루스와 아크론은 본격적인 전투를 하기 전, 양측 병사들이 지켜보는 가운데 일대일로 싸움을 겨루기로 서로 간에 도전장을 내걸었다. 이 싸움에서 로물루스는 아크론을 쓰러뜨렸고, 아크론의 군대를 패주시켰을 뿐 아니라 그들의 도시마저 빼앗아 멸망시키고 시민들은 모두 로마로 이주시켜 로마인과 동일한 대우를 받을 수 있도록 조치했다. 그때 로물루스는 아크론의 갑옷을 벗겨 카피톨리움으로 가서 유피테르에게 봉헌물로 바쳤다. 이것이 로마 최초의 스폴리아 오피마였다.(註. 스폴리아 오피마spolia opima는 '빛나는 전리품'을 의미하는 것으로 주로 적장과 일대일로 싸워 이긴 후 적장으로부터 벗긴 갑옷을 일컫는다.)

○ BC 7세기 3대왕 툴루스 때 로마의 모태인 알바롱가와 전쟁이 벌어졌다. 이때 장군끼리 결투를 벌여 승자를 인정하기로 하고 로마의 호라티우스 가문의 세 아들과 알바롱가의 쿠리아티우스 가문의 세 아들 간에 승부를 겨루었다. 물론 일대일이 아닌 삼대삼이지만 장군끼리 겨루어 전세를 확정짓는다는 의미에서는 마찬가지였다. 이 결투에서 호라티우스 형제는 먼저 2명을 잃었지만 초반의 불리함을 극복하고 로마의 호라티우스 형제가 싸움에서 최종 승리했다. 하지만 알바롱가 왕 메티우스는 약속과는 달리 패배를 인정하지 않고 로마와 대립하다가 처참하게 살해되었다고 전한다. 이는 앞에서 이미 서술했다.

○ 공화정을 이룩한 브루투스에 의해 권좌에서 쫓겨난 타르퀴니우스 왕이 에트루리아의 베이이군을 이끌고 로마로 왔을 때, 브루투스는 자신의 사촌인 타르퀴니우스 왕의 아들 아룬테스와 일대일 결투를 벌였다. 이 결전으로 브루투스와 아룬테스는 전사했다. 이 비극도 앞

서 이미 언급했다.

○ BC 223년 갈리아의 한 갈래인 인수브레스족 병사 5만 명이 알프스를 넘어 로마를 공격했다. 로마군은 이들을 격퇴시키고 그들의 거점이었던 메디올라눔(註. 현재 지명 '밀라노')까지 쳐들어갔다. 궁지에 몰리게 된 갈리아족은 강화를 위해 사절을 보냈지만 로마에서는 전쟁에서 승리하여 명예를 얻고 싶은 마음에 갈리아 사절을 내쳤다. 그러자 갈리아족은 전세의 불리함을 타개하려고 장군끼리 일대일 결투를 벌여 승패를 가름하자고 로마에 도전장을 던졌다. BC 222년 로마에서는 두 명의 집정관 가운데 나이는 비록 47세였지만 검술과 정신력 그리고 체력이 뛰어난 마르켈루스가 도전을 받아들였다.(註. 다른 한 명의 집정관은 스키피오 아프리카누스의 백부인 그나이우스 코르넬리우스 스키피오였다.) 양측의 병사들이 지켜보는 가운데 두 명의 장수가 말을 달리며 결투를 벌였다. 마른 풀잎이 흩어지고 먼지가 날리는 가운데 박빙의 접전이 펼쳐졌고, 마침내 마르켈루스의 긴 창이 적장 비리도마루스의 가슴에 꽂히면서 승패가 판가름 났다. 결투의 패배를 인정한 갈리아군은 병력을 거두었으며, 로마의 북방은 안정을 되찾았다. 이 일로 마르켈루스는 스폴리아 오피마를 봉헌할 수 있는 영광을 누렸다. 또한 제2차 포에니 전쟁에서 마르켈루스는 한니발 휘하의 장군과 일대일 결투를 펼치기도 했는데, 그때 한니발은 그의 용맹한 무공을 보고 마르켈루스를 '이탈리아의 검'(註. 그리스의 스토아 철학자 포세이도니오스는 마르켈루스를 '이탈리아의 검', 파비우스를 '이탈리아의 방패'라고 말했다.)이라고 호칭한 것이 헛말이 아니었음을 인정할 수밖에 없었다.

○ 5세기 초 서로마의 모후 갈라 플라키디아는 갈리아의 아이티우스가

독립을 꾀한다고 의심했다. 그리하여 북아프리카에서 반달족에게 패하고 귀국한 보니파키우스를 토벌군 사령관으로 임명하여 아이티우스와 겨루도록 명령했다. 리미니 근처에서 벌어진 전투는 줄곧 보니파키우스의 우세로 진행되었으나, 영악한 전략가 아이티우스는 전황을 만회하기 위해 보니파키우스에게 일대일 결투를 청했다. 올곧고 자존심이 강한 보니파키우스는 전황이 우세함에도 이에 응했다. 아이티우스는 결투 전날 은밀히 하인을 시켜 결투에 쓸 창을 더 길게 개량했다. 양군의 병사들이 지켜보는 가운데 벌어진 결투는 말을 달려 돌진해 온 두 사람이 격돌하는 순간 결판이 났다. 보니파키우스는 창에 찔리는 충격으로 공중으로 튕겨져 나가 말에서 떨어졌고, 5일 뒤에 죽음을 맞이했다.

○ 그 외에도 BC 4세기에 발레리우스 막시무스 코르부스는 투구 위에 까마귀를 달고 싸우던 갈리아 장군과 일대일로 겨루었다. 그는 이 싸움을 이기면서 까마귀를 의미하는 '코르부스(Corvus)'란 별칭을 얻었다. 이렇듯 장군끼리의 일대일 결투는 전세가 불리할 때 또는 다른 이유로 종종 시도되어 왔다. 사실 일대일 결투는 수많은 병사들을 지휘하는 장군으로서는 무모한 행동이다. 마리우스는 갈리아족과의 전쟁에서 갈리아족 장군이 일대일 결투를 청하자 적의 요구에 응하지 않는 것이 로마군의 전쟁 방식이라며 냉철하게 거부했다.

○ BC 31년 악티움 해전에서 승리한 옥타비아누스는 그다음 해에 병사들을 이끌고 안토니우스와 클레오파트라가 있는 이집트의 알렉산드리아에 쳐들어갔다. 그는 거의 저항을 받지 않은 채 알렉산드리아에 들어갈 수 있었다. 이제 안토니우스를 위해 위험을 무릅쓰고 싸울 병사는 아무도 없었기 때문이다. 심지어 안토니우스가 옥타비아누스

군대와의 소규모 전투에서 용맹성을 보인 어느 병사에게 황금 투구와 가슴받이를 하사하며 치하했지만, 다음 날 그 병사는 옥타비아누스의 진영으로 도망쳐 안토니우스의 치하를 조롱했다. 안토니우스가 함대를 알렉산드리아의 동쪽으로 보내고 기병과 보병들을 데리고 성벽으로 나아갔을 때, 적의 함대들이 보이자 안토니우스의 전함들은 싸우지도 않고 항복했고 기병들은 도주하고 보병들은 달아났다. 그만큼 패장 안토니우스에 대한 병사들의 충성심은 찾아보기 힘들었다. 그렇게 되자 안토니우스는 절망적인 허세로 전령을 통해 옥타비아누스에게 둘만의 결투를 신청했다. 그때 옥타비아누스는 멸시하는 태도로 이렇게 답했다. "안토니우스에게 전하라! 그가 죽을 수 있는 방법은 그 외에도 많다."

○ BC 1세기 때 히스파니아에서 세르토리우스가 메텔루스 피우스(註. 누미디아의 유구르타와 싸웠던 메텔루스의 아들)에게 일대일로 겨루자고 요청했지만 거부당했다. 메텔루스 진영의 로마군 병사들이 도전에 응하라고 소란을 피우고 도전장을 던진 세르토리우스가 조롱했지만 메텔루스는 웃어넘겼다. 물론 메텔루스가 일대일 결투를 벌이기에는 나이가 너무 많기도 했지만, 수많은 병사들의 목숨을 쥐고 있는 장군이라면 장군답게 죽어야지 일개 사병처럼 죽어서는 안 된다는 것이 메텔루스의 생각이었고 이는 정당하고 분별 있는 행동이었다.

※ 소포니스바(Sophonisba)의 불행(BC 203년)

≪스키피오는 패자에게 언제나 온화했지만 소포니스바를 승리자의 아내로 대우해 달라는 마시니사의 요구에는 강경하게 반대하며, 시팍스와 소포니스바를 전리품으로 로마에 보내야 한다고 주장했다. 마시니사는 스키피오가 구사하는 전술에서 기병을 지원하는 중요한 동맹자였다. 그의 도움이 없었다면 스키피오의 전술은 막대한 타격을 입을 수 있었다. 그럼에도 스키피오는 마시니사의 요구에 대하여 "패전국의 왕비를 아내로 삼아 승자인 로마의 법을 위반해서는 안 된다."며 엄격한 태도를 보였다.≫

○ 카르타고 장군 하스드루발 기스코의 딸인 소포니스바는 대단한 미인이었다. 그녀는 한때 누미디아의 왕이었던 마시니사와 약혼한 사이였으나, 정략에 의하여 그녀의 의도와는 상관없이 마시니사의 경쟁자 시팍스와 결혼했고 마시니사는 왕위를 잃고 쫓겨나고 말았다. 5년 전 마시니사는 히스파니아의 바이쿨라 전투에서 카르타고를 지원했지만 카르타고가 히스파니아에서 패하고 함께 참전했던 조카 마시바가 로마군의 포로로 잡혔던 적이 있었다. 하지만 그때 로마 사령관 스키피오는 자비심이 생겨서인지 아니면 훗날 마시니사의 도움을 받을 수 있다는 생각에서인지 관

▎마시니사

용을 베풀어 마시바를 선물과 함께 마시니사에게 돌려보냈다. 마시니사는 히스파니아에서 스키피오가 보여 준 관용에 감읍하여 왕위에서 쫓겨나자 자신을 따르는 기병 200명을 이끌고 아프리카의 우티카에 상륙한 로마의 스키피오와 동맹군을 이룬 다음 시팍스와 동맹한 카르타고에 대항했다.(註. 하이켈하임에 따르면 마시니사와 시팍스는 경쟁자였고 그중 세력이 좀 더 강했던 시팍스가 카르타고 장군의 딸 소포니스바와 결혼에 성공한 다음 카르타고의 힘을 빌려 마시니사를 물리치자, 사랑과 영토와 권력 모두를 잃게 된 마시니사는 때마침 아프리카 우티카에 상륙했던 스키피오 진영으로 도망쳐 왔다고 했다.)

○ 애초에 로마와 동맹 관계를 맺었던 시팍스는 이 전쟁에 참전하고 싶은 마음이 없었으나, 아버지 하스드루발 기스코가 패장이 되어 고전하고 있으니 카르타고를 적극적으로 도와 달라는 아내 소포니스바의 청을 거부할 수 없었다. 전쟁을 치른 결과, 시팍스는 스키피오와 마시니사 동맹군에 완패하여 포로가 되었고 나라도 잃고 말았다. 전쟁이후에 마시니사는 소포니스바를 패전국의 아내로 그냥 내버려 두지 않았다. 비록 어쩔 수 없이 정략결혼 하여 시팍스의 아내가 되긴 했지만 여태껏 소포니스바를 사랑한 마시니사는 그녀와 바로 재혼했던 것이다. 그러면서 그는 그녀에게 패전국의 아내로 로마인의 손에 넘겨지는 일은 절대로 없을 것이라고 약속했다.

○ 스키피오가 결박된 시팍스에게 왜 로마와의 동맹을 깨고 카르타고 편에 서서 전쟁을 했냐고 묻자, 그는 소포니스바와의 결혼으로 정신이 나갔으며, '그 표독하고 사악한 여자'가 자신의 눈을 멀게 해 파멸하게 되었다고 답했다. 그러면서 그는 모든 게 끝난 지금 그녀의 사악함과 치명적인 미모가 자신의 가장 큰 적(註. 마시니사를 말한다.)

에게 옮겨 갔으니 그나마 약간의 위안을 얻는다고 덧붙였다.

○ 이 말을 듣자 스키피오는 크게 걱정을 하며, 소포니스바가 이제 남편이 된 마시니사를 유혹하여 누미디아가 카르타고와 동맹을 맺게 할지 모른다는 생각이 들었다. 마침내 그는 내심을 감추고 패전국의 왕인 시팍스 왕과 왕비는 로마로 이송되어야 한다며 강경하게 승자의 권리를 주장하기에 이르렀다. 그러면서 스키피오는 마시니사에게 몇 가지 허울 좋은 영예와 혜택을 제공하면서 그를 설득하여 독을 섞은 포도주로 소포니스바를 제거하도록 사주했다. 오랜 갈등 끝에 마시니사는 불명예보다는 차라리 죽음이 낫다는 생각으로 믿을 만한 부하를 시켜 소포니스바에게 독이 든 술잔을 주었다. 그러면서 이 말을 전하라고 했다. "마시니사는 결코 로마인의 손에 아내를 넘기지 않겠노라는 약속을 지키려 한다."

○ 부하로부터 독이 든 술잔을 받아 든 소포니스바는 이런 말을 남겼다. "남편이 나에게 더 이상의 선물을 주지 못한다면 이것이 그리 나쁜 선물은 아니다. 하지만 그와 결혼하지 않았더라면 훨씬 더 행복한 죽음을 맞이할 수 있었을 텐데." 소포니스바는 독약을 남편이 준 선물로 생각한다면서 마시고 숨을 거두었다. 그러나 어찌 그것이 큰 선물이 될 수 있겠는가? 포키온이 겨우 12드라크마에 살 수 있었으니.(註. BC 4세기 아테네의 정치가 포키온은 사형 선고를 받고 처형장에 끌려갔지만 많은 사람들이 사형되는 통에 독약이 떨어지고 말았다. 그러자 사형집행인은 12드라크마를 내지 않으면 더 이상 독약을 만들지 않겠다고 버티자 포키온은 어쩔 수 없이 사형집행인이 요구하는 돈을 지불하고서야 독약을 마실 수 있었다. 1드라크마는 로마 화폐 1데나리우스에 해당한다.)

┃「소포니스바의 죽음」, 피토니 作

○ 소포니스바는 절세미인이었지만 정략결혼의 희생물이 되어 사랑을
   잃었고, 적국과의 전쟁에서 아버지의 패전을 목도했으며, 왕국과 자
   신은 적들의 전리품이 되어 비참한 최후를 맞이했던 비운의 여인이
   었다.

✺ 카르타고의 교만(BC 203년)

≪운명을 가름 짓는 전투를 앞두고 있다면 열망보다는 냉철함이 필요한 법이다. 감정을 버리고 차분하게 전세를 평가해 보면, 강화를 제의할 만큼 심각한 피해를 입고 전의마저 상실한 카르타고가 한니발 한 사람이 도착했다는 것만으로 엎어진 전황을 뒤집기는 힘든 노릇이었다.≫

○ 스키피오에 의해 하스드루발 기스코가 지휘하는 카르타고군과 시팍스의 누미디아 동맹군이 격파되자 카르타고는 패전국으로서 로마에 강화를 제의하기에 이르렀다. 스키피오가 제시한 강화 조건은 히스파니아와 지중해 도서를 로마에 양도할 것, 시팍스의 영토를 마시니사에게 이양할 것, 20척을 제외한 모든 전함을 로마에 인도할 것, 전쟁 배상금 4,000탈란톤을 로마에 지불할 것이었다. 이는 패전국으로서는 전례 없이 유리한 조건이었기에 카르타고의 사절은 인준을 받겠다는 조건으로 신속히 수용했다.

○ 하지만 바르카 가문을 비롯한 주전파들은 강화가 성립되면 화친파가 권력을 잡게 되어 자신들은 몰락할 것이 분명하므로 불만을 품고 시민들을 선동했다. 그들은 다시 한 번 최후의 노력을 다해 보자고 시민들을 구슬렸다. 그러면서 한니발과 마고에게 아프리카로 귀국하여 조국을 구하라고 명령했다. 이에 따라 이탈리아에 주둔하고 있던 한니발과 그의 동생 마고가 이끄는 부대는 북아프리카로 철수했으며, 마고는 북이탈리아에서 로마군과의 전투 때 입은 상처가 악화되어 철수 중에 시킬리아에서 사망하고 말았다.

○ 한니발과 마고의 부대가 아프리카에 도착하자 카르타고에서는 주전파가 힘을 얻게 되어 사실상 체결된 것이나 다름없던 강화 조약의 인준이 거부되었다. 이렇게 변화된 카르타고의 정세는 스키피오에게 보내는 보급 선단이 태풍으로 표류하게 되어 카르타고인들에게 나포되자, 나포된 보급 선단을 반환하여 달라는 스키피오의 요구를 카르타고가 묵살했으며, 심지어 로마 사절단을 태운 로마 전함을 공격하는 형태로 나타났다.

○ 이로써 한니발과 스키피오는 피하고 싶었던 전투(註. '자마전투'를 말한다.)를 피할 수 없게 되었으며, 카르타고는 먼저 강화를 제의했지만 스스로 교만해져, 신뢰를 저버리는 짓을 저지르고 결국에는 스키피오에게 패전함으로써 멸망을 자초했다. 그러나 진실을 살펴보면, 카르타고인들은 스키피오 앞에서는 강화 조약을 추진하면서 뒤로는 한니발을 불러들이는 기만을 자행했다. 물론 카르타고 내의 주화파들은 전쟁을 그치고 평화를 원했겠지만 전쟁을 원하는 주전파들은 아직까지 남아 있는 마지막 힘을 다시 한 번 쏟아붓기를 원했다. 이는 강화 조약이 성립되면 자연스레 국정은 주화파들이 틀어쥐게 되고 그동안 전쟁을 주도했던 자들은 몰락할 수밖에 없다는 이유 때문이기도 했다.

○ 카르타고인들은 자신들이 행한 기만으로 비난이 일자, 스키피오가 시팍스를 상대할 때 평화 협정을 체결하는 것처럼 가장하고서는 시팍스의 진영으로 협상자들을 보내 적의 동태와 배치 등 상황을 파악한 것에서 배웠다고 주장했다. 즉 카르타고가 속임수에 능한 것이 아니라, 스키피오의 로마군에게 교활함과 기만술과 배반을 배웠다는 것이다.

✳ 자마 전투(BC 202년)와 한니발의 죽음(BC 183년)

≪아프리카 자마 평원에서 한니발과 스키피오는 국가의 운명을 건한 판의 전투를 치렀다. 한니발은 자신의 불리함을 간파했음인지 전투 전날 강화 회담을 요청했다. 그러나 회담의 결과는 스키피오에의해 묵살되었다. 전쟁을 도발한 자가 패색이 짙어지자 그제야 손을 내미는 것은 수락할 수 없다는 것이 스키피오의 논리였다. 전투 결과는 로마의 승리였고, 이로써 로마는 지중해 내에서 맞설 자가 없는 유일한 강대국이 되었다.≫

○ 스키피오가 아프리카를 침공하자, 한니발은 이탈리아 본토를 16년간이나 유린했지만 끝내 로마를 멸하지 못하고, 조국을 구하라는 명을받아 이탈리아를 떠나기로 결정했다. 한니발은 휘하의 병력 중 1만 5천 명만 카르타고로 데려가기로 했다. 그들은 히스파니아를 떠났을때부터 동행한 2만 6천 명의 병사 중 살아남은 8천 명과 한니발 밑에서 전투를 벌이면서 충직하게 된 이탈리아 남부 출신의 병사 7천 명이었다. 하지만 한니발과 함께 카르타고로 가지 못하는 병사들의 앞날에는 로마의 무자비한 보복과 처분만이 기다리고 있을 것이 뻔했다. 로마를 정복하겠다는 한니발의 야심찬 계획이 실패한 다음 뒤이은 철군은 도덕성과 인간성을 폐기 처분하는 냉혹한 현장이었다. 이탈리아에 남게 된 병사들이 함께 데려가 달라고 절규하며 철수하는 함선에매달리자, 한니발은 화살을 쏘아 그들을 떨어뜨린 다음 카르타고로떠났다. 그곳에서 전우애와 자비심은 찾아볼 수 없었다.

○ 카르타고는 로마와의 강화를 맺기 직전이었으나, 앞서 서술한 대로

한니발이 카르타고로 되돌아온다는 소식에 강경책으로 표변했다. 로마로서는 카르타고의 변심에 분노할 수밖에 없었고, 이로써 한니발과 로마 명장 스키피오 간의 대결은 피할 수 없게 되었다. 카르타고의 남서쪽 자마와 나라가라의 중간에 위치한 자마 평원에서의 전투는 지중해 지역의 주역이 로마인가 아니면 카르타고인가를 결정하는 역사적인 장이 될 것임에 틀림없었다. (註. 역사가 리비우스는 스키피오와 한니발의 전투는 자마에서 서쪽으로 사흘을 행군해야 되는 나라가라에서 벌어졌다고 하며, 전투가 터진 지 약 150년 후에 역사가 코르넬리우스 네포스가 '자마 전투'라는 이름을 붙였다고 전한다.)

○ 한니발은 스키피오와 자마 평원에서 대치하던 중 척후병들을 보내어 적의 진영을 염탐하게 했다. 하지만 적의 동태를 염탐하던 척후병들이 로마군에게 붙잡혀 포로 신세가 되고 말았다. 포로가 된 그들은 고통스런 고문과 죽음을 상상했지만 심문하던 스키피오는 그들에게 먹을 것을 주고 로마 진영 모두를 샅샅이 보여 준 다음, 한니발에게 본대로 보고하라며 호위병을 딸려 그들을 카르타고 진영으로 되돌려 보냈다. 그러자 카르타고 진영으로 되돌아간 척후병들의 보고로 적장의 대담성에 충격을 받은 한니발은 이 보기 드문 인간에게 호기심을 느껴 회담을 하자고 청했다. 결전 하루 전날 한니발과 스키피오는 양진영의 중간에서 회담을 가졌다.

○ 회담장에서 한니발은 자신과 카르타고의 기개와 운명이 다했음을 알았는지 분쟁의 씨앗이 된 시킬리아·사르디니아·히스파니아 등을 로마에게 넘길 터이니, 이 전쟁을 끝내자고 제안했다. 그러면서 그는 스키피오에게 이렇게 덧붙였다. "전쟁의 위험한 결과에 국가의 명운을 내맡겨 변화무쌍한 운명의 파도에 흔들리게 해서는 안 될 것이

　　　　　　　　　　　　—— 로마의 선택과 결정 ② 지중해 패권

오. 운명의 여신은 변덕스러워 승리의 저울질을 살짝 건드리기만 해도 중요한 순간이 어떻게 변하는지 나는 배워 왔소. 당신은 젊고 아직 패배를 겪지 못했기에 나의 말을 쉽게 이해하기 어렵겠지만, 나의 제안을 받아들여 양국 간에 평화가 이루어진다면 카르타고는 안전이 그리고 로마와 당신에게는 영광이 있을 것임에 틀림없소." 뛰어난 전략가였던 한니발이 적장에게 화평을 요청했다는 것은 카르타고 장군 하스드루발 기스코와 누미디아 왕 시팍스의 동맹군이 스키피오에 패했고, 카르타고의 영향력은 줄어들어 자신의 군대만이 유일한 희망이었음을 보았기 때문일 것이다. 한니발의 제안을 다 듣고 난 스키피오는 쌀쌀맞게 답했다. "이 전쟁을 시작한 것은 바로 그대 한니발과 카르타고요. 그대가 자발적으로 이탈리아에서 철수했거나 강화 교섭이 결렬되기 전이었다면 그대의 주장과 요청은 정당할 것이오. 그러나 그 모든 평화의 기회를 스스로 포기한 것은 카르타고였소. 나도 운명이란 변덕스럽다는 것쯤은 알고 있소. 또한 신들은 누가 잘못했는지 알고 있으며, 평화를 위해 무기를 든 자에게 승리를 줄 것이란 것도 알고 있소. 이제 와서 나더러 무엇을 선택하고 결정하란 말이요? 만약 이 상황에서 그대가 평화를 구걸한다면 카르타고의 모든 포로를 포기하고 함대를 양도하며 5천 탈란톤의 전쟁 배상금을 보태야 할 것이요. 물론 이러한 약속을 지키겠다는 의지로 인질도 보내야 할 것이오. 아마 그대는 이런 조건을 받아들일 수는 없을 것이오. 그러니 내일의 결전을 준비하시오. 왜냐하면 카르타고인, 그중에서도 특히 한니발 그대는 평화롭게 사는 것에 익숙하지 않은 것 같기 때문이오." 이처럼 스키피오는 전쟁의 책임을 한니발과 카르타고에게 돌렸으며 결전의 의지가 강경했다.

○ 카르타고는 보병 4만 6천 명 기병 4천 명 총 5만 명, 로마는 보병 3만 4천 명 기병 6천 명 총 4만 명의 군사력으로 자마 평원에서 맞붙었다. 병력 수에서는 카르타고가 우세했지만 보병의 질과 특히 기병의 전투력에서 로마군이 훨씬 우세했다. 한니발이 이끄는 카르타고가 자신의 전략을 구사하기 위한 충분한 기병을 확보할 수 없었던 반면에, 스키피오는 로마의 도움으로 왕국을 되찾은 누미디아의 마시니사가 지원해 준 기병 4천 명을 확보할 수 있었기 때문이다. 한니발은 강력한 기병을 양측에 세워 적의 기병들을 흩어 낸 후 포위 공격하여 섬멸하는 방식이었으나, 기병의 열세 때문에 자신의 전술을 구사하지 못하고 결국 완패했다. 그가 기병의 열세를 만회하기 위해 80마리의 코끼리를 전열 앞에 포진하여 로마군을 흩어 놓으려고 했지만, 코끼리의 직진 성향을 알고 있던 스키피오가 부대의 전열 속에 통로를 만들어 코끼리를 그대로 통과시킴으로써 공격을 무력화시켰다. 게다가 카르타고군은 용병으로 구성된 제1진이 로마군과 뒤엉켰을 때, 시민군인 제2진이 즉시 투입되어야 했지만 제2진의 병사들이 망설이자 제1진의 용병들이 배신감을 느끼고 뒤돌아서서 제2진의 시민군들에게 검을 휘두르며 같은 편끼리 난투극이 벌어지기도 했다. 이 전투는 칸나이에서의 한니발의 전술을 스키피오가 그대로 모방한 전투였다. 패전이 확인되자 한니발은 겨우 몇 명의 호위병만을 데리고 자마 동측의 해안 도시 하드루메툼으로 도망쳤다.

○ 카르타고의 전사자는 2만 명이었으며, 또한 2만 명이 포로가 되었다. 로마 쪽 전사자는 1천 500명이었다. 스키피오의 완벽한 승리였다. 이 전쟁의 패전으로 카르타고는 50년간 매년 200탈란톤의 전쟁 배상금을 물어야 했고, 아프리카 밖에서 로마와 그 동맹국에게 선전

포고가 금지되었으며 자국의 영토가 침략되어 전쟁을 하려 해도 로마의 승인을 받아야 했다. 또한 해상의 전력은 10척의 3단 갤리선을 제외한 모든 전함을 로마에 양도함으로써 사실상 해상에서의 자위권을 상실하게 되었다. 이렇듯 로마는 카르타고의 손발을 매몰차게 묶긴 했어도 도시는 멀쩡하게 살아남겼다. 스키피오가 맺은 강화 조약에 따르면 카르타고의 법과 풍습을 유지하게 했으며 전쟁 전에 카르타고가 소유했던 아프리카의 모든 영토를 돌려주었고, 가축과 노예를 비롯한 모든 재산을 그대로 소유하게 했으며, 카르타고에 로마 주둔군조차 두지 않았다. 스키피오는 승리자의 광포한 복수심과 파괴 그리고 무례함을 자제했고, 카르타고의 힘이 소진된 시점에 유서 깊은 도시를 완전히 사라지게 하지 않고 그대로 둠으로써 고귀한 성품과 정치가적 자질을 보여 주었던 것이다.

○ 자마 전투에서 승리하자 로마 시민들은 열광하여 스키피오를 종신 독재관으로 추대하자고 아우성쳤지만, 그는 자신을 명성과 권력의 정점으로 밀어 올리려는 사람들을 꾸짖었다. 또한 원로원과 유피테르 신전에 자신의 조각상을 세우려는 계획까지 모두 막았다. 이런 점은 그가 명예를 일개 시민의 지위에 만족해하는 보기 드문 위대한 정신의 소유자임을 알렸고, 정적들조차 이를 인정할 수밖에 없었다.

○ 제2차 포에니 전쟁이 끝나고 한니발은 카르타고의 통치자가 되었으며, 그는 행정에서도 탁월한 기량을 보여 국가를 부흥시켰다. 그리하여 50년 동안 전쟁 배상금으로 1만 탈란톤을 갚아야 하는 카르타고는 전쟁이 끝난 지 겨우 10년이 되던 BC 191년, 남은 잔액 8천만 탈란톤을 일시불로 전액 갚겠다고 제의했다. 그러나 로마는 카르타고를 채무국으로 묶어 두기 위해 이를 거부했다.

▌ 에페수스 ___ 출처 : 텍사스 대학 도서관. 이하 같다

○ 이렇듯 한니발은 행정가로서 탁월한 역량을 발휘했지만 이와 비례하여 정적들의 질투와 시기의 표적에서는 벗어날 수 없었다. 정적들이 그가 또다시 전쟁을 준비하고 있다며 로마의 정계에 속닥거리자 로마 원로원은 그의 신병 인도를 요구했다. 그러자 BC 195년 한니발은 로마에 넘겨져 적국의 재판관 앞에 서는 치욕을 피하고자 어쩔 수 없이 망명의 길을 떠났다.

○ 로마군의 추격을 피해 에페수스(註. 성서의 '에베소')로 가서 셀레우코스 왕조의 안티오코스 3세에게 의탁해 있던 한니발은 때마침 벌어진 안티오코스와 로마와의 전쟁에서 안티오코스를 도와주었다. 그런데 안티오코스는 육상전의 전문가인 한니발에게 해전을 맡기는 실수를 저질렀고, 그 결과는 참패였다. 만약 그때 한니발이 육군을 지휘했더라면 로마군을 지휘했던 스키피오와 다시 한 번 결전을 치렀을 것

이다. 한니발은 안티오코스가 패한 뒤 크레타(註. 그리스식으로는 크레테crete)로 갔다가 비티니아로 피신했다. 그는 비티니아의 프루시아스 1세를 위해 참전하여 승리를 안겨 주기도 했으나, 로마 장군 플라미니누스는 그를 끝까지 추적하여 한니발을 넘겨주도록 프루시아스를 협박한 끝에 약속을 받아 냈다. 프루시아스의 협조로 플라미니우스가 보낸 추적자가 문 앞까지 쫓아오자 한니발은 독약을 먹고 자결했다. 왜냐하면 죽음보다도 비참한 것이 포로로서 겪어야 할 수치와 모욕이기 때문이다. 그때가 BC 183년이었고, 맞수였던 스키피오 아프리카누스도 우연히 같은 해에 삶을 마감했다.

○ 군사령관으로서의 한니발은 잔혹함과 무자비한 행동으로 악명을 떨쳤다. 그래서인지 로마인들은 한니발을 더욱 증오했으며, 그의 역량에 대한 두려움과 그에 대한 증오로 도망자 신세가 된 그를 끝까지 추적하여 자살로 몰아넣게 만든 것이다.

| 마음에 새기는 말 |

인간이란 무력으로 정복되어 굴복할 수밖에 없더라도 패권자에게 자신들의 우위를 인정받고 필요한 존재가 되면 저항감이 약해지기 마련이다.

– 로마는 지중해의 패권자가 되자 곡물 생산 능력이 자신들보다 월등한 카르타고에 밀려 밀을 카르타고로부터 수입할 수밖에 없었으며, 교육에 있어서는 당시 최고의 지성과 문화를 누렸던 그리스 아테네와 이집트 알렉산드리아의 문화적 우위를 인정하고 자제들을 그곳에 유학을 보냈다. 이러한 정책의 결과 정복당한 지역 주민들은 저항감을 누그러뜨리고 로마의 지배권과 타협할 수 있었다는 사실에 대하여.

- 알렉산드로스 대왕 사후

10년에 걸친 대정복 결과 알렉산드로스 3세는 그리스에서 아프리카 그리고 인도까지 이르는 대제국을 지배하게 되었다.(註. Alexandros는 '남자 또는 적을 막는 자'란 의미다.) 그러나 BC 323년 알렉산드로스가 바빌로니아에서 33세의 나이로 때 이른 죽음을 앞두고, 누구를 후계자로 삼을 것인지 묻는 휘하 장군들의 말에 후계자를 구체적으로 지명하지 않고 다만 "가장 강한 자가 통치하도록 하라."고 답했다. 그러자 왕이 타계한 다음, 휘하 장군들은 서로 간에 반목하며 내분을 일으켰다. 결국 대제국은 유지되지 못했고, 장군들은 각각의 왕조를 세운 후 제국의 일부를 분할 통치했다.

그리하여 안티파트로스는 마케도니아와 그리스, 리시마코스는 트라키아, 안티고노스는 소아시아, 셀레우코스는 시리아와 페르시아, 프톨레마이오스는 이집트를 각각 지배했다. 이후 몇 번의 변화를 거쳐 마케도니아와 그리스 그리고 트라키아는 안티고노스 왕조가, 시리아와 페르시아 제국의 대부분은 셀레우코스 왕조가, 이집트와 소아시아 해안은 프톨레마이오스 왕조가 성립되어 각각 다스렸다.

☀ 필립포스 5세의 절망(BC 197년)과
플라미니누스(Flamininus)의 신격화(BC 196년)

≪공화정 로마는 선거로 행정관들을 선출했고 노예조차도 해방되면 선거권을 가졌다. 이는 적극적인 신분 해방과 시민권 부여를 유도하고 신분의 벽을 뛰어넘을 수 있는 유동성을 주어 국가에게 활력과

강한 힘을 실어 주었다. 이렇듯 지나간 이념과 방식을 가진 사람들을 수월하게 퇴진시키고 새로운 이념과 능력 그리고 기술을 가진 사람을 언제나 발굴할 수 있는 체제는 그 사회를 유지하고 활성화하는 데 필수적인 요소이며 건전성을 규정짓는 가늠자가 아닐 수 없다.

플라미니누스는 피정복민이나 마찬가지였던 그리스인들에 대해 자유를 선언하자 폭발적인 인기를 얻었다. 자유를 향유하기보다는 남용하며 동맹국의 걱정을 끼치는 일을 아무렇게나 마구 저지르는 그리스인들의 특징적인 행동으로 판단해 보면, 플라미니누스의 결정은 어쩌면 즉흥적일 정도의 행동이었다. 그러나 다른 방향으로 살펴보면 그의 결정은 경쟁 관계에 있는 로마의 다른 귀족들보다 우위에 서는 명예를 누리는 처신이었다. 그래서 시리아 지역을 다스리고 있던 셀레우코스 왕조의 안티오코스 3세가 세력을 확장할 때, 스키피오 파들은 경쟁자였던 플라미니누스의 명예를 능가하는 공로를 세우기 위해 안티오코스와의 전쟁 지휘권을 그토록 열망했다.≫

○ 아테네 시민들이 케레스 신전을 침범했다는 이유로 아카르나니아 청년 2명을 처형하자, 아카르나니아(註. 아테네 북서부에 위치) 시민들은 그 책임을 묻고 배상을 요청했지만 거절당했다. 그러자 그들은 마케도니아 왕 필립포스 5세에게 지원을 요청하며 아테네를 습격했다. 전부터 필립포스는 세력 확장을 꾀하려던 참에 이를 핑계로 그리스를 침공했다. 그렇게 되자 마케도니아의 군사력에 대항할 만한 힘이 없던 그리스의 도시들은 로마에 군사 지원을 요청하기에 이르렀다. 하지만 로마 시민들은 계속된 전쟁으로 고생이 막심했을 뿐 아니라 아테네가 먼저 말썽을 일으켰으므로 정당한 명분조차 결여되었다고

생각하여 그리스 파병에 반대했다. 그러나 원로원과 귀족들의 생각은 달랐다. 그들은 그렇지 않아도 제2차 포에니 전쟁 시에 한니발과 동맹을 맺어 로마의 안전을 위협했던 필립포스에게 감정의 골이 깊어 있었기에 이참에 버릇을 단단히 고쳐 주어야겠다고 마음먹고 있던 데다 승리에 대한 귀족들의 개인적 열망까지 불타올랐다.

○ 하지만 BC 200년 초 집정관 술피키우스(Publius Sulpicius Galba)를 통해 민회에 상정된 전쟁 결의안은 부결되고 말았다. 그럼에도 같은 해 두 번째 열린 민회에서 술피키우스는 그리스를 전쟁터로 몰아넣은 필립포스의 악행을 신랄하게 비난하고, 만약 로마가 이를 방치한다면 어떻게 되겠냐며 과거 한니발의 사군툼 공략을 방치한 결과를 상기시켜 시민들의 두려움을 자극했다. 게다가 마케도니아 침공을 받은 아테네 사절들이 로마에 도착하여 시민들에게 호소하자, 결국 마케도니아 전쟁 결의안은 주전론자들의 끈질긴 설득으로 힘을 얻어 민회에서 통과되었다.(註. BC 201년 로마 사절들이 이집트와 시리아를 방문하기 위해 파견되었다. 마침 그들은 BC 200년 그리스를 경유 중이었는데 그때 민회에서 아직 통과되지 않은 원로원 결의를 마케도니아 측에 최후통첩으로 전했다. 이는 명백한 실정법 위반이었다.)

○ 마케도니아 전쟁에서 로마는 결정적인 승기를 잡지 못하고 고전하다 마침내 로마와 그리스의 연합군을 지휘할 사령관으로 '이탈리아의 검'이라고 불린 마르켈루스 밑에서 전투를 익힌 플라미니누스(Titus Quinctius Flamininus)를 임명했다. 그는 조영관과 법무관을 거치지도 않은 채 집정관에 당선될 만큼 걸출한 자였다. 지휘봉을 잡은 플라미니누스는 2차례에 걸친 포에니 전쟁에서 다져진 기병의 기동력을 이용한 전술을 최대한 활용하여 코린토스를 제외한 그리스의 거의 모

든 지역에서 필립포스의 세력을 몰아내고 완승했다. 포에니 전쟁으로 갈고 닦은 로마군의 전술을 알렉산드로스 왕의 후손들도 당해 낼 수가 없었던 것이다. 마침내 BC 197년 키노스케팔라이 전투에서 필립포스는 병력의 거의 절반을 잃고 마는 패배를 겪고 난 다음 커다란 대가를 치를 각오를 하고 평화 협정에 나섰다.(註. 사실 BC 198년 필립포스 5세는 정복지를 반환하겠다며 로마에게 순응할 태도를 보였으나, 로마는 이를 거절하고 더욱 강경한 요구를 추가했다. 이는 로마가 마케도니아의 완전한 굴복을 원했기 때문이다.) 하지만 로마는 마케도니아가 멸망하는 것은 원하지 않았다. 왜냐하면 마케도니아가 발칸 반도 북쪽의 야만 종족을 막아 주는 완충 역할을 했기 때문이다.

○ 아무리 탁월한 전술이 있다 한들 그것도 플라미니누스와 같은 능력 있는 전술가가 있을 때 발휘되는 법이다. 그런데 로마의 전술가와 인재는 마르지 않았다. 로마에서는 필요할 때마다 항상 인재가 넘쳐났다. 필립포스는 탄식하며 이렇게 말했다. "자유로운 사회

▎필립포스 5세

방식을 추진하고 있는 로마는 노예조차도 기회가 있으면 시민권을 준다. 훌륭한 로마 시민이라고 생각하여 대하다 보면 선대에 노예였다는 사실이 밝혀지는 경우가 허다하다. 그 결과 우리는 땅에서 솟아나는가 하고 여겨질 만큼 언제나 새로운 로마인을 상대하지 않으면 안 된다. 이런 방식으로 강대해진 로마인들을 과연 누가 이길 수 있

겠는가?" 하기야 안토니우스는 훗날 로마 초대 황제가 되었던 옥타비아누스와 감정의 날을 세우며 싸울 때 옥타비아누스의 증조할아버지가 해방 노예였다며 비방했고, 키케로도 옥타비아누스가 천민 출신이라며 빈정대기도 했으니 더 말해 무엇하겠는가?(註. 공화정 로마에서 행정관은 선거에 의해 선출되었고, 선거는 시민권자만이 참여할 수 있었다. 따라서 귀족들은 정치적 야심을 이루기 위해 자신에게 호의적인 시민들을 늘리는 방편으로써 노예 해방에 열을 올렸다. 그리고 해방 노예들은 주인에게 인정받아 해방된 만큼 역량과 충성심이 뛰어날 수밖에 없었고, 그들에 의해 로마는 신선한 인재를 항상 공급받았다. 그러나 아우구스투스는 노예들의 대규모 해방을 법으로 금했다. 즉, BC 2년 푸피우스 카니니우스 법을 제정하여 유언에 의해 노예를 해방시킬 경우 소유하고 있는 노예 중 일정 비율 이상만 해방시킬 수 있되 최대 100명을 넘지 못하게 했으며, AD 4년 아일리우스 센티우스 법으로 완전한 로마 시민권을 가진 노예 해방을 위해서는 특별 위원회에 나가서 공식적인 이유를 입증한 경우가 아니라면 노예의 최소 연령이 만 30세를 넘어야 하고 노예 소유주는 만 20세를 넘도록 정했으며, 그 이후 아우구스투스 때인지 아니면 티베리우스 치세 때인지 알 수 없으나 유니우스 법으로 로마 시민권이 없는 노예 해방을 정함으로써 노예와 로마 시민권자의 중간 상태를 일정 기간 가지는 것을 공식화했다. 이는 외국인들이 대부분이었던 노예들이 대규모로 해방된다면 로마 시민권자에 대한 이탈리아 종족의 순수성을 더럽힌다고 생각한 인종주의의 발현이었다. 그럼에도 불구하고 아우구스투스는 인구 증가를 위해 해방 노예의 출산을 적극 독려했고, 티베리우스는 징병을 위해 그리고 클라우디우스는 경제를 위해 노예 해방을 확대했다. 심지어 네로는 건축업에 투자하는 노예에게, 트라야누스는 빵집을 차리는 노예에게 노예의 신분에서 벗어나게 해 주었다. 이렇게 하여 2세기 초에는 로마 시민권자의 80%가 조상이 노예 출신일 정도였다.)

○ 그리스를 필립포스의 공격으로부터 구해 낸 로마의 승장 플라미니누스는 코린토스에서 이스트미아 경기가 개최되었을 때, 경기장에 참석하여 로마 원로원의 이름으로 그리스의 도시 국가들에 대해 그 어떤 대가도 요구하지 않고 완전한 자유와 독립을 선언했다. 그는 그리스에 로마군을 주둔시키지 않을 뿐 아니라, 조공을 부과하지도 않겠노라고 선포한 것이다. 그의 이러한 선언은 그곳의 소음 때문에 제대로 들리지 않았고, 설령 그 내용을 들었던 관중들조차 잘못 들은 것이 아니냐며 자신의 귀를 의심하여 어리둥절하고 서로에게 묻더니 결국 다시 한 번 큰 소리로 읽어 달라고 청했다. 선언문 낭독자가 경기장의 소음이 잠잠해지기를 기다려 다시 한 번 그 내용을 확인시키자 경기장은 환희와 감사로 떠나갈 듯한 축제의 장이 되었다. 경기가 끝난 후 그리스인들은 플라미니누스에게로 몰려와 그의 얼굴을 가까이에서 보고 손을 잡아 보고자 했다. 그리고 수많은 사람들이 그를 향해 화관과 화환을 던졌으며, 이런 소란 통에 하마트면 플라미니누스는 기쁨과 감사를 표현하는 그리스인들에게 깔려 죽을 뻔했다고 전해지고 있다.(註. 이 내용은 플루타르코스의 기록에 따른 것이지만, 학자에 따라 그리스는 정복지를 자유시로 정하는 이런 종류의 선언이 정치적으로 흔히 행해졌던 것이어서 생소하지 않으며, 다만 그리스인들이 열광한 것은 악랄함으로 명성이 높았던 로마가 뜻밖에도 그리스의 관용을 따랐기 때문이라고 한다. 플라미니누스는 그리스에 밝은 자였으므로 그리스의 관례를 따름으로써 통치에 수월성을 부여하고자 했을 뿐이라고 그들은 주장한다.)

○ 그리스인들의 기준으로서는 자국민 병사들이 피를 흘리며 지켜 준 해방에 대해 그 어떤 보상도 요구하지 않는 것은 생각조차 할 수 없는 일이었다. 그리스인들은 플라미니누스의 결정에 감사를 표하기 위해 플라미니누스의 초상이 새겨진 금화를 발행했다. 그것도 모자라 몇몇의 그리스 도시에서는 아예 그를 신의 반열에 올려놓고 숭배하기도 했다. 특히 칼키스인들은 그에게 도시에서 가장 아름답고 큰 봉헌물을 바쳤으며 희생제와 헌주 그리고 찬가를 제공했다.

○ 사람이란 감당하기 힘든 칭송과 아부에도 계속하여 반복되면 어느덧 익숙해지기 마련이다. 플라미니누스는 자신이 신격화되자 처음에는 매우 어색해했지만 마침내 스스로를 신과 같은 자라고 자찬하고 자신을 아이네아스의 아들이라고 주장하며 신적인 혈통을 이어받았다

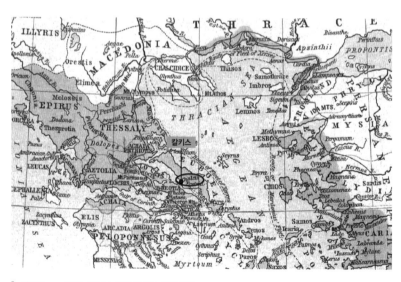

▌ 칼키스 ____ 출처 : 텍사스 대학 도서관. 이하 같다

____ 로마의 선택과 결정 ② 지중해 패권

고 자랑하기에 이르렀다. 이로써 살아 있는 로마인이 신격화의 영예를 부여받은 최초의 사례가 되었으며, 경쟁 관계에 있던 로마의 귀족(註. 플라미니누스는 파비우스 파에 속했다.)들은 이를 시기와 질투에 찬 시선으로 예의주시하게 되었다.(註. 사실 그리스 세계에서 최초로 신격화의 명예를 부여받은 자는 제2차 포에니 전쟁에서 시킬리아를 정복했던 마르켈루스였다. 시킬리아의 시라쿠사인들은 그를 구원자로 숭배하며 축제를 벌였지만, 그로부터 수십 년 후 베레스 총독에 의해 폐지되었다. 다만 플라미니누스는 항구적인 숭배를 받은 최초의 로마인이었다. BC 1세기에 와서 로마 관리들에 대한 이와 같은 숭배는 일반적인 현상이 되어 스카이볼라, 이사우리쿠스는 소아시아 지역에서 총독으로 있으면서 숭배를 받았다. 하지만 키케로는 킬리키아 총독이었을 적에 그곳의 주민들이 바치고자 했던 숭배를 사양했다. 이러했던 로마 관리들에 대한 숭배는 로마가 아우구스투스의 통치를 받게 되자 사라졌다. 왜냐하면 아우구스투스가 총독들이 직무 수행 기간과 그 이후 60일 동안 숭배의 영예를 받는 것을 금했고, 황제만이 유일한 최상의 존재가 되었음을 알게 된 그리스인들과 동방의 주민들이 변화된 상황에 재빨리 적응했기 때문이다.)

○ 하지만 여기에도 오점은 있었다. 플라미니누스는 그리스 귀족들에 대해서는 이해하고 동경했지만, 가난하고 소외된 사람들에 대해서는 그들의 어려움을 알고자 하지 않았으며 선의를 베풀지도 않았기 때문이다. 그는 그리스 귀족들이 반대할 것이 뻔한 부채 탕감, 토지 재분배 그리고 사회와 경제의 부조리한 부분에 대한 개혁 요구를 질서 파괴 행위로 간주하기까지 했다. 그것은 그가 내린 선량한 결정이 고양된 정신적 작용에 근거하여 내린 결정이 아니며, 인간의 권리나 만민 평등에는 아직 눈을 뜨지 못했다는 증거였다.

☀ 카토(Cato)의 원칙

≪엄격함과 검소함이 몸에 밴 카토는 당시 타락했던 기득권 세력들의 견제를 받았지만, 시민들의 지지로 당당히 감찰관에 당선되었다. 그리하여 정해진 원칙을 지키지 않은 자들은 카토에게 여지없이 척결되고 응징되었으며, 카토에게는 '감찰하는 자'란 의미로 '켄소리우스(censorius)'란 별명이 붙었다.≫

○ 반카르타고 세력의 주축인 마르쿠스 포르키우스 카토(註. Marcus Porcius Cato. 후세의 사람들은 카이사르와 대립했던 증손자 '小 카토'와 구분하기 위해 '大 카토'라 호칭한다.)는 집정관직을 지낸 뒤 10년 만에 자신의 정치적 경력을 도와준 루키우스 발레리우스 플라쿠스와 함께 감찰관(註. 켄소르censor)직의 선거에 나갔다.(註. 카토는 플라쿠스의 추천을 받아 정치적으로 성장했다. 로마에는 과거 시험과 같은 제도가 없었으며, 인재의 등용은 연줄에 의한 추천으로 이루어졌다. 로마인들은 인격과 재능이 뛰어난 사람이 책임지고 추천하면, 추천받은 사람도 역시 뛰어난 사람이라고 생각했던 것이다. 물론 충분히 예견되겠지만 이 경우에는 항상 불순한 위험이 상존한다. 하지만 시험을 본다고 해서 무능하고 악질적인 관료가 배출될 위험을 완전히 피할 수 있는 것은 아니다. 살펴보면 서양에서는 신뢰를 중시했고, 동양에서는 평가에 의한 실력을 중시하여 인재를 선발한 것이다.) 감찰관의 임무는 실로 막강하여 결혼, 출산, 잔치 같은 일상생활을 로마의 전통과 관습에 따라 행하도록 감독했다. 이것은 로마인들은 그 사람의 공적이나 정치적인 인생보다 이러한 일상적인 일이 그의 실제 품성을 더 잘 드러낼 수 있다고 생각

했기 때문이다. 역사적으로 보면, BC 4세기 아피우스 클라우디우스 카이쿠스는 공직을 감찰관부터 시작했다. 그러나 그때만 해도 공직의 단계가 아직 확립되지 않았을 때였고, 그 이후로 감찰관은 마지막 단계의 명예로운 공직으로 자리 잡았다.

▌ 大 카토

○ 엄격한 카토가 감찰관에 입후보했을 때, 기득권 세력들은 자신들로 인해서 퇴폐적이고 저속한 행위 그리고 전통과 동떨어진 풍습들이 로마에서 아무 거리낌 없이 행해지고 있음을 알고 있었기에 카토가 감찰관이 되는 것을 막고자 했다. 카토는 당선되기만 하면 직책이 주어지는 권한을 무자비하고 가차 없이 행사할 것이 명백했기 때문이다. 하지만 그들의 반대에도 불구하고 BC 184년 카토는 발레리우스와 함께 당당히 감찰관에 선출되었다. 카토와 정적이었던 스키피오 형제들이 감찰관 선거 때 카토만 빼고 그 어떤 자도 상관없다며 카토 낙선 운동을 펼쳤지만 소용없었던 것이다. 이렇듯 카토와 자마 전투의 영웅 스키피오는 철저한 정적 관계였다.(註. 카토가 냉철한 원칙주의자였다면 스키피오는 유연한 사고를 가진 정치인이자 군인으로서 시민들의 애정을 듬뿍 받고 있었다. 다만 여기서는 교육적인 플루타르코스의 저술을 따랐다.) 로마 시민들은 카토의 굽힐 줄 모르는 엄격함과 자신감을 두려워하지 않았으며, 오히려 시민들을 기쁘게 하기 위해 상냥하게 무엇이든 다 할 것 같았던 카토의 정적들이 내세운 후보들을 거

부한 것이다.

○ 카토는 감찰관 직무를 수행하면서 여러 원로원 의원들의 의석을 박탈했다. 그중에는 루키우스 퀸크티우스 플라미니누스라는 자가 있었는데, 그는 마케도니아 왕 필립포스 5세와 싸워 이긴 티투스 퀸크티우스 플라미니누스의 형제였으며, 필립포스와의 전쟁에서 해군 사령관으로 참전했고 집정관을 지낸 자이기도 했다. 그에게는 어렸을 적부터 자신이 사랑했던 카르타고 출신의 젊은이가 있었다. 당시 로마는 그리스로부터 동성애가 유입되고 있었는데, 루키우스는 항상 이 젊은이를 자신의 곁에 두었고, 가까운 친척이나 친구보다도 그 젊은이의 충고와 말에 더 귀를 기울였다.

○ 루키우스가 어느 속주의 총독으로 부임해 있던 어느 날 만찬을 열었다. 젊은이는 평소처럼 루키우스 곁에 비스듬히 누워 듣기에 따라서는 잔혹한 말을 듣기 좋게 늘어놓았다. "지난번 고향에서 제가 한 번도 구경한 적이 없는 검투사 경기가 있었는데, 사람이 죽는 모습을 보고 싶은 마음이 간절했지만, 루키우스께서 부르시어 검투사 경기를 보고 싶은 마음을 꾹 참고 당신을 만나러 달려왔답니다. 임을 사랑하는 제 마음은 이러합니다." 그러자 루키우스가 대답했다. "그때 내가 원망스러웠겠구나. 그럼 이제 그 보답을 하면 되지?" 루키우스는 처형을 앞둔 갈리아인 죄수 한 명을 당장 만찬장으로 데려오라고 명하고, 도끼를 들고 있는 사형 집행인을 그 옆에 세웠다.(註. 루키우스가 만찬장에 데려온 갈리아인은 죄수가 아니라 포로였다고도 한다.) 그러자 만찬회는 갑자기 피비린내 나는 관람장의 분위기로 바뀌었다. 그리고 나서 그는 사랑하는 젊은이에게 죄수가 도끼로 처형당하는 것을 보고 싶은지 물었다. 젊은이가 보고 싶다고 답하자, 잔혹하게

도 루키우스는 죄수의 머리를 도끼로 치라고 명령했다.

○ 이 사실을 알게 된 카토는 격노하며 감찰관의 권한으로 루키우스를 원로원 의원에서 제명시켰다. 왜냐하면 루키우스는 전통과 관습의 정의와 배려를 무시했고, 도덕적 타락 속에 국가 명령권을 모독했으며, 신의 법칙과 인간의 합법적인 절차를 경멸하며 조롱했기 때문이다.(註. 카토가 루키우스를 처단한 것은 그의 형 티투스 퀸크티우스 플라미니누스가 자신의 정적이었기에 정치적 타격을 주려는 목적이 함께 있었다고 하며, 또 다른 주장에 의하면 이 사건으로 카토와 티투스가 정적이 되어 티투스가 카토의 제안으로 통과된 여러 법령을 무효화시켰다고도 한다.)

○ 또한 카토는 집정관직에 오를 것이 유력시된 마닐리우스가 대낮에 딸 앞에서 아내를 껴안았다는 사유로 원로원 의원에서 제명시켰다. 원로원 의원에서 불명예스럽게 퇴출당한 마닐리우스가 집정관직에 오를 수 없었던 것은 당연했다. 카토는 자녀가 보는 앞에서 아내와 애정 행각을 벌인 것은 인간의 원칙을 거스른 부도덕한 행동이라고 판단한 것이다. 자신의 경우에는 천둥이 치지 않는 한 아내를 껴안지 않는다고 말하며, 천둥치는 날은 부부에게 운이 좋은 날이라고 농담하기도 했다.(註. 로마에서는 남녀가 드러내 놓고 애정 표현하는 것을 부도덕하게 여겼다. 키케로가 필리피카로 안토니우스를 격하할 때, 그가 공개리에 아내와 입맞춤을 했다는 이유로 안토니우스의 도덕성을 비난했는데, 이는 창녀가 아니라면 길거리와 같은 공개적인 장소에서 농도 짙게 입맞춤하는 것을 타락한 표상으로 간주했기 때문이다. 다만 입술을 다물고 가볍게 하는 입맞춤은 공개적으로 했고 심지어 남편에 대한 아내의 의무였다. 로마인들은 결혼에 대한 관념도 부부간의 애정을 토대로 하는 것

이 아니라 가문 계승을 위한 결합임이 강조했다. 따라서 로마인들의 감상적인 분위기를 생각하며 영어 '로맨틱romantic'이라는 말이 생겼지만, 사실 로마인들의 남녀 간 애정 행위는 결코 로맨틱하지 않았다.)

○ 카토는 왕이란 지위를 경멸했는데 페르가몬 왕 에우메네스 2세가 로마를 방문했을 때, 그는 "왕이란 천성적으로 야수와 같다."며 그를 만나 주지조차 않았다. 이러한 그의 강직한 품성은 많은 정적을 만들었다. 카토는 평생 동안 무려 45회 이상 정적들로부터 기소를 당했지만 패한 적은 티투스 퀸크티우스 플라미니누스에게 단 한 번 패소하여 2탈란톤의 벌금을 물었을 뿐이었다. 사람의 가치는 그가 가진 정적의 수에 비례한다는 카토 자신의 신념이 옳다면, 그는 로마에서 가장 위대한 로마인이었음에 틀림없었다. 정적이 많아지자 그는 겉으로만 다정한 척하는 친구보다는 불구대천의 원수가 오히려 도움이 되는 경우가 있다고 말했다. 왜냐하면 후자는 가끔이라도 바른말을 하지만 전자는 결코 그러하지 않기 때문이라고 했다.

○ 훗날 로마의 웅변가 키케로는 아폴로의 신탁에 따라 가장 현명한 자로 판명 난 그리스의 철학자 소크라테스보다도 카토를 우위에 놓았다. 왜냐하면 소크라테스는 말한 것 때문에 칭송을 받은 자였지만, 카토는 행동한 것 때문에 칭송을 받았기 때문이다.

마음에 새기는 말

평범한 사람은 부를 자랑하지 못하게 막으면 그 부를 빼앗긴 것처럼 억울해한다. 그리고 부를 자랑하는 물건은 살아가는 데 꼭 필요한 물건이 아니라 사치품이기 마련이다.

- 감찰관이었던 大 카토가 당시 로마 사회에 만연해 있던 사치를 막기 위해 사치품을 재평가하여 평가액을 10배 이상으로 올리고, 또한 0.3%의 세금을 매겼다. 이때 호화로운 삶을 유지하기 위해 세금 부담을 감수한 사람들뿐 아니라, 과중한 세금 때문에 사치스런 물건과 호화로운 생활을 포기한 사람들까지 카토를 미워하게 된 것에 대하여.

| 알아두기 |

• 검투사 경기의 유래와 검투사의 종류

BC 3세기경 에트루리아로부터 전래된 검투사 경기는 당초 제사 의식의 한 부분이었다.(註. 학자에 따라서는 에트루리아 전래설이 검투사 경기가 퇴폐적인 오락으로 규정되었고, 이에 따라 로마인의 도덕성을 훼손하지 않고 에트루리아에 전가하기 위해 날조된 것이라고 주장한다. 왜냐하면 로마인이 인도유럽어족인 반면에 에트루리아인은 헤로도토스의 주장에 의하면 소아시아 리디아에서 이주해 온 민족으로 알려졌기 때문이다.) 전해져 내려오는 기록에 따르면 BC 264년 브루투스 가문의 마르쿠스 유니우스 브루투스와 데키무스 유니우스 브루투스 형제가 탁월한 군인이었던 아버지 유니우스 브루투스 페라의 장례식을 성대하게 치르기 위해 9일 동안 소요되는 장례식의 마지막 날에 보아리우스 광장(註. '포룸 보아리움forum boarium'이라고 하며 우시장을 의미

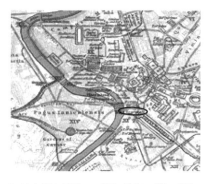

▌ 보아리우스 광장 ___ 출처 : 텍사스 대학 도서관

한다.)'에서 처음 시도했다고 한다.

그들은 옛날 에트루리아 지도자의 무덤 위에서 노예들을 죽을 때까지 싸우게 하여 죽은 지도자를 기리게 한 풍습을 재현하고자 한 것이었다. 이러한 관습은 일종의 인신 공희와 같은 의식이었다. 즉, 검투사 경기에서 죽은 노예들의 충직한 영혼이 지도자를 섬긴다고 생각했던 것이다.

두 형제는 3쌍의 노예들을 뽑아 싸우게 했고, 이를 보기 위해 몰려든 시민들은 크게 환호했다. 그 결과 좋은 오락거리를 제공한 형제들의 인기가 드높이 올랐고, 그들은 그렇게 얻은 인기로 로마의 선출직 행정관에 출마하여 당선되었다. 엉뚱하게도 죽은 아버지를 기리기 위해 열었던 검투사 경기가 다른 결과를 가져온 것이다. 그 이후로 관직에 나가려는 로마 귀족들은 인기를 얻기 위해 검투사 경기를 시민들에게 제공했다.

이렇듯 검투사 경기는 라틴어 '무누스(munus)'가 '검투사 경기·임무·책임·사명'을 동시에 의미하는 만큼 죽은 자의 영혼을 달래기 위한 후손의 임무이자 종교적 책임이었다. 역사가 중에는 용맹한 전사들의 무덤 앞에서 포로들을 제물로 바치던 잔인한 관습을 완화하려고 시도한 결과 검투사 경기가 생겨났다고 하는 이도 있다.

검투사들은 장비와 싸우는 방식에 따라 글라디우스 검과 큰 방패를 사용하는 미르밀로네, 그물과 삼지창을 무기로 하는 레티아리우스, 올가미와 전차를 사용하는 에세다리우스, 삼니움 병사를 흉내 낸 세쿠토르, 나무 방패와 생가죽 채찍을 사용하는 파에그니아리우스, 그밖에 트라체, 프로보카토르, 호플로마쿠스 등으로 나뉜다. 훗날 콤모두스 황제는 세쿠토르 복장으로 싸웠다고 한다. 검투사가 승리를 거듭하여 3년이 지나면 은퇴를 상징하는 '루디스(rudis)'라는 목검을 받고서 검투사로서의 생활에 종지부를 찍었고, 5년이 지나면 자유민으로서 살아갈 수 있었으며 만일 계약으로 검투사가 된 가난한 자유민이라면 이때 계약이 종료되었다. 검투사들 대부분은 1년에 2번 이하로 싸웠으며, 가난 등을 벗어나기 위해 자유민이 검투사가 될 경우 남성은

25세, 여성은 20세 이하는 불가했다.

┃ 「폴리케 베르소(뒤집힌 엄지)」, 장 레옹 제롬 作 (미르밀로네가 레티아리우스의 목을 짓밟고 있다.)

공화정 후기 때만 해도 전쟁 포로 출신의 검투사가 대부분이었다. 마리우스 군제 개혁에 따라 많은 가난한 집안의 아들들이 군에 입대하여 전리품과 상여금 그리고 성공을 꿈꾸었다. 그러나 제정기에 접어들면서 군인들이 풍요한 동방과 북아프리카가 아닌 빈곤한 게르만족과 주로 싸우게 되어 전리품이 줄어들었고, 이에 따라 군대의 매력이 감소하자 가난한 집안의 아들들이 병사가 되기보다는 검투사를 지원하는 자가 늘어났다. 그리하여 1세기 중반 제정기의 검투사는 절반 이상이 자유민 출신이었다.

경기 주최자(註. '에디토르editor'라고 한다.)가 패배한 검투사를 죽이는 일은 추가로 많은 비용이 소요되므로 좀처럼 없었다. 왜냐하면 검투사를 양성하는 데는 값비싼 비용이 들었고, 임차한 검투사일 경우 검투사가 살아 있으면 검투사 소유주에게 임차료만 지불했지만, 만약 검투사를 죽인다면 1인당 3천 세스테르티우스에서 1만 5천 세스테르티우스에 달하는 검투사 가격 모두를 검투사 소유주에게 지불해야 했기 때문이다. 이처럼 경기 주최자가 쓰러진 검투사의 사활을 결정했으며, 그가 엄지손가락을 위로 치켜세우는 것은 죽이라는 신호였다.(註. 이 신호에 대해서는 그 반대로 해석하는 사람들도 있으며, 어떤 자들은 엄지손가락을 위로 세우든지 아래로 향하든지 모두 죽이라는 신호로만 쓰였다고도 하며, 다른 자들은 그 신호는 그때그때마다 유행에 따라 달라졌다고도 한다.) 키케로는 이렇게 단언했다. "만약 고통과 죽음에 대한 경멸 그리고 이에 대한 최상의 교훈을 얻고자 한다면 검투사가 경기장에서 보이는 인간으로서의 시선, 그 이상의 것은 없다." 검투사 경기는 404년 서로마 황제 호노리우스의 칙령에 의해 제국의 서방에서 폐지되는 운명을 맞았고, 동방에서는 4세기 말에 이미 자취를 감추었다.

☀ 미움을 받는 방법

≪원칙과 규정에 입각한 감찰관의 임무 수행이 비난의 대상이 되었다. 요즘도 곧이곧대로의 조치는 처분당한 자들이 퍼붓는 비난과 욕설을 피할 수 없겠지만, 감찰관으로서는 청렴과 검소의 덕성을 더하고 있다.≫

○ 카토는 감찰관 직무를 수행하느라 여러 사람으로부터 비난을 받았으나 아랑곳하지 않고 엄격하게 직분을 지켰다. 사람들이 자기 집과 정원에 물을 쓰기 위해 무단으로 설치한 수도관을 절단했고, 공공의 토

지를 차지한 모든 건축물을 철거했으며, 공공사업을 하는 데 드는 비용을 최대한 줄이고, 국유지 사용료는 최대한 올려 받았다. 하지만 그는 이 정당한 조치 때문에 처분을 당한 자들로부터 커다란 미움을 사게 되었다.

○ 요즘 같았으면 카토는 공공 시설물의 무단 사용을 막고, 국공유지를 점하고 있는 건축물을 강제 철거하고, 관급 공사의 발주 시에는 심사를 철저히 하여 원가를 낮추며, 변상금은 최대 폭으로 올렸으리라. 작금에도 이런 내용들은 청렴과 검소의 덕목에서 최우선이므로 무조건 따르라고 강조되는 목록들이며, 철저히 가려내어 바로잡지 않고 슬쩍 눈감아 준다면 부패한 관리로 지목되어 오명이 남게 된다. 서울시 감사관을 지낸 어느 기초자치단체장은 이렇게 말했다. "청렴은 공무원의 가장 큰 무기다."

❊ 조각상이 없는 이유를 묻는다는 것이란

≪내세울 만한 공훈이 조금이나마 있는 로마의 지도자들은 대부분 생전에 자신의 조각상을 설치했다. 하지만 시민들의 적극적인 지지와 무공으로 명성이 드높았던 카토는 아주 오랜 기간 조각상을 세우지 않았고, 훗날 세워진 조각상도 그의 업적에 대한 기록은 무공보다는 감찰관으로서 로마의 정신을 바로잡은 것에 대한 칭송이었다.≫

○ 로마 시민들이 카토의 감찰관직에 대해 대단한 지지를 보냈지만 카

토는 조각상이 없었다. 그뿐만 아니라 그는 높은 평가를 받을 수 없다고 판단되는 사람들의 조각상을 공공장소에서 모두 철거하기도 했다. 공훈을 세운 많은 로마 지도자들이 살아 있을 때 자신의 조각상이 세워지고 그곳에 업적이 기록되는 영광을 누렸음을 생각해 보면 카토가 조각상이 없다는 것은 참으로 예외적인 일이었다. 훗날 카토의 조각상은 살루스 신전(註. 살루스는 복지, 건강, 안녕을 관장하는 여신으로 그리스의 히기에이아 여신과 같다.)에 세워졌으며 그의 업적을 알리는 문구는 군사적인 영광을 기린 것이 아니었고 이렇게 적혀 있었다. "카토는 로마가 바람 앞의 등불처럼 휘청거릴 때 감찰관으로 선출되어, 유익한 지도력을 보이며 지혜로운 방법으로 규제하고 건전하게 타일러 로마를 바로 세웠다."

○ 애초에 로마에서는 인간뿐만 아니라 신들조차 조각상이 없었다. 왜냐하면 로마인들은 신화를 간직하지 않고 단순하며 구체적인 상징으로 신들을 섬겼기 때문이다. 창은 마르스를 그리고 바위는 제우스를 상징했으며 베스타는 성화된 불길을 상징한다는 식이었다. 따라서 공공장소에 조각상을 세우는 것은 로마의 관습이 아니라 그리스로부터 배운 것이었다. 이런 일을 처음 한 자는 아피우스 클라우디우스 카이쿠스였는데, 그는 감찰관으로 있던 BC 312년 새로 건립된 신전에 자신의 조상에 대한 헌사와 초상이 새겨진 청동 방패를 걸어 놓았다. 그 이후 신들의 조각상뿐 아니라 공적으로 명예를 얻은 자들까지도 도처에 자신의 조각상을 세우면서 숭배 의식을 키워 나갔다.

○ 자신의 조각상이 세워지기 전 카토는 자신의 조각상이 세워졌다고 좋아하는 사람들을 비웃으며, 그런 사람들의 명예는 조각가와 화가의 능력에 달려 있는 반면, 자신의 아름다운 형상은 시민들의 가슴

속에 녹아 있다고 말하곤 했다. 또한 커다란 명예도 없으면서 그러한 자의 조각상이 곳곳에 널려 있는 데 반해, 카토의 것이 없다는 사실에 놀라는 사람들이 있었다. 그럴 때 그는 이렇게 말했다. "사람들이 나의 조각상이 없는 이유를 묻는 것이 나의 조각상이 있는 이유를 묻는 것보다 낫지 않습니까?" 이 말은 조각상이 세워지는 것은 명예스러운 것이고, 명예란 스스로 드러내는 것이 아니라 남이 자신의 명예를 인정해 주는 덕목이라는 의미였다.

☼ 카토의 자녀 교육

≪신흥 가문으로 귀족의 반열에 올랐던 카토는 무엇보다도 자식 교육에 충실했다. 배우자도 명문가에서 골랐고, 자식의 육아에서부터 교육까지 부모가 직접 해냈다. 결국 카토는 당시 로마의 최고 명문가와 사돈을 맺었고, 비로소 그의 가문은 신참자 가문을 벗어나 귀족 가문이 되었다.≫

○ 카토는 태생이 고귀한 여인은 수치스런 행위를 극도로 싫어한다고 생각했다. 따라서 남편이 올바르게만 처신하면 남편의 말에 잘 따른다고 여겼기에 가문이 고귀한 여인을 아내로 맞이했다. 그는 아내나 자식을 때리는 남자는 신성한 물건에 폭력을 행사하는 것과 마찬가지라고 말했으며, 큰 영향력을 지닌 정치 지도자가 되기보다는 좋은 남편이 되는 것이 더 칭송받을 만하다고 말했다.

○ 아들이 태어난 뒤에는 아무리 급해도 위급한 일이 아니면 아내가 아기를 목욕시키고 포대기에 싸는 것을 지켜보았다. 카토의 아내는 유모 없이 직접 아이에게 젖을 먹였으며, 심지어 노예의 자식과 아들 간에 형제와 같은 우애가 싹트길 바라는 마음에서 노예의 갓난아이에게도 젖을 물렸다. 아들이 말귀를 알아듣는 나이가 되자, 킬로라는 뛰어난 노예 교사가 있었음에도 카토는 직접 아들에게 글을 가르쳤을 뿐 아니라, 법·운동·전투·무술·승마·추위와 더위를 이기는 방법·수영·연설·역사를 직접 가르쳤다. 당시 초등 교육은 책을 반복해서 읽고 외우는 것으로, 배우는 자로서는 지독히 재미없고 끔찍한 고행이었다. 만약 학생이 교사의 가르침을 제대로 수행하지 못하면 심하게 매질을 당하곤 했는데 이는 아이들이란 합리적인 말로써 통제될 수 없다고 생각했기 때문이다.(註. 4~5세기의 성직자 아우구스티누스는 매 맞던 어린 시절의 기억을 끔찍하게 떠올리며 어린 시절로 다시 돌아가라면 차라리 죽음을 택하지 않을 사람이 없을 것이라고 말했다. 그럼에도 또 다른 저서에서 그는 원죄를 지은 인간으로서 아이의 체벌은 필요하다고 했으며, 만약 체벌을 당하지 않았다면 우리들 중 누가 제대로 된 성인이 될 수 있었겠느냐며 반문했다.) 설령 주인집 아들이라도 마찬가지였다. 하지만 카토는 노예가 아들을 꾸중하거나 잘못했다고 체벌을 가하는 것은 올바르지 못하다고 여겼다.(註. 이렇듯 강건한 로마의 교육 방식도 제정 시대에 들어서면서 변하기 시작했다. 여성들은 수유가 자신들의 아름다움, 안락함 그리고 사회적 활동에 큰 걸림돌이라고 여겨 아이를 낳으면 취학 연령이 될 때까지 노예 숙소에서 유모의 손에 길렀다.)

○ 또한 그는 아들 앞에서는 험한 말을 삼갔으며, 당시의 풍습에 따라

아들과 함께 목욕한 적이 한 번도 없었다. 그때의 로마 풍습은 알몸을 보이는 것을 부끄럽게 여겼기 때문에 장인과 사위도 목욕을 함께하지 않았으며, 더군다나 생판 알지도 못하는 남에게 알몸을 보이는 것은 생각할 수조차 없는 일이었다. 그러다가 그리스로부터 알몸으로 자유롭게 나다니는 풍습이 전해짐에 따라 여인들이 있을 때조차도 알몸을 보이는 것을 이상하게 여기지 않게 되었다.(註. 로마는 1세기까지 남녀가 혼욕하는 경우가 잦았으나, 2세기가 되자 남녀 혼욕을 금지하는 법령이 반포되었다.)

○ 카토는 자신의 아들을 뛰어난 인물로 키우는 데 힘과 정성을 쏟았고, 아들도 아버지의 노력에 열정으로 보답하여 아버지의 뜻에 따랐으며 곧은 천성에 어울리는 정신을 갖게 되었다. 그러나 카토의 아들은 카토만큼 천성적으로 강한 체질과 체력을 가지고 태어나지 못했다. 따라서 카토는 자신이 지켜 왔던 지나치게 엄격한 생활 태도와 방식을 아들에게 강요하지 않았다. 그래도 아들은 약한 체력에도 불구하고 믿음직한 병사가 되었고, 마케도니아의 마지막 왕 페르세오스를 상대로 싸우고 있던 아이밀리우스 파울루스 마케도니쿠스 밑에서 눈부시게 활약했다.

○ 카토의 아들은 이후 마케도니아 전쟁에서 자신의 사령관이자 로마 사회에서 가장 명성이 드높았던 아이밀리우스 파울루스 마케도니쿠스의 딸 테르티아와 결혼했는데, 그녀는 스키피오 집안에 양자로 간 스키피오 아이밀리아누스의 누이이기도 했다. 이것은 카토가 정성을 다해 아들을 교육한 결과였다.

☀ 용기에 높은 가치를 두는 것과 삶에 낮은 의미를 둔다는 것

≪삶이 힘들어 죽음을 두려워하지 않는다면 그러한 용기는 가치가
떨어질 수밖에 없다. 그 용기는 정의로운 인생관을 기초로 한 것이
아니므로 순식간에 용기를 버리거나 옳지 못한 방향으로 나아가기
쉬운 법이기 때문이다.≫

○ 로마군의 어느 병사가 무모하리만큼 용감성을 보이자 주변에서 그의
대담함을 칭송했다. 그러자 카토가 말하기를 "용맹스런 용기를 칭찬
하는 것과 삶에 낮은 의미를 둔다는 것은 서로 다르다."고 했다. 그
것은 다음과 같은 일화를 두고 한 말이었다.

○ 마케도니아의 안티고노스 왕에게는 용감하지만 건강하지 못한 병사
가 있었다. 어느 날 왕이 전쟁터에서 대담한 무공을 세운 그를 치하
하기 위해 불렀다. 그러나 그의 얼굴이 용맹한 병사라고 하기에는 창
백한 것을 보고 왕은 그 이유를 물었다. 병사는 솔직하게 자신의 고
통스런 질병을 고했고, 이를 딱하게 여긴 왕은 어의를 불러 그 병사
를 치료하게 했다.

○ 어의는 온 힘을 다해 정성스런 치료 끝에 병사의 병을 완치할 수 있었다. 그런데 병이 완치된 그 병사는 왕의 은혜를 입었음에도 전투에 나섰을 때 더 이상 대담함과 용맹스러움을 보이지 않았다. 그러자 안티고노스 왕은 그 병사를 질책하며 그렇게 변하게 된 이유를 물었다. 병사는 주저하지 않고 왕의 물음에 답했다. "제가 용기를 잃은 이유는 폐하께 있습니다. 저로 하여금 살고자 하는 의지를 약하게 만든 모든 질병을 폐하께서 치유해 주었기 때문입니다." 즉, 그 병사는 자신의 병이 완치됨으로써 목숨을 아끼며 살아갈 이유를 얻은 것이다.

○ 이와 같은 이유에서 스파르타 병사들이 용감한 것은 그들의 삶이 비참하고 고생스럽기 때문이라고 어느 시바리스(註. 이탈리아 남부 타렌툼만에 위치한 그리스 식민시) 사람이 비아냥거렸다. 결국 삶을 힘들어하거나 혐오하는 사람이라면 용감하게 죽음을 맞이한다고 해서 칭송할 것도 없다는 말이 된다. 그리스의 법에는 전투 중에 방패를 버리는 병사는 처벌받아도 검이나 창을 버리는 병사는 처벌받지 않았다고 한다. 이는 방패란 자신의 목숨을 지키는 무기이며 검과 창은 적을 죽이는 무기이기 때문이다. 그러므로 수많은 사람들을 지휘하는 자는 적을 공격하기에 앞서 아군이 피해를 입지 않도록 노력해야 한다.

○ 이와는 반대로 자신의 삶에 높은 가치를 부여한 사례도 전해진다. 어느 스토아 철학자가 탄 배가 폭풍우에 휩쓸려 심하게 요동치게 되었다. 그러자 같이 배에 탔던 사람들은 죽음이 코앞에 닥쳤을 때 그 철학자가 과연 죽음에 의연한 정신을 가진 스토아 철학자답게 행동하는지 유심히 보았다. 그러나 그 철학자는 공포로 얼굴이 창백해지며 평정심을 잃고 말았다. 한참을 지나 파도가 그치고 사람들이 서

로 간에 대화를 나눌 수 있을 정도로 안정을 되찾자, 어느 부유한 승객이 자신도 죽음 앞에서 동요하지 않았는데 스토아적 삶을 산다고 하는 철학자가 얼굴이 창백해졌다고 비웃었다. 그러자 철학자는 이렇게 맞받아쳤다. "내가 방탕한 난봉꾼이라면 자신의 무가치한 영혼이 어떻게 되든 걱정할 필요가 없겠지만, 아리스티포스(註. 소크라테스의 제자로서 쾌락주의를 내세운 키레네 학파의 창시자)와 같은 영혼을 가진 나 같은 사람이 죽을까 봐 내가 걱정하는 것은 당연한 것이 아니겠소?"

○ 물론 이런 이야기는 철학자의 변명이요 궤변일 수는 있겠으나, 생각의 본질은 바뀌지 않고 있음을 알 수 있다. 어리석은 사람은 격정에 굴복하는 반면에 현명하고 고결한 자의 정신은 격정이 어쩔 수 없이 발생하더라도 흔들리지 않고 견고하게 이성적인 판단에서 추구하거나 회피해야 하는 것에 지속적인 확신을 가지기 때문이다.

○ 삶의 질긴 고통에 대해 성 아우구스티누스는 이렇게 말했다. "죽임을 당하겠느냐 아니면 다시 유아가 되겠느냐고 선택하라면, 누가 죽음을 택하기를 주저하겠는가? 사실 유아가 웃음이 아니라 울음과 눈물로 이 세상의 삶을 시작한다는 것은 앞으로 당할 어려움을 무의식중에 예언하는 것이 아닌가?" 또한 에피쿠로스 철학자 루크레티우스는 "유아가 모태로부터 빛의 해안으로 보내졌을 때 사나운 파도에 의해 내동댕이쳐진 선원처럼 벌거벗은 채 슬픈 울음으로 그 장소를 채우는 것은 살아가며 그토록 많은 불행과 슬픔을 겪을 일만 남은 사람에게 적합한 모양새로다."고 읊조렸다. 언젠가 연로하신 부친께 젊은 날로 되돌아가고 싶은지를 여쭈었다. "옛날의 추억이 그리운 것도 있지만 다시 젊은 날로 되돌아가고 싶은 생각은 전혀 없구나. 그때

의 고난과 힘들었던 일들을 또다시 겪고 싶지는 않다." 하고 말하셨다. 그리고 연명을 위한 치료조차 거부하시고 84세가 되던 어버이날 조용히 삶을 마감했다. 키케로도 말했다. "신이 내게 노령을 취소하고 다시 어린 시절로 돌아가 요람에서 울 수 있는 기회를 준다면 나는 단연코 거절하겠다. 결승점이 코앞인데 다시 출발점으로 되돌아가라니 말이 되는가?" 소외와 가난을 견디지 못해 결국 죽음에 다다른 어느 젊은이가 생명의 불이 꺼지기를 앞두고 말했다. "이제 모든 것이 끝났다." 이는 아쉬움이나 절망의 목소리가 아니었다. 추측하자면 아마도 그 젊은이는 안티고노스 왕의 병든 병사와 같은 마음이었으리라.

✸ 스키피오 재판(BC 187~184년)

≪스키피오가 15년 이상이나 국가권력을 손안에서 쥐락펴락하는 동안에 점차로 적대 세력이 성장했다. 그의 탁월한 공적이 남의 시샘을 받는 것은 필연이었고, 이러한 시샘은 숨어서 기회를 노리다가 그가 약점을 보였을 때 고개를 내밀었다. 그때 그는 건강도 악화된 상태였고 용기와 지혜도 무디어진 상황이었다. 전쟁이 끝나고 평화가 오게 되면, 실력과 행동으로 세상을 이끄는 사람보다는 언변으로 먹고사는 사람이 득세하기 마련이다. 이제 스키피오는 국가의 배신을 맛보며 다른 자에게 권력을 넘겨주어야 했다.≫

○ 스키피오(Publius Cornelius Scipio)는 시리아의 안티오코스 3세와의 전쟁을 승리로 이끌었지만 정적인 카토(Marcus Porcius Cato)의 사주를 받은 호민관에게 고발을 당했다.(註. BC 205년 집정관 스키피오가 카르타고를 치기 위해 시킬리아에서 병사들을 모을 때 카토는 스키피오의 재무관이었다. 그때도 그는 스키피오를 고발했다.) 물론 피고는 집정관이었던 스키피오의 동생 루키우스 코르넬리우스 스키피오였다. 시리아와 전쟁 시에 동생 루키우스가 집정관이므로 사령관이었고 스키피오는 부장으로 싸웠다. 루키우스는 동료 집정관 라일리우스와 전쟁 지휘권을 두고 서로 경쟁했으나, 스키피오가 동생이 지휘권을 가진다면 자신이 부장으로 참전하겠다고 피력하자 원로원의 강력한 호응을 얻어 논쟁에 종지부를 찍고 출전할 수 있었다. 아마도 전쟁 영웅 스키피오가 부관으로 참전하여 동생에게 큰 영향력을 행사하면 쉽게 승리할 수 있다고 판단했기 때문이리라.(註. 전쟁 지휘권을 두고 서로 다투었지만 스키피오와 라일리우스의 우정은 변하지 않았고, 라일리우스는 역사가 폴리비오스에게 스키피오의 위대함을 상세히 증언했다.)

○ 스키피오 형제가 고발당한 것은 시리아와의 전쟁 시에 승리의 대가로 받은 배상금 500탈란톤의 용도가 명확하지 않다는 이유 때문이었다. 공금 횡령은 대중의 관심을 끌기에 충분했고, 공금이란 사용 용도를 숫자로 명확하게 해야 하는 것이었다. 게다가 시리아의 안티오코스와 싸울 때 스키피오의 아들이 안티오코스에게 사로잡힌 적이 있었다. 아들이 포로가 되었다는 소식에 스키피오는 큰 슬픔에 빠졌지만 안티오코스는 아들을 곧 풀어 주었다. 그 이후 스키피오는 아들의 목숨을 살려 준 데 대한 고마움에서인지, 아니면 정말로 아픈 것인지는 알 수 없어도 몸이 아프다는 이유로 전투에 직접 나서지 않았

다. 그럼에도 로마군은 스키피오의 동생 루키우스 코르넬리우스 스키피오의 지휘하에 처음으로 아시아로 진군하여 승리할 수 있었고, 루키우스는 아시아의 승리자란 의미로 '아시아티쿠스'란 칭호를 부여받았다. 이런 정황 등이 카토와 정적들의 의심을 사기에 충분했다. 피고는 사령관이었던 동생 루키우스였지만 스키피오의 실각을 노린 카토의 계획이었기에 처음부터 공금 횡령에 대한 실질적인 증거보다는 권력 남용을 탄핵하는 형식이었다.(註. 권력을 앞세워 공금을 남용하는 행위는 정적들이 공격하는 흔한 재료다. BC 4세기 에트루리아의 주요 도시인 베이이의 공략에 성공한 로마의 독재관 카밀루스는 평민들로부터 전리품의 사용처가 불분명하다는 이유로 고발되어 유랑의 길을 떠나기도 했다.)

○ 격노한 스키피오는 공금 사용에 대해 동생 루키우스가 원로원에서 답변하려고 하자 이를 제지하고 가져온 회계 장부를 빼앗아 그 자리에서 갈기갈기 찢어 버렸다. 그는 무시무시한 적장이 로마의 심장을 겨눈 치명적인 위험을 제거하고 로마를 감히 도전할 수 없는 패권 국가로 만든 다음, 상상조차 할 수 없는 부를 국가가 축적하도록 만들었건만 이제 그 사람을 보잘것없는 액수로 추궁하고 있다며 분노했다. 또 한번은 자마 전투 기념일에 재판이 열렸는데 그는 카피톨리움 신전으로 가서 신들에게 제물을 바치고 감사 기도를 드려야겠다며 재판 중에 자리를 뜨자, 재판관과 기소자 편에 선 몇몇을 제외한 수많은 사람들이 그를 따라 신전으로 가기도 했다. 이렇듯 스키피오에 대한 대중의 인기는 대단했지만 그의 혐의는 끝내 풀리지 않았다.

○ 병약했던 스키피오는 결국 리테르눔 별장에 틀어박혀 신병을 핑계로 재판에 응하지 않았다. 그렇게 되자 스키피오 탄핵의 중심에 있던 카

토는 결석 재판을 요구했다. 그때 노예 군단을 이끌고 한니발 전쟁 때 무공을 세웠던 그라쿠스 장군의 조카인 티베리우스 그라쿠스(註. 호민관 그라쿠스 형제의 아버지)가 분연히 일어서서 카토에게 말했다. "조국에 공헌하고 최고의 지위까지 오른 사람을 연단 아랫자리에 강제로 끌어 앉혀 놓아 탄핵과 비난을 듣도록 강요하고 철없는 어린아이의 욕설까지 듣게 하려는 것은 스키피오의 명예를 더럽히는 것보다는 오히려 로마 시민의 명예를 더럽히는 결과가 될 것이오." 스키피오의 정적으로 여겨지던 그라쿠스가 예상을 깨고 스키피오를 변호하자 시민들은 큰 감명을 받았고, 그렇게 하여 스키피오에 대한 탄핵은 중단되었다. 언젠가 스키피오가 빈정거리며 말했듯이 그들이 여태껏 스키피오를 공격할 수 있었던 것은 스키피오의 승리 덕분이었다.(註. 25년 전 무허가 불법 건축물을 철거하러 갔을 때였다. 그곳은 60세가 훨씬 넘은 노인 혼자서 천막으로 움막을 지어 기거하고 있었는데 겨울이 머지않아 추운 날씨였지만 움막 안은 냉골이었다. 게다가 그는 건강이 좋지 않았으며 무척 외로워 보였다. 살펴보니 천막 안쪽에 훈장 하나가 걸려 있었다. 화랑무공훈장이었다. 그 노인의 설명에 따르면 그는 6·25 전쟁에 참전하여 죽음의 문턱을 몇 번이나 넘은 끝에 무공을 세웠던 자였다. 조국을 막강한 적으로부터 온몸으로 지켜 낸 그였지만 돌아온 것은 가난과 고독이었으며, 그것도 모자라 무허가 천막에 기거하고 있다며 철거를 당할 처지에 있었던 것이다. 하지만 그곳에 갔던 어느 누구도 노인의 천막을 찢지 못하고 되돌아왔다. 이처럼 국가가 은혜를 입고도 배은망덕한 태도를 보이는 것이 어찌 스키피오만의 일이겠는가?)

○ 스키피오는 캄파니아의 리테르눔 별장에서 쓸쓸히 세상을 떠났다. 그때 그의 나이 54세였다. 그는 유배지나 다름없는 리테르눔 별장에

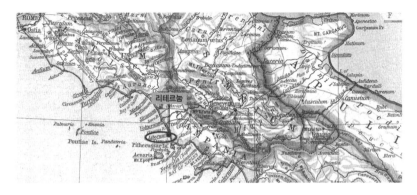

리테르눔

서 조국 로마가 자신이 베푼 은혜도 모르는 배은망덕한 국가라며 분노했다. 그러면서 자신의 유해조차 로마에 묻지 말라는 유언을 남겼다. 역사가 리비우스는 지중해에서 가장 막강한 두 국가가 그들의 최고 지휘관에게 은혜를 저버리는 짓을 거의 동시에 저질렀다고 기록했다. 다만 굳이 따진다면 둘 중 로마가 더욱 뻔뻔스러운데, 왜냐하면 카르타고는 패배한 뒤에 패장 한니발을 망명시켰지만, 로마는 승리에 차 있을 때 구국의 영웅 스키피오를 스스로 유배형에 처해지도록 몰아세웠기 때문이다. 우연의 일치겠지만 스키피오와 자웅을 겨루던 한니발도 로마군의 추적을 받다가 같은 해에 비티니아에서 독약을 마시고 65세의 나이로 죽음을 맞이했다. 영웅은 적절한 상대가 있어야 영웅으로서 가치를 인정받는다고 했다. 바꾸어 생각한다면 영웅의 한쪽이 쇠퇴하면 다른 한쪽도 힘이 기울어지고 만다는 의미리라. 이는 한니발의 쇠락이 스키피오 아프리카누스의 쇠락을 가져왔다는 것으로 입증되었다.

○ 훗날 스키피오 실각의 실마리가 된 500탈란톤은 동생인 루키우스가

군단의 잔치를 벌이는 데 사용했다는 것이 확인됨으로써 스키피오는 누명에서 벗어났다. 그러나 그것은 스키피오가 죽은 지 2년이 지난 후였다. 스키피오를 실각시킨 카토는 강철 같은 건강을 유지하며 86세까지 장수를 누렸다. 스키피오는 외적과의 전쟁에서는 이겼지만 내적과의 정쟁에서 패배했던 것이다.

○ 인간은 흔히 위대한 업적을 남긴 자를 바라볼 때 그의 도덕적 가치를 경시하고 질적인 것보다는 양적인 것을 중요시 여기는 경향이 있다. 그 때문인지 스키피오가 흠결 없는 정신으로 강력한 적을 상대로 완벽한 승리를 거두어 로마에 의한 지중해 질서를 열었지만, 카이사르는 물론 그에게 패배한 한니발보다도 후세 사람들에게 명성이 각인되지 못하고 교육받은 자라도 겨우 그의 이름 정도만 알게 되었다. 후세 사람들은 로마의 관용에 대해 자주 말하며 카이사르를 본보기로 삼지만, 아이네아스의 정신을 이어받은 로마의 관용과 화합은 바로 스키피오에서 찾을 수 있다. 카이사르의 관용은 로마인에게만 해당되었지만, 스키피오의 관용 정신은 히스파니아에서도 아프리카에서도 사그라지지 않았기 때문이다. 하지만 자신의 동포에게 배려하는 것은 쉽게 이해되는 반면 공포와 비참함을 겪게 한 원한에 싸인 적에게 관용을 베푼다는 것은 쉽게 납득되지 않는 법이다. 그래선지 훗날 로마 시민들은 스키피오에게 비난의 화살을 쏘아 대기도 했다. 게다가 역사가들조차도 그의 고귀한 품성과 놀라운 관용 정신을 잊은 것은 대개의 사람이란 자신이 이해하는 범위를 벗어나 있으면 싫어하는 속성이 있기 때문이 아닌가 한다.

처녀작이 나중에 쓰는 모든 작품의 기반을 이루는 것은 저술가에게만 적용
되는 것이 아니다.

- 카토는 스키피오가 시킬리아에서 아프리카 원정을 준비하고 있을
  때 군수 물자의 낭비가 심하다는 이유로 고발한 적이 있었다. 그러
  나 그때는 곧바로 자마 전투에서 스키피오가 승리하여 구국의 영
  웅이 되었기에 유야무야되고 말았다. 그러나 그 이후에 시리아와
  의 전쟁이 끝나고 전쟁 배상금을 횡령했다며 카토가 스키피오를
  다시 고발한 것에 대하여. 즉, 카토는 처음이나 나중에나 스키피
  오와 경쟁할 때 항상 고발을 자신의 무기로 삼았다.

카토의 악행과 기행

≪카토의 공정성과 청렴결백 그리고 성실성에 대해서는 논란의 여지
가 없지만 인간적인 약점과 편협한 집착에 있어서는 그도 예외가 아
니었다. 검약한 정신은 채무자에게 비난받을 수 있는 편집증으로 나
타났고, 권위는 노예들에게 비인간적인 학대의 형태로 나타났기 때문
이다.≫

○ 카토가 사들인 노예 중에는 전쟁 포로가 무척 많았다. 그는 이들을
  개나 말처럼 원하는 대로 키우고 훈련시켰다. 노예들은 카토가 어
  디서 무얼 하고 있는지 물으면 늘 모른다고 답하도록 훈련되어 있었

다.(註. 자신이 있는 곳을 남에게 비밀로 하는 것은 막강한 권력자가 지닌 습성이 아닌가 싶다. 이라크의 독재자 사담 후세인은 대통령궁의 경호원이나 비서들에게 누군가가 자신이 어디에 있는지를 물어 오면 항상 모른다고 대답할 것을 명령했다. 그러나 잠깐의 실수로 사담 후세인이 어디에 있는지를 알려 준 어느 경호원은 혀가 뽑히는 처벌을 당하고 살해되었다.) 카토의 노예들은 집 안에서 부지런하게 일을 하거나 아니면 잠을 자고 있어야 했다. 그것은 카토가 잠이 많은 노예는 잠이 없는 노예보다 더 순종적이며, 무슨 일이든 더 잘한다고 여겼기 때문이다. 그리고 늙거나 병든 노예는 늙은 황소, 출산력이 없는 양, 낡은 수레, 부서진 농기구처럼 더 이상 가치가 없어진 쓸모없는 것이라고 생각하여 헐값에라도 팔아 버리라고 했다. 또한 그는 노예들끼리 서로 단결하면 위험하다고 생각하여 그들 간에 파벌과 알력이 생겨나도록 의도적으로 부추겼다. 이는 아름다운 방법은 아니었으나 효과가 있어 훗날 로마가 정복한 국가들을 다스릴 때 적용한 방법이기도 했다. 로마인들은 이러한 통치 방식을 '분할하여 통치하라(divide et impera).'는 경구로 남겼다. 즉 정복한 국가에 부유한 권문세가로 구성된 정부를 세워 가난한 민중과 얼마간 격한 대립을 갖게 만든 다음, 피정복 국가의 정부와 귀족들이 어쩔 수 없이 로마에 기대게 했던 것이다.

○ 또한 카토는 노예가 잘못을 저지르는 원인이 성적 욕구 때문이라고 믿고, 남자 노예가 정해진 금액을 지불하고 같은 파밀리아에 속한 여자 노예와 관계를 맺는 것을 허용했다. 그러나 그 외의 다른 여자에게는 접근하지 못하도록 했다.(註. 같은 파밀리아에 속한 남자 노예가 여자 노예에게 일정 금액을 지불하더라도 최종적으로 노예 소유주의

재산이었으므로 노예 소유주의 재산에는 변동이 없다. 파밀리아familia는 '한 가부장이 거느린 노예 무리'를 말하며, 훗날 '가족'이란 의미로 확장되었다.)

○ 군 복무를 할 나이가 되었던 젊은 시절의 카토는 재산이 없기도 했지만 먹고 마실 것에 대하여 불평을 전혀 하지 않았다. 그러나 형편이 나아진 후로는 잔치를 벌일 때, 음식을 만들거나 시중을 드는 데 소홀히 한 노예가 있으면 식사가 끝나자마자 즉시 채찍질을 가하곤 했다. 그리고 노예들끼리 서로 편을 갈라 싸우도록 이간질을 했는데, 이것은 그들이 사이좋게 지내면 합심하여 주인에게 배반을 하거나 폭동을 일으킬 수 있다고 의심하고 두려워했기 때문이다. 만약 극악한 범죄가 의심되는 노예가 있으면 다른 노예들이 보는 앞에서 재판을 하였고, 유죄로 판정되면 바로 처형했다.(註. 이렇듯 잔혹했던 노예에 대한 처우가 BC 2세기 말 노예 반란을 거치면서, 마침내 BC 1세기 테렌티우스 바로는 페쿨리움peculium이라는 특유 재산을 노예가 가질 수 있게 했으며 동일한 결과가 나올 수 있다면 말보다 채찍으로 다스려서는 안 된다며 채찍과 당근을 병행하도록 권장했다.)

○ 그렇지만 카토의 아내는 유모 없이 직접 아이를 키우며, 형제애가 우러나게 하기 위해서 노예의 갓난아이에게도 젖을 물리기도 했다. 훗날 키케로의 경우에도 유모들과 학교를 오갈 때 동행했던 오랜 노예들을 소홀히 대해서는 안 된다고 단언했으니, 이는 카토 아내의 판단이 로마 최고 지성인의 생각과 다르지 않았기 때문이다.(註. 키케로가 인간 평등을 주장하긴 했으나, 폭풍우가 몰아치는 바다 한가운데서 배의 무게를 줄일 수밖에 없을 때 값비싼 말과 노예 중 어느 것을 먼저 버려야 할 것인지 얼른 판단이 서지 않는다고 했다. 그러면서 이해관계에 충

실하자면 값비싼 말보다는 노예를 먼저 바다에 내던지라고 충고했다. 이는 그가 인도주의를 찬양했지만 그보다는 귀족적이고 타산적인 현실주의자였던 것을 알려 주는 것이고, 이 점에서는 카토도 마찬가지였다.)

○ 청렴한 관리였던 카토는 재물에 대해서 검소한 만큼 부를 모으는 데에서도 신중하며 집착했다. 신용이 확실한 사람에게만 금전을 대여했으며, 그렇지 못할 경우에는 채무자들끼리 연대하도록 하여 금전을 빌려주는 데 따른 위험을 감소시킨 후에야 돈을 빌려주었다. 아들에게도 재산을 늘리는 법을 배우라고 다그쳤고, 상속받은 것보다도 상속해 줄 것이 많도록 재산을 늘려야 칭송받을 만하다고 말하기도 했다.

| 마음에 새기는 말 |

법과 정의는 인간에게만 적용되는 것이지만, 너그러움과 인정은 말 못하는 짐승에까지 도달할 정도로 그 범위가 넓다.

– 카토는 노예를 마치 짐승처럼 취급하여 젊고 힘 있을 때 부리다가 나이가 들어 늙어지고 쓸모가 없어지면 팔아 버렸다. 게다가 가족을 이루고 있는 나이 든 노예를 매각하는 것은 늙어서 자신의 가족들과 생이별을 시키는 비정한 행위였다. 이러함은 사람과 사람 사이에 필요성을 제외한 그 어떤 끈도 존재하지 않는다고 생각하는 냉혹함에서 생겨나는 것이라고 비판하면서.

☀ 카토의 구혼

≪엄격한 카토도 자신의 건장한 육체로부터 나오는 욕정을 감당하지 못했다. 귀족의 행동과 규율을 규정짓던 그는 아내와의 사별 후에 자신의 명예를 지키기 위해서라도 결국 재혼을 결심했다. 처가는 자신의 클리엔스 집안이었으며, 신부와 나이 차이 그리고 가문의 격차는 현격했으나 이를 극복하고 장인 될 사람과 사윗감은 서로 간에 청혼하고 결혼을 약속했다. 하지만 이것은 감찰관을 역임한 자로서 절제된 행동이 아니었다. 다만 카토의 행운을 말하자면 그가 둘째 아내로부터 얻게 된 자식이 대를 잇게 되었다는 것이다.≫

○ 카토의 아내는 카토보다 일찍 세상을 떠났다. 아내와 사별한 후에도 카토는 건강하고 기력이 좋았을 뿐 아니라, 나이가 많았지만 왕성한 성욕을 견디지 못했다. 그래서 홀아비가 된 카토는 남몰래 자신의 침실로 노예 소녀를 불러 위안을 받았다. 그런데 이 일을 아들 내외에게 들키고 말았다. 하루는 노예 소녀가 도도하고 당당한 발걸음으로 카토의 침실로 들어가는 것을 아들 내외가 보았던 것이다. 그때 카토는 언짢은 표정으로 말없이 외면하는 아들을 보았다. 자신이 아들 내외를 불편하게 하고 있음을 알게 된 카토는 다른 방도를 마련해야겠다고 마음속으로 다짐했다.

○ 하루는 클리엔스들과 광장으로 가는 길에 큰 소리로 살로니우스라는 자를 불렀다. 그는 한때 카토 밑에서 일했던 자신의 클리엔스(註. cliens. 귀족의 보호를 받는 피보호 평민)였다. 카토의 일행과 같이 걷게 된 살로니우스에게 카토는 그의 어린 딸이 결혼을 했느냐고 물었다.

살로니우스는 자신의 파트로누스인 카토의 조언을 구하지 않고 감히 어떻게 결혼을 시키겠느냐고 반문했다. 그러자 카토가 말했다. "그럼 잘됐네. 나이가 많다는 것을 제외하면 훌륭한 사윗감을 내가 알고

▌ 포룸 로마눔(로마 광장)

있네. 아주 늙었다는 것을 문제 삼지 않는다면 으뜸가는 사윗감인데 어떤가?" 살로니우스는 스스로도 카토에게 의지하고 있으며, 딸 역시도 살아가자면 카토의 도움이 필요할 것이므로 카토가 말한 남자와 결혼을 성사시켜 달라고 간청했다. 그러자 카토가 말했다. "그 사윗감이 바로 날세. 딸을 내 아내로 줄 수 있겠나?" 살로니우스는 이 말에 놀라 입이 다물어지지 않았다. 카토는 결혼하기에 너무 늙기도 했지만, 집정관을 지내고 개선식의 영예까지 누린 집안과 혼사를 맺기에는 자신의 지위가 너무 미천하다고도 여겼기 때문이다. 그러나 카토의 말이 진심에서 우러나온 말이라는 것을 알게 되자 사윗감의 청을 받아들여 광장에 도착하자마자 결혼을 약속했다.

○ 아버지의 혼사 얘기를 듣자 지난번 여자 노예의 일을 상기한 카토의 아들은 아버지를 뵙고, 혹시 자신에게 불만이 있어 새어머니를 들이려는 것인지를 여쭈었다. 카토는 이렇게 말했다. "말도 안 되는 소리구나. 넌 언제나 나무랄 데 없는 아들이다. 다만 이 나라에 너 같은 아들을 더 낳아 주고 싶을 뿐이다."

○ 카토는 둘째 아내로부터 아들을 얻었고, 외할아버지의 이름을 따서

'살로니우스'라고 지었다. 첫 아내로부터 얻은 아들은 집정관을 지내
지 못하고 죽었고, 살로니우스 역시 집정관에 오르지 못했다. 그러
나 살로니우스의 아들은 로마의 최고위직인 집정관을 지냈다.

※ 필립포스 5세의 회한(BC 179년)

≪인간이란 이성보다는 감정이 앞서기 마련이다. 자신의 약점이나 분
노와 관련이 있으면 더욱 그러하다. 마케도니아 왕자 페르세오스는
아버지의 깊은 심중을 읽고 있었고, 더욱이 그 부분은 필립포스의 이
성이 작동하지 못하는 곳이었다.≫

○ 마케도니아 왕 필립포스 5세는 한니발이 기세등등하게 승전을 거듭
하여 로마에게 패배를 안겨 주자, 제2차 포에니 전쟁이 한창인 BC
215년 한니발과 동맹을 맺고 로마에 대항했다. 그러다가 BC 205년
유리한 조건으로 강화 조약(註. 포이니케 조약)을 맺고 종결되었다.

하지만 그의 야심은 다시금 동쪽을 향했고 로마는 그의 야심을 저지하기에 이르렀다. BC 197년 키노스케팔라이 전투에서 티투스 플라미니누스에게 결정적인 패배를 당한 필립포스는 강화 조약을 체결하기 위해 1,000탈란톤의 배상금을 물어야 했고 10척을 제외한 모든 함선들을 빼앗겼으며 작은아들 데메트리오스를 포함한 많은 인질을 로마로 보내야 했다. 또한 그 이후에는 로마의 협박에 못 이겨 마음에도 없이 로마의 동맹국이 되어 시리아 왕 안티오코스 3세의 파멸을 위한 전쟁까지 치러야 했다.

○ 로마에 인질로 끌려간 데메트리오스가 겪은 로마에서의 인질 생활은 가혹한 것이 아니었다. 그곳 귀족의 집안에 보내어져 귀족 자제와 같이 교육하고 생활하는 것이었다. 로마인들의 생각은 인질을 통해서 로마에 반기를 들지 못하도록 할 뿐만 아니라, 친로마파를 만드는 것이 그 목적이었기 때문이다. 요컨대 로마인들은 패전국의 지도자 아들을 인질로 데려가 그들의 뿌리를 멸시하고 로마의 문화를 존중하도록 가르친 다음 고국으로 돌려보내, 패전국 내에서 발생하는 반로마적 성향을 미리 제거하도록 했던 것이다. 이러한 결과였는지 몰라도 인질 생활을 끝낸 데메트리오스는 완전한 친로마파가 되어서 귀국했다. 당연한 결과이지만 그의 말과 행동은 항상 로마에 호의적이 될 수밖에 없었다.

○ 데메트리오스가 로마로 돌아올 수 있었던 것은 로마 장군 티투스 플라미니누스의 호의적인 노력 덕택이었다. 플라미니누스는 로마가 마케도니아에게 부과한 1,000탈란톤의 전쟁 배상금을 면제받을 수 있도록 배려해 주었을 뿐 아니라 인질로 잡혀간 데메트리오스도 돌아올 수 있게 한 것이다. 데메트리오스가 귀국하자 필립포스의 큰아들

페르세오스는 제위를 놓고 동생과 소리 없는 경쟁을 벌일 수밖에 없는 처지가 되었다. 그는 로마에게 짓밟힌 아버지의 야심과 실패를 항상 옆에서 지켜보아 왔기에, 약소국의 군주가 지니고 있던 속마음을 훤히 꿰뚫고 있었다. 결국 페르세오스는 아버지에게 데메트리오스가 로마와 밀약을 맺고 마케도니아의 주권을 넘기려 한다고 밀고하게 되었다.(註. 마케도니아의 주권을 넘기려 한다는 말은 꾸며 낸 것일지라도, 데메트리오스가 왕이 되려 한다면 로마는 친로마파인 그를 위해 기꺼이 뒤를 봐주겠다는 언질을 했을 수도 있다.) 당연했지만 필립포스는 격노했다. 큰아들의 속삭임에 필립포스는 사실 여부를 확인하지도 않은 채, 데메트리오스를 독살하고 말았다.

○ 사실 필립포스 5세는 첫째 아들이지만 첩의 자식인 페르세오스보다는 정실의 아들인 데메트리오스를 끔찍이도 사랑했으며, 마케도니아의 제위를 넘겨주려고도 생각하고 있었다. 전해지는 말에 따르면 페르세오스의 친어머니는 아르고스 여인으로서 마케도니아 왕궁에서 허드렛일을 했다고 한다. 그때까지 아들을 낳지 못했던 필립포스의 아내는 아르고스 여인이 페르세오스를 낳자마자 아기를 데려와 제 자식이라고 속여 키웠다. 페르세오스는 성장하여 자신의 출생 비밀을 알게 되었고, 그것이 밝혀질까 두려워하기도 했었다. 아마 페르세오스가 동생을 죽이고 왕위에 오르려고 마음먹은 데는 자신의 불리한 출생도 하나의 이유가 되었으리라.

○ 필립포스는 데메트리오스를 죽인 지 얼마 되지 않아 그가 모함을 받았다는 것을 알았지만 이미 되돌릴 수 없었다. 필립포스는 엄청난 슬픔과 자책감에 시달려 잠도 제대로 잘 수 없을 정도였고, 마음의 병은 곧 육체의 병이 되어 얼마 후 세상을 뜨고 말았다. 그때가 BC 179

년이었고 왕위는 페르세오스가 이어받았다. 그는 아버지로부터 권력뿐 아니라 로마에 대한 증오심까지도 물려받았으나, BC 168년 로마 장군 루키우스 아이밀리우스 파울루스 마케도니쿠스에게 패배하여 마케도니아의 마지막 왕이 되었다.

○ 플루타르코스에 따르면 필립포스는 후견인이나 다름없는 그리스 아카이아 동맹군 사령관 아라토스를 죽일 만큼 권력을 제멋대로 휘두른 포악하고 잔혹한 군주였다. 게다가 로마에 인질로 갔다가 귀환한 자신의 작은아들 데메트리오스에게 시민들이 호의와 존경을 보내자 시기와 질투를 참지 못하고 살해했다고 단죄했다. 하지만 이런 평가에는 진실성이 담겨 있기보다는 플루타르코스가 마케도니아를 싫어하는 그리스인이었다는 것이 크게 작용했으리라. 그렇더라도 필립포스가 많은 사람들을 살해한 것은 사실인 것 같다. 로마와 강화 조약을 맺고자 그가 티투스 플라미니누스와 마주 앉았을 때, 자신은 혼자 왔지만 플라미니누스는 많은 사람들을 거느리고 왔다며 빈정거리자 플라미니누스가 이렇게 대답했기 때문이다. "옳은 말씀이지요. 왕께서 그렇게도 많은 가족과 친구들을 죽였으니 이렇듯 혼자가 되고 마는 것입니다."

| 마음에 새기는 말 |

조언은 말해야 할 때 침묵하고 침묵해야 할 때 말한다면 위험하다.

- 필립포스 5세의 아들로서 그의 뒤를 이어 마케도니아 왕이 된 페르세오스는 피드나 전투에서 로마 장군 루키우스 아이밀리우스 파울루스(註. Lucius Aemilius Paulus. 훗날 그는 마케도니아를 정복한

공로로 '마케도니쿠스 Macedonicus'란 별칭을 얻었다.)에게 결정적인 패배를 당한 후 영토와 국민들을 버리고 측근들과 달아났다. 그 전

▌ 페르세오스가 새겨진 주화

투는 오후 3시부터 시작된 불과 1시간가량의 전투였다. 패전 후 도주하던 그는 펠라에서 잠시 쉬게 되어 지나간 일들을 되짚어 볼 시간을 갖게 되었다. 그때 재무를 담당했던 에욱토스와 에울라이오스가 페르세오스를 찾아왔다. 그들은 페르세오스에게 그의 파멸을 초래한 많은 과오에 대해 너무 과감하고 솔직하게 말했다. 그러자 페르세오스는 소리치며 말했다. "반역자, 그래서 너는 내가 더 이상 아무런 희망도 없을 때까지 나에게 조언하는 것을 미루었구나!" 이 말과 함께 페르세오스는 가지고 있던 단검으로 그자들을 죽여 버렸다. 그 측근들은 말해야 할 때 침묵했고, 침묵해야 할 때 말했기 때문에 죽게 된 것이다.(註. 결국 페르세오스는 로마군에게 사로잡힌 다음 쇠사슬에 묶여 아이밀리우스 파울루스의 개선식 때에 온몸을 검게 칠하고 개선식 행렬을 따라 걷는 수모를 겪은 후, 감시 속에 살다가 얼마 후 스스로 곡기를 끊고 굶어 죽었다. 이렇게 하

▌ 펠라, 피드나

여 알렉산드로스 대왕의 영예에 빛나는 마케도니아 왕국은 세상에서 사라졌다. 역사가 플루타르코스에 따르면 승리자 아이밀리우스 파울루스는 '로마에서 가장 자상한 아버지'였으나, 개선식 5일 전에 둘째

아내로부터 낳은 14세가 된 아들이 죽었고, 개선식이 끝난 3일 후에 같은 아내로부터 얻은 12세의 아들이 세상을 떠났다. 이를 두고 당시 로마 사람들은 행운의 여신은 행운뿐 아니라 시기와 질투를 함께 가져 오는 잔인함 때문이라고 했으며, 게다가 그가 개선식 전에 만약 자신 의 공훈이나 행운을 시기하는 신이 있다면 그 화를 조국이 아닌 자신 에게만 미치게 해 달라고 기도했기 때문이라고도 했다. 하지만 아이 밀리우스의 불행은 전쟁의 승리란 수많은 사람들의 목숨을 빼앗은 결 과이므로 그때 죽은 영혼들의 분노 때문이기도 했으리라 여겨진다. 더군다나 그는 피드나 전투에서 승리한 다음 해인 BC 167년 모든 병 사들이 보는 앞에서 탈영병들을 모아 놓고 코끼리로 짓밟아 죽이는 잔 혹성을 보였다.)

※ 부부의 이혼에 대하여

≪애정으로 이루어진 관계에서 심각한 문제는 큰 것이 아니라 사소 한 것부터 발생하기 마련이다. 결국 부부 사이에는 조그맣고 작은 것 에 상대의 마음을 상하지 않게 하는 데서 지속적인 애정이 유지되기 쉽다. 3세기 알렉산데르 황제의 근위대장이자 법률가였던 울피아누스 는 "결혼이란 함께 산다고 해서 성립되는 것이 아니라 의지(볼룬타스 voluntas)를 통해 성립된다."고 정의했다.≫

○ 마케도니아의 마지막 왕 페르세오스를 파멸시킨 루키우스 아이밀리 우스 파울루스 마케도니쿠스는 칸나이 전투에서 죽음을 맞았던 집정

관 아이밀리우스 파울루스의 아들이었다. 그의 아내는 집정관을 지낸 파피리우스 마소의 딸 파피리아였다. 아이밀리우스와 파피리아는 자식들을 낳고 꽤 오랫동안 행복하게 살았으나 이혼을 하고 말았다. 한때 사이가 좋았던 그들이 왜 이혼한지는 알 수 없으나, 로마에서 전해지는 아래 이야기가 이혼에 대한 타당한 이유가 될 것 같다.(註. 할리카르나수스의 디오니시오스에 따르면 BC 230년 스푸리우스 카르빌리우스가 불임을 이유로 로마 창건 이래 처음 아내와 이혼했다고 전한다. 다만 디오니시오스와는 달리 플루타르코스는 그 이혼이 로마 건국 230년 만의 일이라고 했다. 이혼 규정은 12표법에도 없었지만 남편이 아내에게 "네 것은 네가 가져가!Tuas res tibi habeto!"라고 말함으로써 이혼이 성립되었다.)

○ 어떤 로마인이 아내와 이혼을 했는데 그의 친구들은 의아해하면서 타박하는 투로 말했다. "자네의 아내는 아름다우면서도 정숙하지 않았나? 그리고 건강한 아들도 몇이나 낳아 주지 않았는가?" 그러자 그 로마인은 자기가 신고 있던 칼케우스(註. calceus. 남녀가 사용한 구두로

▌ 칼케우스

서 가죽 줄을 발등에서부터 교차해서 올려 묶었다.)를 보여 주면서 말했다. "이 구두 어떤가? 새것이기도 하고 보기에도 훌륭하지? 그런데 이 구두 때문에 내 발 어디가 불편한지 자네들이 알겠는가?"

○ 크고 심각한 잘못으로 이혼하는 경우도 있긴 하다. 하지만 작은 흠이나 성격 차이로 일어난 사소한 다툼과 빈번한 마찰이 남들에게는 보

이지 않지만 인생이 서로 얽혀 있는 부부 사이에 돌이킬 수 없이 멀어지는 원인이 된다. 결혼이 당사자의 동의를 통해 성립되느니만큼 부부간의 사랑과 존중이 사라지면 결혼 생활도 막을 내린다는 것이 당시 로마인들의 생각이었다. 이것은 지금으로부터 1,900년 전에 살았던 역사가 플루타르코스의 말이지만 지금도 고개가 끄덕여지는 현명하고도 적절한 생각이다.

※ 코린토스의 멸망(BC 146년)

≪서로 다른 문화와 가치관을 가진 사람들 간에는 생각과 판단에 혼란이 생기는 법이다. 로마의 방식이 그리스의 오만과 방종을 가져왔겠지만, 엄격하게 말하자면 코린토스의 멸망은 그리스의 방식에 대한 로마의 이해 부족에서 비롯되었다고 보는 것이 온당하다.≫

○ 로마는 그리스 도시 국가들의 요청에 따라, 마케도니아 왕 페르세오스의 서자를 자칭하는 자가 일으킨 반란을 진압하고 마케도니아를 속주화했다. 그런데 당시 그리스의 관례에 따르면 군사적인 도움을 주었다면 도움을 받은 국가에게 독립과 자치에 반하는 어떤 요구를 하는 것이 일반적이었다. 그럼에도 로마는 다른 그리스 도시 국가의 독립과 자치를 계속 존중해 주었다.
○ 하지만 로마가 그리스인들을 '친구(아미쿠스amicus)'라고 부르며 독립과 자치를 허용하고 자유를 부여한 것은 파트로누스와 클리엔스 관

계를 의미했다. 따라서 클리엔스가 된 그리스는 파트로누스인 로마에게 도덕적 의무의 이행, 다시 말해 파트로누스의 뜻을 존중하며 따라야 했다. 하지만 로마의 오래된 이 관례를 그리스인들은 잘못 이해했다. 그들은 자유를 부여한 로마의 처분을 자유롭게 자신들의 일을 마음대로 처리해도 된다는 의미로 해석했기 때문이다. 게다가 로마가 문화적 열등감에 있기 때문에 승리자의 잔혹한 권리를 행사하지 않는다고 생각했다. 문화의 차이로 생긴 이 오해 때문에 불행한 일이 예고되었다.

○ 이 무렵 그리스 도시 국가의 하나인 코린토스(註. 성서에 '고린도'로 되어 있다.)를 방문한 로마 원로원 의원들이 코린토스 시민들에게 무례한 대우를 받는 사건이 발생했다. 이들 원로원 의원들은 로마에 반기를 들고 있는 아카이아 동맹에서 도시를 탈퇴시킬 목적을 가지고 사절의 자격으로 코린토스를 방문했지만 시민들의 폭력 속에 쫓겨난 것이다. 로마인들이 그리스의 문화를 존중했지만 그리스인들은 로마인들이 저자세를 보이는 것은 열등감 때문이라고 해석한 것이다. 그리스인들이 이렇게 생각한 것은 어느 면에서는 사실이었다. 왜냐하면 로마인들이 그리스에서는 품위 있고 아량 있는 행동과 선택을 했지만, 히스파니아와 갈리아에서는 무자비한 잔혹함과 부패한 행위를 보였기 때문이다.

○ 하지만 자존심이 상해 버린 로마는 그리스에 대한 관용주의를 포기하기에 이르렀다. 마침내 로마군은 아카이아 동맹군을 격파한 후 코린토스 사람들이 지난번 로마 원로원 의원들에게 난폭하게 굴었던 것에 앙심을 품고, 그들이 로마에 음모를 꾸민다고 꼬투리를 잡아 코린토스를 철저하게 약탈하고 파괴했다. 주민들은 남녀노소를 불문

■ 코린토스의 유적

하고 노예로 팔렸으며, 도시 전체가 송두리째 제거되었다. 이 작전을 지휘했던 집정관 뭄미우스(Lucius Mummius Achaicus)는 가치 있는 예술품까지도 철저하게 파괴한 후 코린토스를 멸망시켰다. 심지어 그는 약탈한 예술품을 선박에 실은 다음 선장에게 만약 이 물건들을 옮기다가 부서진다면 새것으로 바꿔 놓아야 한다고 다짐을 받을 만큼 몰상식한 자였다. 그리스 도시 자체를 지상에서 말살하는 행위는 로마 건국 이래 처음이었으며, 코린토스는 오만불손한 그리스인들에게 본보기가 되었다.(註. 훗날 BC 1세기 때 로마 장군 루쿨루스는 소아시아 흑해에 면한 아미소스를 점령할 때, 폰투스 왕 미트라다테스의 지휘관인 칼리마코스가 도시를 버리면서 불을 지르고 달아났다. 이것은 재물이 로마군의 손에 들어가는 것을 막기 위해서였기도 하거니와 그러한 혼란을 발생시켜 도망치는 데 도움이 될 수도 있었기 때문이다. 이때 루쿨루스는 불꽃에 사라져 가는 도시가 안타까워 불길을 잡으라는 명령을 내렸으나, 병사들은 모두 전리품을 획득하는 데에만 관심을 보이면서 오히려 사령관에게 약탈할 수 있도록 허락해 달라고 압박했다. 그는 병사들의 요구를 들어주면 그들이 도시를 약탈하면서도 불길을 막아 줄 것이라고 믿고서 약탈을 허락했으나, 오히려 병사들은 횃불을 들고 거리를 누비면서 온 도시를 파괴하여 잿더미로 만드는 만행을 자행했다. 새벽에 성문에 들어선 루쿨루스는 아미소스의 파괴를 보고 울음을 터뜨리며 통곡했다. "술라가 아테네를 구할 수 있었던 본보기를 따르려던 나에게 하늘은 고작 뭄미우스의 수준으로 끌어내리셨구나!" 루쿨루스가 눈물을 글썽이며 도시의 재건을 위해 노력을 다하자, 병사들도 감명을 받아 건물을 다시 세우고 피난 갔던 주민들도 다시 불러 모아 토지를 나누어 주었다고 전한다.)

※ 카르타고의 멸망(BC 146년, 제3차 포에니 전쟁)

≪약속은 상대가 믿을 수 있도록 신속하고 완전하게 지켜져야 한다. 국가 간의 조약이 국론 분열로 그 이행이 분명하지 않다면 비참한 결과를 초래하기 때문이다. 카르타고는 국론의 방향을 정하는 데 실패했고, 로마를 설득하는 데도 실패했다. 게다가 그들은 영토 확장이라는 먹잇감을 노리던 대단히 위험한 이웃 누미디아를 경계해야 했지만 그 심각성을 미처 깨닫지도 못했다.≫

○ 제2차 포에니 전쟁이 끝나고 거의 반세기가 흐르는 동안 카르타고는 패전국이면서도 과거의 번영을 되찾았다. 하지만 인접국 누미디아

왕 마시니사는 자신의 군사력을 믿고 카르타고를 정벌하고자 기회를 노렸다. 사실 카르타고의 위세가 지중해에 떨치고 있을 때 누미디아의 부족들은 카르타고의 발아래에 무릎을 꿇곤 했으므로 두 국가는 줄곧 서로에게 긴장감을 늦추지 않았다.

○ BC 193년 마시니사는 무력으로 카르타고의 가장 비옥한 땅을 약탈하여 차지했고, BC 172년 또다시 카르타고 영토를 침공하여 70개의 마을을 약탈했다. 그러자 카르타고는 로마 원로원에 사절을 보내 자신들이 무력을 행사할 수 있도록 해 주거나 불법 침략에 제동을 가할 집행 권한을 가진 법원을 설치해 달라고 요구하면서, 만약 그렇지 않다면 국토를 야금야금 빼앗기느니 차라리 로마의 속국이 되는 것이 낫다고 호소했다. 로마는 동맹국 누미디아가 카르타고의 영토를 침범하지 않을 것이라고 예측했는지 카르타고 사절의 호소에도 꿈쩍하지 않았다. 갖은 호소와 탄원에 로마에서 조사관이 파견되긴 했지만, 조사관은 아프리카에 도착하여 오래도록 조사를 해도 아무런 결론을 내리지 않거나 로마에서 심리가 이루어져도 지연시키기 일쑤였다.

○ 마침내 로마의 이러한 태도에 염증을 느끼고 인내의 한계에 다다른 카르타고는 누미디아의 세력 확장을 막고자 6만 명이나 되는 용병을 끌어모았다. 이렇게 되자 두 국가 간의 전쟁은 피할 수 없게 되었다. 이를 안 로마는 친카르타고파인 스키피오 나시카 코르쿨룸의 노력으로 카르타고까지 쳐들어온 누미디아 군을 자국 영토로 돌려보내는 데 겨우 성공했다. 그러면서 카르타고에게도 용병 해체를 요구했다. 하지만 카르타고는 로마의 요구를 거부했을 뿐 아니라 오히려 이 기회에 누미디아의 기세를 완전히 꺾고자 용병들을 이끌고 누미디아로

쳐들어갔다. 이는 제2차 포에니 전쟁에 따른 강화 조약 위반이었다. 그 조약에 의하면 카르타고는 로마의 승인 없이는 타국을 침공할 수 없도록 되어 있었기 때문이다.

○ 이렇게 되자 로마는 大 카토를 대표로 카르타고와 누미디아 사이의 영토 분쟁을 해결하기 위해 중재단을 카르타고에 보냈다. 그때 카토는 카르타고의 번영과 부를 보고 놀라워하며 카르타고가 또다시 군사력을 키워 로마에 대항하는 것을 막자면 아예 카르타고를 멸망시켜야 한다고 생각하기에 이르렀다. 大 카토를 중심으로 하는 로마의 강경파들은 카르타고가 멸망되어야 한다고 주장하며 이렇게 외쳤다. "카르타고를 부숴야 한다(Carthago delenda est)!" 그러나 원로원 의원 중에는 스키피오 나시카 코르쿨룸(註. 스키피오 아프리카누스의 맏사위이자 당질이었다.) 등 친카르타고파들도 많았으므로 카르타고를 존립시켜야 한다는 의견과 멸망되어야 한다는 주장은 팽팽히 맞섰다. 그들은 카르타고를 존속시켜야 사치와 향락에 빠진 로마가 카르타고에 대한 두려움 때문에 기강을 지킬 수 있다고 주장했다.

○ 원로원 의원들의 설득에 고심하던 카토는 신선한 무화과를 가득 채운 양동이를 하나 들고 원로원을 찾아갔다. 그 무화과는 크기도 대단했으며 싱그러움으로 가득 찬 것이었다. 카토는 그곳에 모인 의원들에게 말했다. "이 과일이 언제 수확된 것이라고 생각하시오? 카르타고에서 불과 3일 전에 수확한 것이오. 즉, 우리의 성벽과 적과의 거리는 3일에 불과하단 말이오." 현실을 깨닫게 한 카토의 극적인 이 말에 원로원 의원들은 새삼 충격을 받고 놀랐다.(註. 카토가 카르타고의 멸망을 바란 것은 포도주와 올리브의 생산에서 경쟁자였던 카르타고를 제거하려고 했기 때문이라는 견해를 주장하는 학자도 있다. 카토는 자신

의 저서 『농업론De Agricultura』에서 100유게룸의 포도 농장과 240유게룸 올리브 농장을 예로 들었을 만큼 로마 상류층에서는 농장 운영으로 수익을 올리고 있었다. 그리고 카르타고의 무화과가 로마에 도착하자면 5일은 걸려야 하는 거리인 것을 카토가 과장했다고 한다.) 결국 원로원은 카토의 설득을 받아들여 제3차 포에니 전쟁을 승인하기에 이르렀고 카르타고에 4개 군단을 보내기로 결정했다. 그리고 카토는 전쟁을 승인하던 BC 149년 그해에 삶을 마감했다.

○ 원로원이 카르타고와 전쟁을 결정한 데는 또 다른 이유가 있었다. BC 218년 호민관 퀸투스 클라디우스의 발의로 제정된 클라우디우스 법에 따르면 원로원 의원들은 부동산을 제외한 무역업과 공업 등에 투자하지 못하게 규정되어 있었다.(註. 클라우디우스 법에 따르면 원로원 의원들이 300암포라amphora, 즉 6톤 이상을 선적할 수 있는 배를 소유하는 것이 금지되었다. 무역업에 사용되는 배는 대개 400톤 규모이므로 사실상 클라우디우스 법은 원로원 의원들의 무역업을 금지한 것이나 다름없었다. 암포라는 액체를 담을 수 있는 양쪽에 손잡이가 달린 항아리로 크기가 각각 달랐지만 대개는 약 20ℓ였다. 로마에서 농업과 상공업의 비중을 20:1 정도로 추측한다.)(註. 클라디우스 법은 BC 223년 집정관을 역임했던 가이우스 플라미니우스의 적극적인 지지로 통과되었다. 이 법이 통과되자 플라미니우스는 원로원 의원들로부터 분노를 샀지만 대중의 격찬을 받아 BC 217년 집정관에 재선되었다. BC 217 집정관이 된 그는 트라시메누스 전투에서 한니발과 싸우다가 전사했다. 유명한 플라미니아 가도는 BC 220년 그가 건설한 도로였다.) 원로원 의원들이 영리 행위를 하는 것은 격에 어울리지 않는 것으로 간주되었기 때문이다. 그럼에도 불구하고 대부분의 의원들은 해방 노예를 대리인으로 세워

비밀리에 투자하여 이익을 챙겼으며, 상업이 타인의 증오심이나 악평의 대상이 될 수 있다고 말했던 카토도 예외가 아니어서 자신의 해방 노예 쿠인투스를 통해 해외 무역과 관련한 조선소들과

| 우티카, 카르타고

해운 회사들에 많은 투자를 하고 있었다.(註. 상업에서의 노예 대리인을 '악토르actor', 농업의 대리인을 '빌리쿠스vilicus'라고 일컫지만 서로 혼용하기도 했다.) 게다가 카르타고는 제2차 포에니 전쟁의 배상금을 모두 갚았으므로, 카르타고의 농산품과 무역은 로마의 강력한 경쟁이 될 뿐이었다. 즉, 마시니사는 전쟁을 하고 싶어 안달이 난 로마에게 그 원인을 제공한 것이다.

○ 로마가 전쟁을 선포하자 이에 놀란 카르타고는 급히 로마에 사절을 보내 용병 부대의 해체와 지휘관 처형을 약속했다. 카르타고 정부는 로마와의 전쟁을 원하지 않았던 것이다. 하지만 그들은 의견이 분열되어 로마와의 약속을 신속하게 이행하지 못하고 머무적거렸다. 사태가 이렇게 되자, 카르타고의 태도에 위기를 느낀 우티카를 비롯한 인접 도시들은 로마와 카르타고 사이에 전쟁이 일어나면 로마 편에서 싸우겠다고 사절을 보내기도 했다. 결국에 로마는 선전 포고를 했고, 당황한 카르타고는 마침내 로마 사령관에게 무기와 함께 귀족 가문의 아들 300명을 어머니들의 비탄과 만류 속에 인질로 보내고, 우티카 항구에 집결된 함대를 소각시켰지만 그 정도로는 로마를 만족

시킬 수 없었다. 카르타고가 멸망해야 한다고 주장하는 로마 귀족들의 실질적인 속셈은 아직도 설득력을 얻고 있었고, 그 외 전쟁을 중단해야 할 이유가 발생하지 않았기 때문이다. 더군다나 카르타고의 경제력으로 보면 로마로 보내온 무기 정도는 필요하면 얼마든지 더만들 수 있는 것이었고, 몇 명의 인질이 전쟁을 억지할 수 없었던 것도 사실이었다.

○ 결국 로마는 카르타고가 받아들일 수 없는 강화 조건을 내걸었다. 카르타고 정부에게 카르타고를 버리고 해안에서 15㎞ 떨어진 내륙으로 이동할 것 등을 요구한 것이다. 하지만 카르타고는 수백 년간 생활의 근거가 된 바다를 버리고 내륙으로 들어갈 수는 없었다. 살던 도시를 파괴하고 내륙으로 들어가서 도시를 재건하라는 로마의 요구는 전쟁을 준비하라는 통보나 마찬가지였다. 이제까지의 요구는 귀족과 국

▌카르타고 유적지

_____ 로마의 선택과 결정 ② 지중해 패권

가에서 답해야 할 요구였지만 마지막 요구는 민중이 응해야 할 사안이었다. 카르타고의 민중은 귀족과 국가의 양보는 견뎌 냈지만 자신들이 직접 견뎌야 할 손실은 감내하지 못했다. 카르타고에서는 다시 강경파가 정국을 휘어잡았고 성난 민중은 화평을 주장했던 친로마 성향의 카르타고 지도층과 카르타고에 거주하던 로마인들을 잔혹하게 학살했다. 이는 곧 로마에 대한 선전 포고였다. 이로써 카르타고인들이 그렇게도 피하고 싶었던 제3차 포에니 전쟁이 마침내 발발하였고, 이 전쟁에서 카르타고는 완전히 패망했다.

○ 카르타고는 제2차 포에니 전쟁의 결과로 맺어진 조약으로 강력한 군대를 보유하지도 못했고 훈련도 부족했으리라. 그러나 그들은 전쟁에 대비하여 식량을 모으고, 죄인들과 노예들을 해방시켜 군사력을 키웠으며 신전까지도 병기 공장으로 사용할 정도로 자신들의 도시를 방어하기 위해 온 힘을 다했다. 카르타고는 지중해의 최강국 로마의 포위 공격을 3년이나 버텨 냈지만 카르타고의 성문은 결국 로마군의 공격에 뚫리고 말았다. 적개심과 광기에 휩싸인 로마군이 성내로 쏟아져 들어왔을 때 카르타고인들은 6일간이나 피비린내 나는 육박전을 벌였지만 적의 무기에 사지와 머리가 사정없이 잘려 나갔다. 불굴의 정신을 가진 900명의 카르타고 병사들이 하스드루발의 지휘 아래 끝까지 싸웠지만, 카르타고 장군 하스드루발은 마지막 순간에 스키피오 아이밀리아누스에게 항복했다. 그의 아내는 승리자에게 무릎을 꿇지 말라며 눈물로써 남편을 설득했지만 실패하자, 화염에 휩싸인 도시의 첨탑 위에 올라가 두 아들과 함께 몸을 던졌다.

○ 카르타고는 철저히 파멸하여 어린아이를 포함한 시민 5만 명이 노예가 되었고, 도시는 모두 파괴된 다음 아무것도 자라지 못하도록 소

금이 뿌려졌다. 참혹했던 이 전쟁을 끝장낸 로마군 총사령관 스키피오 아이밀리아누스는 불타고 파괴되어 멸망하고 있는 카르타고를 보고 언젠가는 로마도 이렇게 될 것이라고 예언하면서 눈물을 흘렸다고 한다.(註. 스키피오 아이밀리아누스는 칸나이 전투에서 바로와 함께 총사령관을 맡았던 아이밀리우스 파울루스의 손자로서 제3차 포에니 전쟁의 총사령관이었고, 자마 전투에 빛나는 스키피오 장군의 양손자였다. 파울루스는 자신과 이름이 같은 아들을 두었는데 그가 곧 마케도니쿠스였다. 마케도니쿠스의 둘째 아들이 스키피오 아이밀리아누스였으며, 고모부 스키피오의 아들, 다시 말해 고종사촌의 양자로 들어갔다. 스키피오 아이밀리아누스의 양부는 건강이 무척이나 약했다. 만약 그가 건강했다면 아버지인 大 스키피오에 이어 로마의 탁월한 지도자가 되었으리라.)

○ 카르타고인들은 로마와의 전쟁을 원하지도 않았으며, 로마가 마케도니아의 필립포스 5세, 페르세오스 그리고 시리아의 안티오코스 3세와 싸울 때 로마를 돕기까지 했다. 카르타고는 그리스처럼 자유와 독립을 원한 것이 아니라, 단순히 안전만을 원했지만 멸망의 숙명을 벗어나지 못했다. 굳이 운명을 논한다면 그들의 자질과 능력이 너무 뛰어났고, 누미디아라는 호전적인 이웃을 둔 것이 불행이었다. 하지만 누미디아는 카르타고가 사라지면 로마라는 포식자가 언젠가는 자신까지도 먹어 치우리라는 것을 알지 못했다. 그것은 불과 40년 후에 터진 일이었다.

:: 파울루스, 스키피오, 그라쿠스 가계 요약도 ::

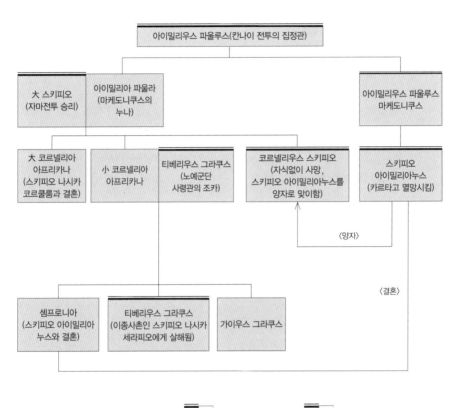

범례:　▬▬ 남성　/　＿＿ 여성　/　［ⓐⓑ］ b가 데려온 자녀　/　▔ⓐⓑ▔ a,b가 낳은 자녀

※ 마케도니쿠스는 큰아들은 파비우스 집안에 양자로 보냈고, 둘째 아
　들은 스키피오 집안에 양자로 보냈으며, 딸은 大 카토의 아들과 결혼
　시켰다. 그리고 둘째 아내로부터 얻은 두 아들은 마케도니아 전투의
　승리를 기념하는 개선식 전후에 차례로 모두 죽고 말았다. 결국 그는
　자신의 가문을 이을 아들이 없었다. 또한 누나가 大 스키피오와 결혼

하였기에 마케도니쿠스는 大 스키피오의 처남이었다. 이와 같이 로마의 상류층은 얽히고설킨 정략결혼이 많았다.

┃ **마음에 새기는 말** ┃

번성하는 자는 반드시 쇠퇴한다. 인간만이 아니라 도시와 국가 그리고 제국도 언젠가는 멸망할 운명을 짊어지고 있다는 사실을 생각하지 않을 수 없다. 트로이아, 아시리아, 페르시아, 마케도니아의 역사에서도 이러한 사실을 인간들에게 보여 주었다.

_ 폴리비오스

– 카르타고의 멸망을 보면서.

※ 제1차 시킬리아 노예 반란(BC 135~132년)

≪대부분의 사람들은 노예 반란이 예기치 못한 것이라며 놀라움으로 받아들였지만 시킬리아의 노예 상황을 제대로 볼 수 있는 혜안을 가진 자들이라면 충분히 예견할 수 있는 것이었다. 시킬리아에서 막대한 부를 쌓아 올린 자들이 사치와 교만 위에서 노예들을 학대하고 핍박을 가하자, 마침내 여건이 무르익었을 때 노예들은 그간에 쌓였던 분노와 증오가 한꺼번에 폭발하여 거대한 잔해를 남겼다.≫

○ 한니발 전쟁(註. 제2차 포에니 전쟁)으로 카르타고가 패배한 다음 시킬리아는 60년간 평화를 구가하고 있었다. 시킬리아인들은 번영을

거듭하여 많은 재물을 모았고 그 재물로 수많은 노예들을 사들여 노예의 표시로 그들의 몸에 낙인을 찍었다. 그러면서도 노예들에게 겨우 생계를 꾸릴 최소한의 음식과 옷조차 제대로 주지 않았다. 그 결과 노예들은 주인의 묵인 아래 약탈을 일삼으며 살아갔고, 이 때문에 시킬리아섬에서는 비참한 유혈 사태가 여기저기서 터지곤 했다. 그곳의 총독이 마구 날뛰는 무법자들을 소탕하려 했지만 노예 주인들의 막강한 위세에 눌려 노예들의 무법 행위를 못 본 척하고 있었다.

○ 엄청난 재물을 가진 시킬리아의 노예 주인들은 교만, 탐욕, 악행에서 이탈리아의 노예 주인에 뒤지지 않았고 노예들에게 먹을 것과 입을 것을 충분히 주지 않고 약탈로써 꾸려 가도록 허락했으니, 대규모 노예 반란이 터지기 전부터 시킬리아는 혼란에 휩싸여 있었다. 노예들은 처음에는 한적한 곳을 지나가는 사람들을 노렸으나 점점 더 대담해져 나중에는 무리를 지어 다니며 밤중에 주택들을 공격해 파괴하고 제물을 빼앗고 저항하는 자들을 살해했다. 이렇게 되자 시킬리아의 밤은 나다닐 수 없는 곳이 되었고 농촌의 안전망은 파괴되었다.

○ 그중에서도 목동 노예들은 야생 생활에 익숙한 자들이어서 용기와 기개가 넘치며 이리나 곰의 가죽으로 옷을 해 입은 채 사나운 개 떼들을 데리고 다니는 두려운 존재들이었다. 그들이 쉽사리 반란에 참가할 수 있었던 것은 넓은 방목지에 퍼져 있어 주인의 감시로부터 자유로웠고 가축을 보호한다는 명목 아래 어느 정도 무기를 갖출 수 있었기 때문이기도 했다.(註. 따라서 훗날 카이사르는 목동들 가운데 1/3을 자유민으로 충원해야 한다는 법령을 마련했다.) 이런 난폭한 노예들이 주인들의 묵인 아래 약탈과 살인을 저지르며 시킬리아를 휘젓고 다녔다.

○ 이렇듯 혼란스런 상황이 대규모 노예 반란으로 변질된 것은 시킬리

아섬 한가운데 있는 도시 헨나에서 시작되었다. 그곳의 토착인이자 노예 주인인 다모필로스는 사치, 노예들에 대한 비인간적인 대우와 가혹함에서 따를 자가 없었다. 그는 값비싼 말들, 사륜마차, 노예들로 구성된 호위대를 이끌고 다니며 수많은 식객들을 자랑했고, 별장에서는 호화스런 연회를 제공했는데 그 비용과 화려함이 페르시아인들을 뛰어넘었다.

○ 하지만 다모필로스는 잔인한 성격의 소유자로서 매일같이 자신의 노예 중 몇몇에게 정당한 이유 없이 매질과 고문을 가했다. 한번은 벌거벗은 몇 명의 노예들이 그에게 와서는 입을 옷을 간청하자 버럭 화를 내며 거절하는 것도 모자라, 그들을 기둥에 묶은 채 수없이 매질을 가한 후 내쫓았다. 그의 아내 메탈리스도 잔인함에 있어서 남편보다 모자라지 않아 수많은 남녀 노예가 학대를 받았다. 다모필로스 부부로부터 악의에 찬 처벌과 학대를 견디다 못한 노예들은 분노로 가득 차 현재의 불행보다 더한 불행은 없으리라고 생각하며 마침내 주인 부부를 살해할 음모를 꾸몄다.

○ 음모를 꾸미던 노예들은 자신들의 계획이 성공할지를 에우누스에게 문의했다. 에우누스는 안티게네스의 노예로 시리아 출신이었다. 그는 미래를 예언하고 꿈을 통해 신의 계시를 말하곤 하면서 때로는 그의 예언이 적중하여 높은 명성을 누리던 자였다. 한때 그는 시리아 여신 아타르가티스가 나타나 자신이 왕이 될 것이라 했다고 말한 적이 있었다. 이 말을 들어서 알고 있던 안티게네스는 연회를 열고 있을 때 그를 불러 만약 장담한 대로 그가 왕이 된다면 여기 연회에 참석한 손님들을 어떻게 대할 것인가를 물었다. 그러자 그는 망설이지 않고 이곳에 오신 분들을 극진히 대할 것이라고 답했다. 손님들은 폭

소했고 일부는 식탁에서 맛있는 요리를 집어다가 그에게 가져다주며 왕이 되면 잘 부탁하노라고 덧붙였다. 훗날 에우누스가 정말로 왕을 칭하며 반란 노예의 우두머리가 되었을 때 연회에서 맛있는 요리를 주며 호의를 보였던 그자들에게 진지하게 보답했다.

○ 다모필로스를 살해하기로 음모를 꾸민 노예들이 에우누스에게 자신들의 결심이 신의 호의를 받고 있는지 묻자, 에우누스는 신들이 그들에게 호의를 약속했으니 즉시 행동에 옮기라고 충고했다. 에우누스의 충고에 따라 지하 감옥에 갇혀 있던 많은 노예들을 풀어 주고 다른 노예들도 규합하여 모두 400여 명의 노예가 헨나 외곽에 집결했다. 그리고 무장을 한 다음 헨나를 공격하여 남녀노소를 가리지 않고 시민들을 학살하고 재물을 약탈했다. 심지어 젖먹이를 땅바닥에 내동댕이쳤고 남편 앞에서 아내를 능욕했다. 이어서 수많은 노예들이 자신들의 주인을 살해한 뒤 반란에 합세했다. 헨나 근처의 별장에 숨

아그리겐툼, 헨나, 모르간티나, 타우로메니움

어 있던 다모필로스와 메탈리스는 노예들에게 발견되어 극장으로 끌려와 분노에 찬 노예의 검에 목이 잘렸다. 하지만 다모필로스의 딸은 살해하지 않고 친척 집에 안전하게 데려다주었는데, 이는 그녀가 평소에 노예들에게 동정과 친절을 보여 주었기 때문이다.

○ 에우누스는 헨나 공격 때 반란 노예의 우두머리로 추대되자 포로들 중 무기 제조 기술을 가진 자를 제외하고 모두 살해했으며 살아남은 포로들은 사슬에 채워 무기를 만들게 했다. 그리고 그는 왕관을 쓰고 왕의 복장을 갖춘 다음 시리아 출신의 여자를 아내로 맞이하여 자신을 '안티오코스 왕'으로, 아내를 '왕비'로, 반란 노예들을 '시리아인'으로 불렀다. 또한 3일 만에 6천 명의 노예 병사들을 모집했고 계속하여 마침내 1만 명의 노예 병사들을 거느리게 되었다.(註. BC 1세기의 역사가 디오도로스에 따르면 반란 노예의 무리가 최대 20만 명에 달했다고 한다.)

○ 노예들이 반란을 일으켜 헨나를 점령했다는 소식이 시킬리아 각처에 전해지자 아그리겐툼 근처의 클레온이라는 킬리키아 출신 노예가 세력을 규합하여 아그리겐툼을 장악하고 주변 지역을 약탈했다. 로마는 에우누스와 클레온의 두 세력이 충돌하여 노예 반란이 잦아질 것으로 기대했지만 예상과는 달리 두 세력은 합세하여 세력이 더욱 확대되었다. BC 135년 5월에 파견된 8천 명의 로마군은 반란 노예 2만 명과 맞붙어 완패하여 물러갔고 헨나와 아그리겐툼뿐만 아니라 타우로메니움, 모르간티나 등이 반란 노예들의 수중에 떨어졌다. 이후에도 로마는 몇 번이나 토벌군을 보냈으나 그때마다 실패했다. 노예 병사늘이 전투에 강했던 것은 그들이 거친 산악 지대에서 단련된 목동 노예들이기도 했지만 노예 중에는 전쟁의 패배로 노예가 된 자가 많았으며 이들은 한때 군인이었던 까닭에 전투에 능하기 때문이기도

했다. 승리로 기세가 높아지자 에우누스는 자신의 위세를 알리기 위해 주화를 발행했는데, 한 면에는 곡물의 신 데메테르를 새겼고 다른 면에는 밀 이삭과 바실레우스 안티오코스라는 명칭을 새겼다.(註. '바실레우스βασιλευς'는 왕이란 의미의 그리스어)

○ BC 133년 로마 원로원은 시킬리아 토벌군 지휘를 칼푸르니우스 피소 프루기에게 맡겼고 마침내 그는 반란 노예들로부터 모르간티나를 탈환하는 데 성공했다. 다음 해 집정관 푸블리우스 루필리우스는 타우로메니움을 포위 공격하여 도시를 되찾았는데, 로마군의 포위로 기근에 시달린 반란 노예들은 인육을 먹으며 버티었지만 결국 점령당하고 말았던 것이다. 도시를 장악한 로마군은 그곳의 반란 노예들을 모두 사로잡아 모진 고문을 가한 후 절벽 아래로 내던졌다. 로마군은 반란의 발원지였던 헨나도 같은 방법으로 포위 공격하여 도시를 기근으로 몰아넣고 성을 함락시켰다. 그곳에 있던 반란 노예 지휘관 클레온은 로마군에 저항하다 전사했으며 도시에 남아 있던 모든 반란 노예들의 운명도 클레온의 뒤를 따라 남김없이 학살당했다.

○ 도시가 함락되었을 때 에우누스는 호위병 천 명을 이끌고 절벽으로 도주했다. 하지만 로마군이 압박해 들어오자 호위병들은 절망적인 운명이 다가왔음을 깨닫고 서로에게 검을 휘둘러 죽음을 택했다. 다만 에우누스는 비겁하게도 장렬한 죽음에서 도망쳐 4명의 노예와 함께 동굴 속으로 피했으나 결국에는 로마군에게 발견되어 모르간티나에 있는 감옥에 투옥된 후 비참하게 생을 마감했다. 토벌에 성공한 루필리우스는 정예 병력을 이끌고 시킬리아섬 구석구석을 찾아다니며 남은 반란 세력을 완전히 섬멸함으로써 BC 132년 노예 반란의 불길은 비참한 잔해만 남긴 채 차갑게 식어 갔다.

✳ 누만티아(Numantia) 전쟁(BC 153~133년)과 친족 갈등

≪히스파니아 주민들은 수차례에 걸친 로마의 거짓과 배신에도 티베리우스 그라쿠스의 언약만은 신뢰하며 강화 조약을 맺었다. 왜냐하면 그들은 티베리우스의 사려 깊은 성품과 기질을 알고 있었고 티베리우스 아버지의 선량하고 공정한 통치를 겪었기 때문이다.

하지만 로마 시민들은 항복과 다름없는 강화 조약에 분개하여 사령관 만키누스를 유죄 판결했고 티베리우스를 비난했으며, 그것도 모자라 새로운 토벌군을 보냈다. 더군다나 새로 임명된 토벌 사령관 스키피오 아이밀리아누스는 티베리우스의 매부였지만 처남이 맺은 강화 조약에 반대하고 이를 깨뜨리는 데 앞장섰다. 이를 미루어 생각하자면 훗날 티베리우스가 농지법을 개혁하고자 했던 데는 누만티아 전쟁에서 승리한 스키피오 아이밀리아누스가 휘하의 병사들에게 농지를 분배할 수 없도록 하여 곤경에 빠뜨리고자 하는 의도도 포함되었을 것이 분명했다.(註. 누만티아 전쟁이 끝나고 개선식을 치른 후 스키피오 아이밀리아누스는 병사들에게 불과 1인당 7데나리우스밖에 줄 수 없었다. 부유함이 넘치는 동방을 정벌했을 때 병사들에게 1인당 200데나리우스가량 주던 것이 관례였지만 누만티아는 약탈할 만한 것이 거의 없는 미개한 땅이었다.) 결국 그 둘은 처남매부지간이었지만 완전히 등을 돌린 적이 되었고, 스키피오 아이밀리아누스의 아내는 친정과 모의하여 남편을 살해했다는 의심까지 받았다.≫

○ BC 151년 히스파니아의 루시타니아족이 로마에 대항하여 봉기했을 때 로마는 진압 사령관으로 세르비우스 술피키우스 갈바를 파견했

다. 그는 고전을 면치 못하다가 겨우 전세를 역전시켜 무기를 버린다면 안전하고 평화롭게 살 수 있는 터전을 마련해 주겠다고 약속하고서는 파견된 다음 해에 루시타니아족의 투항을 받아 낼 수 있었다. 그러나 갈바는 투항한 자를 기만하고 도망친 몇몇을 제외한 모든 주민들을 학살하는 참혹한 짓을 저질렀다. 많은 로마 사람들이 갈바의 행동에 분노하며 그를 기소했지만 그는 막대한 뇌물을 뿌려 무죄 판결을 받았다.

○ 갈바의 학살에 도망쳐 살아남은 자들은 격분하며 비리아투스의 깃발 아래 모여 항거의 불길을 댕겼다. 비리아투스의 반란은 히스파니아에서 쉽게 가라앉지 않았다. BC 144년 파비우스 아이밀리아누스가 친동생 스키피오 아이밀리아누스의 도움으로 히스파니아 전선을 맡게 되었다.(註. 파비우스 아이밀리아누스와 스키피오 아이밀리아누스는 파울루스 아이밀리우스 마케도니쿠스가 낳은 아들이지만 형은 파비우스 집안으로 동생은 스키피오 집안으로 입양되었다.) 그다음에는 파비우스 아이밀리아누스의 의붓형제인 파비우스 세르빌리아누스가 맡았고, 그다음에는 파비우스 세르빌리아누스의 친형제인 그나이우스 세르빌리우스 카이피오가 BC 140년 집정관이 되어 히스파니아 전선을 지휘했다. 하지만 카이피오는 비열한 속임수를 썼다. 비리아투스가 부하 2명을 로마군 진영으로 보내 평화 협상을 시도했을 때, 카이피오는 사절로 온 그들에게 비리아투스를 암살하면 금품을 주겠다고 매수한 것이다. 그들은 자신들의 진영으로 돌아가자마자 막사에 잠입하여 잠자고 있던 비리아투스를 살해했지만 뇌물을 주겠다던 밀약은 지켜지지 않았다. 비열했던 카이피오는 약속을 지켜 달라고 요구하는 암살자들을 모두 처형하고는 "로마가 배신자들에게 지불할 돈

은 없다."는 말을 남겼다.

○ 비리아투스가 암살되었지만 반란의 불길은 꺼지지 않고 계속되었다. 치솟은 반란의 불길을 잠재우기 위해 로마는 토벌 사령관을 몇 번이나 바꾸어 파견하다가 BC 137년 마침내 호스틸리우스 만키누스(Gaius Hostilius Mancinus)를 파견했다. 하지만 만키우스는 막강한 히스파니아 부족의 군대에게 고전을 면치 못했다. 파견되던 그해 그는 한밤중에 병사들을 이끌고 적지 깊숙이 들어갔다가 적에게 포위되어 거의 2만 명에 이르는 로마군이 섬멸될 위기에 처하고 말았던 것이다. 위기를 헤쳐 나가는 방법은 강화 조약을 체결하는 수밖에 없었지만 BC 150년 세르비우스 술피키우스 갈바가 속임수를 쓰는 등 로마는 수차례 배신과 약속을 저버리는 행위를 거듭했기에 히스파니아 부족들은 조약에 관심조차 없었다.

▌「비리아투스의 죽음」, 마드라조 作

○ 그러나 그들은 로마 진영에 있던 티베리우스 셈프로니우스 그라쿠스가 사절로 나선다는 소식을 듣고 그제야 회담에 응했다. 왜냐하면 티베리우스와 이름이 같았던 그의 아버지가 히스파니아 총독으로 있을 때 그 지역 주민들에게 공정성과 믿음 그리고 신뢰를 심어 주어 평화스런 통치를 했기 때문이다. 게다가 그의 아버지가 히스파니아 전쟁의 화염을 꺼지게 하고 평화를 안착시킨 것은 로마가 동지중해 국가들과 전쟁이 본격적으로 터졌던 때여서 더욱 값진 것이었다.

○ 아버지의 후광을 업고 홀로 적진에 들어간 티베리우스는 무기를 포함한 모든 물품을 넘긴다면 로마 병사 전원을 살려 준다는 조건으로 강화 조약을 맺을 수 있었다. 그리하여 로마군은 피를 흘리지 않고 사지를 빠져나오게 되었다. 하지만 재무관이었던 티베리우스가 회계 장부조차 없이 귀국하면 공금의 사용처를 명확히 입증할 수 없어 로마의 정적들이 그가 부정을 저질렀다며 가증스런 공격을 시작하리란 것이 불을 보듯 뻔했다. 생각 끝에 그는 오던 길을 되돌아가 히스파니아인들에게 회계 장부를 돌려 달라고 청했다. 그러자 그들은 티베리우스의 두 손을 마주 잡고 적이 아닌 친구로 생각해 달라며 성안으로 데리고 들어가 정성껏 대접한 후 회계 장부를 돌려주었다. 그만큼 티베리우스에 대한 히스파니아인들의 신뢰와 우정은 굳건했다.

○ 하지만 그와 만키누스가 히스파니아인들과 맺은 강화 조약은 군사적인 문제라면 사령관의 몫이지만 국가 정책의 문제는 민회를 거쳐 원로원의 비준을 받아야 된다는 것이 맹점이었다. 게다가 티베리우스가 이러한 조약을 맺고 로마로 돌아왔을 때 시민들과 원로원의 반응은 냉담하기 그지없었다. 그가 모든 수단을 동원하여 자신과 만키누스를 변호했지만, 로마 시민들은 승리에 익숙해져 있어 항복이나 다

름없는 강화 조약을 무시했을 뿐 아니라 패전의 책임을 물어 만키누스를 발가벗긴 후 사슬에 묶어 히스파니아 부족들에게 신변을 넘겨주기까지 했다.(註. 키케로에 의하면 만키누스는 자신을 히스파니아 부족에게 넘겨주자는 원로원의 결정을 지지했다고 한다.) 이는 BC 321년 삼니움족과의 전투에서 카우디움 굴욕을 당한 후 강화 조약을 맺고 귀국한 지휘관들을 다시금 적에게 돌려보낸 과거의 관례에 따른 것이라고 주장되었다. 물론 히스파니아 부족들은 이미 강화 조약이 체결되었고 국가 간의 맹약을 아무런 이유 없이 번복할 수 없다며 만키누스를 다시 로마로 돌려보냈다. 로마로 되돌아온 만키누스는 자신의 희생정신으로 로마군 2만 명을 살린 것을 기념하기 위해 발가벗겨 사슬에 묶인 자신의 조각상을 만들어 집에다 자랑스레 세워 두었다.

○ 로마에서는 BC 134년 히스파니아 토벌을 위해 티베리우스의 매부인 스키피오 아이밀리아누스를 토벌 사령관으로 임명하여 보냈다.(註. 스키피오 아이밀리아누스는 누만티아 전쟁의 지휘권을 따냈지만 원로원이 이탈리아가 위험 앞에 방치된다는 이유로 징집권과 군비 제공을 거부하는 바람에 개인적으로 병사 4천 명을 모집하여 출전해야만 했다. 하지만 실상은 그가 무공에 대한 열망 때문이었는지 만키누스 조약의 비준을 반대하는 입장이었고, 그를 견제하는 세력들이 원로원에 많았기 때문이다. 이 당시 로마 귀족 사회의 파벌 경쟁에 대해서는 좀 더 깊은 조사와 연구가 필요하다. 훗날 호민관이 된 가이우스 그라쿠스와 카이사르의 고모부인 마리우스는 이때 참전했다.) 히스파니아에서의 패배를 설욕하고자 당시에 가장 명성이 높은 사령관을 보냈던 것이다. 스키피오 아이밀리아누스는 당대 최고의 로마군 사령관답게 히스파니아 사령관으로 부임하자 흐트러진 기강을 바로잡기 위해 2천 명이나 되던 창

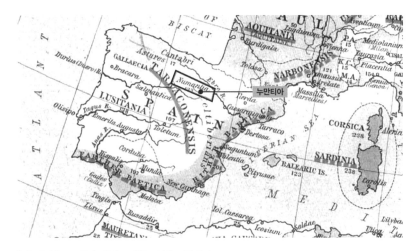

┃ 누만티아 ___ 출처 : 텍사스 대학 도서관. 이하 같다

녀들을 진영 주위에서 쫓아내고 병사들에게 매일같이 노역을 시키며
전투 식량과 말뚝을 항상 지니게 했다. 그렇게 하여 강인해진 병사들
을 이끌고 그는 히스파니아 부족의 수도 누만티아를 포위하고 적들
을 궁핍과 식량 부족으로 몰아넣었다. BC 133년 성안에서 필사적으
로 싸우던 4천 명의 히스파니아 부족 병사들은 마침내 항복했고 누만
티아는 로마의 수중에 떨어졌다.

○ 이렇게 되자 티베리우스 그라쿠스는 패전으로 명성에 금이 간 데다
히스파니아 강화 조약마저 로마의 비준 거부로 깨지게 되어 개인적
인 명예와 신망마저 마구 짓밟히고 말았다. 그가 자신의 명예를 걸고
약속한 강화 조약이 불과 1년도 못되어 조국에 의해 무자비하게 파괴
되었던 것이다. 하지만 강화 조약으로 적의 포위망을 벗어나 목숨을
구한 2만 명 로마군 병사들의 부모, 아내, 자녀들은 티베리우스의 용
기와 결단을 높이 사며 그를 우러러보았다.

○ 티베리우스 그라쿠스가 농지 개혁으로 원로원 의원들과 대립하여 살해당한 지 몇 년 후인 BC 129년, 스키피오 아이밀리아누스는 다음 날 동맹시 귀족들을 지지하는 연설을 앞두고 침상에서 죽은 채로 발견되었다. 동맹시 귀족들이 농지 개혁으로 국유지를 빼앗기게 되자 이의를 제기했는데 스키피오 아이밀리아누스의 연설은 티베리우스의 농지 개혁에 발을 거는 행위가 될 참이었다. 세간에서는 사이가 나빴던 그의 아내 셈프로니아가 친정 사람들과 모의하여 살해했다는 소문이 파다했다. 그도 그럴 것이 BC 133년 처남 티베리우스 그라쿠스가 폭동으로 살해되자 당시 히스파니아에 있던 스키피오 아이밀리아누스는 그 소식을 듣고 오디세이의 한 구절을 인용하면서 이렇게 말했기 때문이다. "그 같은 일을 도모하는 자는 모두 그렇게 되리라." 이는 국가 권력을 휘어잡기 위해 민중을 선동했다면 그를 살해하는 것은 정당한 것이므로 그렇게 죽음을 당할 수밖에 없음을 빗대어 한 말이리라.(註. 역사가 벨레이우스 파테르쿨루스의 기록에 따르면 스키피오 아이밀리아누스는 131년 호민관 카르보로부터 티베리우스의 죽음을 어떻게 생각하느냐는 공개적인 질문을 받고 만일 그가 공화정을 장악하려 했다면 죽어 마땅하다는 답변을 했다고 전한다. 하지만 스키피오 동아리의 일원인 라일리우스가 한때 농지 개혁을 시도한 것으로 보면 스키피오 아이밀리아누스가 농지법 자체를 반대했던 것은 아니었음을 알 수 있다. 그가 말한 것은 민중을 선동하여 국가 권력을 잡으려 해서는 안 된다는 의미였다.) 하지만 스키피오 아이밀리아누스가 처가 측 사람들에게 살해되었다는 소문의 진실은 끝내 밝혀지지 않았다.

☀ 티베리우스 그라쿠스(Tiberius Gracchus)의 실패(BC 133년)

≪티베리우스 그라쿠스의 무리한 정국 주도는 기성세력의 반대로 실패하고 말았다. 그러나 티베리우스의 지지자 중에는 원로원의 제일인자, 집정관의 형제 그리고 법률학자 등 유력한 귀족들도 곁에서 힘을 보태고 있었다. 역사란 가설을 알지 못하므로 실익이 없을지 모르나, 만약 그가 집정관이 되어 개혁을 시도했다는 가정을 설정한다면 티베리우스의 시도는 그 결과가 달랐을지도 모른다. 하지만 호민관의 역할이란 평민 권리의 수호임을 티베리우스는 단호하게 선언했다. 달콤함에 길들여진 기성세력들은 티베리우스의 죽음으로 로마 사회의 문제점을 해결하지 못하고, 오히려 이미 드러난 공화정의 상처를 더욱 깊게 만들어 파국으로 내달리게 했다.≫

○ 자마 전투를 승리로 이끌어 로마의 판도를 지중해 전역으로 확대시킨 전쟁 영웅 스키피오 아프리카누스가 카토를 비롯한 정적들에 의해 공금 횡령죄로 재판에 회부된 적이 있었다는 것은 앞서 서술한 그대로다. 그때 그는 티베리우스 그라쿠스의 변론과 도움으로 불명예의 위기에서 구출되었는데, 티베리우스 그라쿠스는 노예 군단을 구성하여 한니발을 상대로 싸워 승리한 그라쿠스 장군의 조카였다. 스키피오는 이에 대한 호의의 표시로 자신의 딸 코르넬리아를 티베리우스 그라쿠스에게 시집을 보냈고, 코르넬리아는 아버지와 같은 이름인 티베리우스와 가이우스를 낳았다.

○ 코르넬리아는 자식들에 대한 애정과 보살핌이 남달랐다. 그녀는 12명의 자식을 낳아 그중 9명은 일찍 죽고 한 명의 딸과 2명의 아들을

성인으로 키웠다. 어느 날 상류층의 한 여성이 코르넬리아를 찾아와 무척 값비싼 보석을 자랑하며 보여 주었다. 그때 마침 그녀의 아들들이 학교 수업이 끝나고 집으로 돌아오자, 그녀는 이렇게 말했다. "나도 내가 가진 보석을 보여 드리겠으니 이리 와서 보시죠. 내 보석은 여기 있는 내 아이들이지요."

○ 큰아들 티베리우스의 결혼에 대해서는 이런 이야기가 전해져 온다. 집정관을 역임한 아피우스 클라우디우스가 만찬장에서 친근한 어투로 티베리우스에게 내 딸과 결혼할 생각이 있느냐고 물었다. 티베리우스가 그 제안에 그러겠다고 답하자 그는 집으로 돌아가서는 기쁜 목소리로 아내에게 "사윗감이 정해졌어!"라며 말했다. 그러자 아내는 자신과 전혀 상의 없이 사윗감을 결정한 데 놀라며 톡 쏘아붙였다. "왜 그리 서두르세요. 사윗감이 티베리우스 그라쿠스라면 모를까!" 남편으로부터 자세한 내용을 들은 아내가 기쁘게 동의했음은 말할 것도 없었다.(註. 코르넬리아는 자신을 스키피오의 딸로 알려지기보다는 그라쿠스 형제의 어머니로 알려지게 해 달라고 아들들에게 주문했다. 훗날 사람들은 코르넬리아의 조각상을 세우고 '그라쿠스 형제의 어머니 코르넬리아'로 새겼다. 이렇듯 역사는 두 아들들이 그녀가 원하는 바대로 되었다는 것을 입증하고 있다.)

○ 두 아들은 성장하여 큰아들 티베리우스(Tiberius Sempronius Gracchus)는 BC 133년 호민관이 되었다. 그즈음 로마는 카르타고를 멸망시키고 통치 지역이 확장되어 지중해의 모든 재물이 쌓여 가고 있었으며, 로마시는 인구가 증가되어 50만 명에 달했다. 그리고 주변에는 로마에 도전할 적조차 없었다. 귀족들은 전쟁의 승리로 얻은 토지와 노예들로 막대한 부를 쌓았고, 전통적인 미덕이었던 검소와 절제는 사치

┃ 그라쿠스 형제

와 향락으로 변질되어 갔다. 게다가 그들은 국유지의 대부분을 차지
했지만 시간이 흐르자 그것도 모자라 더욱 대담해져서 가난한 자들
의 작은 농지까지 설득과 폭력을 동원하여 빼앗은 다음 수많은 노예
들이 일하는 방대한 농장으로 바꾸고 있었다.(註. 귀족들이 소유한 거
대한 농장을 '라티푼디움latifundium'이라고 하며, 이는 주로 전쟁에서 승
리한 후 빼앗은 토지였다. 사실상 이 토지는 대부분 국유지였지만 사유지
처럼 세습하여 경영했다. 귀족들은 이 농장을 '빌리쿠스vilicus'라는 노예
노동 감독자에게 맡겨 경영했으며, 빌리쿠스는 간혹 자유민도 있었으나
대부분 해방 노예였다. 빌리쿠스들은 주인과 자신의 이익을 위해 노예의
노동력을 최대한 착취했기 때문에 매우 잔혹했다. 심지어 그들은 노예에
게 주는 음식까지도 아꼈으며 명령을 거역하는 노예를 시슬에 묶어 감옥

에 가두기도 했다. 또한 여자 관리인을 '빌리카vilica'라고 하며, 빌리쿠스의 중요한 조력자 역할을 했다. 다만 라티푼디움에는 노예만 일을 한 것이 아니라 가난한 자유농민도 벌이를 위해 일을 하고 품삯을 받아 갔다. latifundium의 복수형은 'latifundia')

○ 그러나 이것은 귀족 계층만의 행복이었고, 평민들은 그렇지 못했다. 그들은 전쟁 중에는 징집되어 자신의 가계를 돌볼 수 없어 농지가 황폐화되었고, 전쟁 후에는 내버려 둔 농지가 황무지로 변해 곡물의 수확을 기대할 수 없었다. 설령 약간의 소출이 있더라도 막대한 자본과 물량이 투입된 싸고 질 좋은 아프리카, 시킬리아 등 외부의 곡물이 무차별로 수입되어 경쟁에서 완전히 밀려나고 말았다. 국가가 부강해도 가난한 소작농으로 전락한 그들은 분노했다. 당연히 사회는 부강 속에 위험한 불안 요소를 품고 있었다.(註. 훗날 BC 104년 호민관 마르쿠스 필립푸스의 말에 따르면 로마 시민 중 재산 소유인은 불과 2천여 명에 지나지 않는다고 통탄할 만큼 빈부 격차가 심각했다. 다만 몸젠의 조사에 따르면 공화정기 이탈리아 북부의 토지 소유 분포는 1~5유게룸 65%, 6~10유게룸 26%, 11~100유게룸 9%였다고 한다.) 게다가 BC 135년에 터진 시킬리아 노예 반란으로 곡물가가 폭등하자 가난을 견디지 못한 자들이 티베리스강에 투신자살을 하는 등 극단적인 선택을 할 만큼 로마는 절박한 위기로 치달았다.

○ 절망에 빠진 시민들 앞에서 티베리우스는 조용하면서도 단호하게 연설했다. 그는 어머니 코르넬리아의 애정 어린 교육 덕택에 당시 그리스 최고 연설가인 미틸레네의 디오파네스에게 연설을 배울 수 있었다.

"여우도 굴이 있고 공중의 새도 보금자리가 있듯이 하찮은 미물도 저마다 돌아가서 쉴 수 있는 안식처가 있습니다. 그런데 조국을 위해 목숨을 바쳐 가며 싸운 로마 시민들은 집도 없고 땅도 없이, 아내와 자식들을 데리고 농촌의 들판과 도시의 골목을 헤매 다니고 있습니다. 전쟁터에서 지휘관들은 너희가 싸워서 지키는 것은 가족과 조상의 무덤이라고 말했습니다. 그러나 그것은 거짓말이고 속임수였습니다. 왜냐하면 대부분의 병사들은 지킬 조상의 무덤은커녕 제단조차 없기 때문입니다. 결국 우리가 목숨을 걸고 싸운 것은 우리 자신을 위해서가 아니라, 남의 재산과 행복을 지키기 위해서였다는 것이 드러났습니다. 로마 시민은 승리자이고 세계의 패권자로 불리고 있습니다. 그러나 시민들의 현실은 자기 것이라곤 흙 한 줌조차 가지고 있지 않습니다."

연단에 올라 차분하게 현실의 부당함을 일깨우는 티베리우스의 연설은 가난한 시민들의 심금을 울리며 폭발적인 호응을 얻었다.

○ 그리하여 호민관 티베리우스 그라쿠스는 지금의 사회적 불안이 자영농의 몰락에서 초래되었다고 보고 개인이 경작하는 국유지의 소유를 500유게룸(註. 두 명의 아들까지는 각각 250유게룸을 더 소유하게 허용했다. 국유지 상한선을 500유게룸으로 정한 것은 BC 367년 리키니우스-섹스티우스 법을 확인한 것이었다. 따라서 티베리우스를 반대하는 자들은 "이미 200년 전에 효력을 잃어버린 법률이다."라며 격렬히 저항했다. 다만 학자들 중에는 리키니우스-섹스티우스 법에서 국유 농지의 상한선이 500유게룸인 것은 당시의 로마 국유지 규모를 생각해 보면 너무 광대하므로 로마 역사가 리비우스가 그라쿠스의 농지법과 혼동되어 기록했으리라고 추측하는 이도 있다. 훗날 2세기 초 총재산이 2천만 세스테르티우스에 달했던 모범적인 귀족 小 플리니우스의 소유 농장만 해도 무려

17,000유게룸이나 되었다. 학자들마다 의견이 다르기는 하지만 농장을 규모로 보면 10~80유게룸은 소규모, 80~500유게룸은 중간 규모, 500유게룸 이상은 대규모 농장으로 구분하는 것이 일반적이다. 이에 반해 BC 4세기 이후 농가 1가구의 표준 경작지 규모는 7유게룸 정도였다. 1유게룸은 2,500㎡)으로 제한함으로써, 그렇게 하여 남는 국유지를 가난한 자에게 30유게룸씩 빌려주어 자작농을 육성하는 것을 목적으로 하는 농지법(렉스 아그라리아Lex Agraria)을 제정하기에 이르렀다. 물론 국유지를 빌린 자는 임차료를 국가에 납부해야 했다.(註. 국유지를 배분받고 국가에 사용료를 내는 것을 임차료로 볼 것인지 아니면 세금으로 볼 것인지는 학자에 따라 의견이 다르다. 왜냐하면 한국의 경우 사유지이더라도 매년 정기적으로 재산세를 납부하지만 로마에서는 사유지에 대해 일절 세금이 부과되지 않았으며, 따라서 국유지에서 발생하는 수입이 국가의 주요 재원이었기 때문이다. 로마인들은 재산의 정도에 따라 기부금이 부과될 수는 있을지언정 사유 재산에 세금이 부과되어서는 안 된다고 생각했다.) 이렇게 할 수 있었던 또 하나의 이유는 전쟁에서 승리하면 패전국 농토의 1/2~1/3 정도를 로마 국유지로 빼앗았지만, 그 국유지를 로마 시민들에게 나누어 주기보다는 패전국 시민들에게 그대로 경작하게 하는 대신 임차료를 로마에 납부하도록 했기 때문에 가능한 일이기도 했다. 따라서 티베리우스가 농지법을 제안하자 로마 귀족들뿐만 아니라 광대한 토지를 경작하고 있던 패전국, 다시 말해 동맹국 귀족들도 티베리우스의 농지법을 격렬히 반대하며 우려의 목소리를 높였다. 그들은 동맹국 병사들이 참전 군인의 절반 이상이 되지만 농지법 시행으로 동맹국 귀족들의 경제력이 와해되면 더 이상 동맹국 병사들의 징집이 어려울 것이라며 티베리우스를 압박했다.

○ 사실 BC 216년 한니발이 곡창 지대인 캄파니아를 휩쓸자 그곳의 곡물이 로마에 수송되지 못하고 급기야 BC 211년 로마가 심각한 곡물 위기를 맞았던 적이 있었다. 이에 따라 BC 210년 로마의 식량은 이탈리아가 아니라 해외에서 수입한다는 원로원의 결정이 있었으며, 그 이후 로마는 시킬리아나 사르디니아 아니면 북아프리카 등에 곡물 수입을 의존했다. 하지만 이러한 정책은 수입하는 그곳의 사정에 따라 곡물 파동의 위험이 상존하는 결과를 가져왔다. 게다가 거대한 농장을 소유하고 있는 귀족들은 곡물 경작보다는 수익이 좋은 과수 재배와 가축 사육에만 힘을 쏟고 정작 곡물은 자신들의 수요만 충족할 정도로 생산하고 있었다. (註. 5유게룸의 포도원과 20유게룸의 밀 경작지가 동일한 세금을 부담했다는 것으로 미루어 보면, 포도원은 밀 경작지보다 거의 4배에 달하는 수익이 났다. 한편 이탈리아의 곡물 경작지가 포도원과 올리브 과수원으로 많이 바뀌기는 했지만 가장 큰 면적은 여전히 곡물 경작지였다. 따라서 학자들 중에는 로마시와 라티움 지역을 제외한 이탈리아 모든 곳이 자급자족이 가능했다고 주장하는 이도 있다. 이러한 경향이 1세기 말에 노예 노동에 의한 재배에서 콜로누스에 의한 소작 형태로 변화되면서 포도원과 올리브 과수원이 다시금 곡물 경작지로 바뀌었다.)

○ 따라서 티베리우스의 농지법은 자영농을 육성하여 곡물 문제를 항구적으로 해결하고 도시 빈민층을 해소하면서 유산 계층을 증가시켜 징집할 수 있는 시민의 수를 늘리려는 효과적인 정책이었다. 학자 중에는 당시에 참전 병사의 수가 동맹군이 로마군보다 적지 않았으므로 티베리우스 농지법의 수혜자가 로마 시민권자뿐 아니라 이탈리아 동맹 시민까지 포함된다고 주장하는 이가 있는 것도 바로 이 법안

이 징집 가능한 유산 계층을 늘리는 데 있었기 때문이다. 이 법안의 작성자와 기초자는 원로원의 프린켑스(註. princeps는 원로원의 명부에 제일 처음 이름이 등재되고, 원로원에서 제일 앞자리에 앉았으며 가장 먼저 발언할 수 있는 권리가 있을 만큼 권위가 있었다.)였던 티베리우스의 장인 아피우스 클라우디우스 풀케르와 동생 가이우스의 장인인 법률학자 푸블리우스 리키니우스 크라수스와 집정관 푸블리우스 무키우스 스카이볼라였다. 다만 티베리우스는 이들의 대변인 역할을 했다.(註. 티베리우스가 농지 개혁을 들고 나온 것은 카르타고를 멸망시킨 스키피오 아이밀리아누스와의 경쟁에서 비롯되었다는 견해도 있다. 스키피오 아이밀리아누스는 티베리우스 누이와 결혼한 사이였음에도 얽히고 설킨 인척 관계의 부조리로 불편한 관계가 되었고 부부 사이도 나빠 스키피오 아이밀리아누스가 죽었을 때 티베리우스의 누이인 아내가 친정 세력과 결탁하여 살해했다는 소문이 나돌 정도였다. 집정관까지 배출된 명문 집안의 티베리우스가 기성세력에 반대한다는 것은 설득력이 없으며, 농지법의 입안자가 원로원의 프린켑스인 아피우스 클라우디우스인 점을 보아도 경쟁 세력을 약화시키려는 것이 농지 개혁의 주된 의도라는 것이다. 그러나 농지 개혁에 정적들의 약화를 기도하는 것이 포함되었을지언정 티베리우스가 30대 초반의 젊은 나이에 노회한 정치인과 같지는 않았을 것이다. 여하튼 그가 바라던 것은 농지 개혁을 통하여 시민들의 곤궁함을 개선하고자 하는 것이었음에 틀림없다.)(註. 리키니우스 크라수스는 무키우스 스카이볼라의 동생이었으나 크라수스 家에 입양된 자였으며, 가이우스 그라쿠스의 장인이기도 했다.)

○ 티베리우스는 시민들에게 분배할 대상 토지를 로마시로부터 75㎞(註. 약 50로마 마일에 해당. 1로마 마일은 1.485㎞) 이내의 국유지를

대상으로 했다.(註. 다만 최근의 학설에 의하면 제2차 포에니 전쟁에서 한니발 측에 가담한 도시가 많았던 루카니아 지역이 티베리우스 농지 개혁의 주된 대상지라는 주장이 있다.) 왜냐하면 거리가 멀면 로마까지 운반하는 데 비용이 많이 들어 로마의 곡물 문제를 해결할 수 없었기 때문이다. 당시 75km까지의 운반비는 곡물가의 1/3 정도가 되었다. 따라서 운반하는 곡물량이나 시세 변동에 따라 다르겠지만 곡물가에 마진이 포함되지 않고 농부가 손해 보면서 곡물을 팔지 않는다고 보면, 대략 곡물의 수익은 최대로 잡아도 생산가의 33% 이내였다는 결론이다. 이러한 이유로 귀족들이 자신들의 점유 국유지가 침해당하는 것을 피하기 위해 토지 분배를 갈리아 키살피나로 향하게 했지만, 티베리우스의 농지법은 로마 원로원 의원 등 귀족들이 대부분 차지하고 있는 로마시 근처의 국유지를 정통으로 겨냥했다.

○ 이렇게 되자 원로원에서는 호민관 옥타비우스를 끌어들여 티베리우스의 정책에 반대했다. 호민관들 중 누구 한 명만 반대해도 정책이 시행될 수 없었던 제도를 활용하고자 한 것이다. 그러자 티베리우스는 평민들에게 더 많은 토지를 분배하기 위해 당초의 농지 개혁법안보다 더욱 과격한 수정안을 평민회에 상정했고, 심지어는 몰수한 토지에 대해 보상하기로 했던 조항마저 철회함으로써 위험한 불길 속에 스스로를 내던졌다. 그러면서 그는 만약 옥타비우스가 거부권 발동을 철회하면 그의 토지에 대해서는 사비로라도 보상하겠다고 제의했다. 또한 정이 담뿍 담긴 인사말과 함께 옥타비우스의 두 손을 마주 잡고, 이는 민중의 정당한 권리이며 이제껏 민중이 견딘 엄청난 고생과 위험에 비하면 농지법은 사소한 보답이 아니겠냐고 달랬다. 하지만 옥타비우스는 또다시 거부권을 행사했다.

○ 이렇듯 중대한 문제에 대해 몇 주 동안 계속하여 의견 차이를 보이자 티베리우스는 그와 싸우지 않고는 함께 임기를 마칠 수 없다는 결론에 도달했다. 따라서 해결 방법은 둘 중 한 사람이 호민관직을 버리는 것이므로 먼저 민중의 뜻이라면 두말없이 자신의 호민관직을 내려놓겠다고 선언하며 옥타비우스에게 자신의 퇴임안을 투표에 부치라고 말했다. 하지만 옥타비우스가 거절하자 그렇다면 자신이 그의 면직을 제안하겠다고 최후통첩을 보내며 투표권자들의 동의를 구했다.

○ 다음 날 티베리우스는 옥타비우스의 면직안을 표결에 부쳤다. 트리부스 수가 35개이므로 옥타비우스의 면직은 18개 트리부스의 표만 획득하면 처리될 수 있었다.(註. 호민관의 임면은 트리부스 평민회에서 결정했으므로 켄투리아회의 투표 방식과는 달라, 35개 트리부스 중 과반수인 18개 트리부스를 확보하면 안건이 통과되었다. 다만 켄투리아회에서는 한 곳의 트리부스가 모두 투표하고 난 후 그다음 트리부스가 투표한 것이 아니라, 35개 트리부스의 193개 켄투리아가 1등급이 가장 먼저 투표하고 그다음에 기사 등급 그리고 2등급 순으로 투표했다. 그러므로 트리부스가 과반이 넘었다고 해서 안건이 통과되는 것이 아니며, 97개 켄투리아의 표를 획득해야 안건이 통과되었다. 기사 등급보다 1등급이 먼저 투표한 것은 BC 3세기에 켄투리아회를 개편한 이후부터였다.) 처음 17개 트리부스에서 옥타비우스의 면직에 동의표를 던졌을 때, 티베리우스는 투표를 잠시 중단시켰다. 그러고서는 그의 어릴 적부터 친구였고 지금은 같은 호민관인 옥타비우스에게 다시 한 번 기회를 주었다. 지금이라도 뜻을 굽힌다면 투표를 중지할 수 있으니, 마음을 바꾸라고 호소했던 것이다. 그렇지만 옥타비우스는 자신의 의지를 바꾸지 않

았다. 결국 투표는 속행되었고 투표의 결과가 옥타비우스를 면직 처리하는 것에 동의하는 것으로 드러나자, 티베리우스는 투표 결과를 선포하면서 시민의 권리 수호를 망각한 호민관은 더 이상 자격이 없다는 이유를 들어 옥타비우스를 파면했다. 그는 호민관이 민중의 뜻을 거스르고 민중에게 봉사하는 정신조차 없다면 권력의 원천이 파괴된 상태이므로 호민관 권한을 계속 가진다는 것은 있을 수 없는 일이라고 힘주어 말했다.

○ 옥타비우스는 호민관직을 박탈당했을 뿐 아니라, 회의석상에서 강제로 끌려 나가는 수모까지 당했다. 이는 귀족은 물론이거니와 평민에게도 매우 거슬리는 행동으로 로마 역사상 전례가 없는 과격한 처분이었다. 옥타비우스가 굴욕적으로 끌려 나가는 중에 군중들이 그를 해치려고 달려들자 부유층의 사람들이 떼를 지어 그들을 막았고, 그 와중에 그의 노예 한 명은 성난 군중에게 두 눈이 파이기도 했다. 티베리우스가 분노한 군중을 말리려고 연단에서 재빨리 내려갔지만 그들을 달랠 수 없었다.

○ 이렇듯 험난한 과정을 거쳐 농지법이 겨우 통과되었지만, 자작농의 자립을 위해서는 당장의 생활비와 농기구 구입을 위한 선행 투자비가 필요했다. 티베리우스는 이를 확보하기 위해 아탈로스 3세가 페르가몬 왕국을 로마 시민에게 유증한 것으로 해결하려고 마음먹었다. 그는 로마 시민을 위해 페르가몬의 재산을 사용하려고 하는 것은 아버지가 아탈로스 왕과 절친한 친구였기에 아탈로스 왕이 생전에 자신을 찾아와 유언을 전해 주었기 때문이라고 주장했다. 사실 아탈로스 왕은 티베리우스 아버지의 클리엔스였고, 그가 죽자 페르가몬의 사절 에우데모스가 로마 시민을 상속인으로 정한다는 유서를 가

지고 티베리우스를 찾아오기도 했다.(註. 페르가몬의 아탈로스 3세가
BC 133년에 자신의 왕국을 로마에 유증했음에도 에우메네스 3세로 칭하
는 자가 유증이란 있을 수 없다며 반란을 일으켰다. 이에 로마는 진압군
을 파견했지만 반란군에게 패전하여 사령관이 자살하는 등 우여곡절을 겪
은 끝에 겨우 평정할 수 있었다.) 티베리우스는 이 사안을 귀족과 평민
이 모두 참석할 수 있는 민회가 아니라, 평민만이 참석할 수 있는 평
민회에서 가결시켰다. BC 287년 제정된 호르텐시우스 법에 따르면
평민회에서 의결된 법안은 원로원의 승인 없이도 정책화될 수 있었
기 때문이다.(註. 세 차례에 걸친 삼니움 전쟁의 여파로 평민들이 다시
금 채무 불이행에 따른 위기에 봉착하자, 평민들은 티베리스강을 건너 야
니쿨룸 언덕에서 농성에 들어갔다. 그렇게 되자 로마는 평민 계급인 호르
텐시우스를 독재관으로 임명하고서 그에게 그 상황을 타개토록 했으며 호

르텐시우스 법Lex Hortensia을 통과시켰다. 훗날 이 법은 술라에 의해 폐지되었다가 폼페이우스와 크라수스에 의거 부활되었다. 트리부스 평민회concilium plebis tributum는 4개의 도시 트리부스와 31개의 농촌 트리부스로 구성되어 평민들만 참석했으며, 각 트리부스는 한 개의 투표권을 행사했다. 호르텐시우스 법 이전에 평민회의 결정은 민회의 재가를 받고 원로원의 승인을 얻어야 효력이 있었다.) 그러나 원로원 의원들은 이를 속주의 통치와 관련된 원로원 고유 권한에 대한 심각한 도전으로 받아들였다. 그들은 티베리우스가 로마인들이 그렇게도 싫어하는 왕이라는 지위를 차지하고 싶어 한다고 생각했고, 게다가 페르가몬의 사절단이 티베리우스를 내방했을 때 로마 왕으로 나서라는 의미에서 자주색 망토와 왕관까지 전달했다는 소문을 냈다.

○ 이런 모든 노력에도 농지법은 도시의 평민 유권자들에게 직접적인 혜택이 거의 없어 인기가 없었으며, 더군다나 투표를 하자면 로마시에 마련된 투표소로 와야 했지만 선거일은 티베리우스의 지지층인 농촌의 평민 유권자들이 밭일로 바쁜 여름철이어서 임기가 1년인 호민관에 티베리우스가 재선될 가능성이 희박했다.(註. 도시 트리부스가 4개였고 농촌 트리부스는 31개였으므로 도시 평민 유권자들의 영향은 그다지 크지 않았으리라고 판단된다.) 그는 검은 상복을 입고서 만약 자신이 선거에서 패배하면 죽음이 닥쳐올 것이 분명하므로 어머니와 어린 두 아들을 보살펴 달라고 눈물로써 호소하며 유권자들을 향해 유세를 했다. 하지만 지난 수백 년간 호민관은 재선된 적이 없어 호민관의 재선은 법으로 금지되어 있다는 생각이 보편적이었다.(註. BC 457년 호민관이 10명으로 증원되면서 호민관직의 연속 재선이 불가하다고 원로원이 규정했지만, 이는 제대로 지켜지지 않다가 훗날 점차적

으로 재선이 불가한 것으로 굳어졌다. 그러다가 BC 131년이 되어서야 호민관직의 재선이 합법적인 관행으로 바뀌었다.) 그래서 티베리우스 그라쿠스는 병역 기간을 단축하고 원로원이 독점하는 배심원을 원로원 계급과 기사 계급이 반반씩 구성하자는 법률안을 제출하는 등 전세의 역전을 꾀했다. 그러자 다시금 인기를 얻었으며, 그의 호민관 재선은 확실시되었다.

○ 선거일 날 티베리우스 그라쿠스와 경쟁자 간에 선거 관리를 둘러싸고 말다툼이 벌어졌다. 그런 와중에 티베리우스는 반대파들이 무기를 갖추어 자신의 목숨을 노린다는 측근들의 보고를 듣고서 방어를 위해 몽둥이를 나누어 가졌다. 멀리 있는 지지자들이 무슨 일인가 하고 궁금해하여 상황을 설명했지만 그곳의 시끄러움으로 목소리가 닿지 않자, 티베리우스는 자신의 목숨이 위태로워졌다는 표시로 머리에 손을 가져다 대는 시늉을 했다. 그러자 그곳에 있던 반대파 원로원 의원이 티베리우스의 행동이 왕관을 가져다 달라는 의미라고 생각하고 급히 원로원으로 달려가 전달했다. 반대파들은 선거가 계속 진행된다면 티베리우스의 당선이 분명하리라고 생각하며 위기감에 휩싸였다. 그들은 하늘에서 천둥이 쳤으니 이는 예로부터 불길한 징조로 보아 모든 행사를 그치던 것이 로마의 관례라고 주장하며, 집정관 무키우스 스카이볼라에게 거부권을 행사하고 선거를 중단시켜 달라고 강력하게 요구했다.

○ 그러나 스카이볼라는 티베리우스가 제안한 농지법의 작성자이었던 만큼 진그라쿠스파였다. 반대파들의 강력한 요구에도 그는 원로원이 평민들의 호민관 선거에 개입하는 것은 부당하다며 반대하고 나서자, 대제사장이던 스키피오 나시카 세라피오(Publius Cornelius Scipio

Nasica Serapio)는 자리를 박차고 일어나더니 "국가 최고 자리에 있는 집정관이 국난을 당하여 저토록 무책임하니 국가를 살리고 싶은 의원들은 나를 따르시오!"라고 외친 후, 제물을 바치는 태도로 토가를 머리 위로 뒤집어썼다.(註. 로마의 신관들은 복장이 따로 있지 않았으며, 제사를 치를 때 천으로 머리를 덮는 것으로 대신했다. 이것은 아이네아스가 약속의 땅 이탈리아를 찾아갈 때 그리스 해안에서 트로이아 왕 프리아모스의 아들이자 예지력을 지닌 신관인 헬레누스가 아이네아스에게 지시한 것이라고 한다.) 그가 토가를 머리 위로 뒤집어쓴 것은 자신의 행동이 대제사장으로서 제사를 지내는 것과 같으니 자신을 따른다면 폭력조차도 묵인될 수 있다는 표시였다. 이렇게 되자 나시카가 주도하는 반대파 원로원 의원들은 티베리우스가 왕이 되려 하고 있으니 선거를 중단시키자며 원로원에서 뛰쳐나와 선거 장소로 갔다.(註. 스키피오 나시카 세라피오는 티베리우스의 이종사촌이었다. 티베리우스가 왕이 되려 한다는 그의 비난은 훗날 로마 황제가 호민관 권력을 가졌다는 점에서 정당함이 입증되었다. 아우구스투스는 호민관 권력tribunicia potestas을 취함으로써 자신의 권력이 군대로부터 나온다는 것을 감추고, 평민들의 보호자임을 내세워 원로원을 통제하고 입법권을 유지하는 등 국가 통치의 기본 권력으로 삼았다. 그 이후로도 호민관 권력은 황제의 가장 강력한 권한이었다. 즉 로마 황제는 집정관으로서 권력을 유지한 것이 아니라, 호민관으로서 막강한 권력과 신변 보호를 지탱했다.)

○ 사실 같은 자매에게 결혼한 동서지간이었던 나시카의 아버지(Publius Cornelius Scipio Nasica Corculum)와 티베리우스의 아버지 간에는 응어리진 원한이 있었다. BC 163년 나시카의 아버지가 집정관 선거에 출마하던 때, 선거를 주재하던 집정관이 죽자 동료 집정관이었던 티베

리우스의 아버지가 선거 주재권을 넘겨받았다. 선거 도중에 주재관이 죽는 것은 불길한 징조이니 선거를 중단해야 한다고 원로원과 복점관들이 건의했지만, 그는 이를 무시하고 나시카의 아버지를 다음해 집정관으로 당선시켰다. 여기까지는 티베리우스의 아버지가 동서지간으로서 우애 깊은 행동을 보였다. 하지만 BC 162년 티베리우스의 아버지가 사르디니아 총독으로 가 있을 때, 그는 자신의 결정을 번복하여 집정관 선거 주재를 잘못했다며 원로원에 통보하자, 원로원은 나시카의 아버지 등 당시 집정관들에게 사직을 권고하여 모두 사퇴시켰던 적이 있었다. 이 일로 아버지의 응어리진 감정이 아들 나시카에게 미치고 있었으리라. 하지만 티베리우스를 편드는 고대 역사가들은 나시카를 거만한 자로 단정 지었다. 한때 그는 선거 유세 중에 한 농부와 악수를 하다가 농부의 손에 박인 굳은살을 보고 손으로 걸어 다니느냐고 물었는데, 이것이 소문나는 바람에 선거에 패배한 적도 있었다고 전한다.

○ 나시카를 지지하는 무리들은 소동이 격화되자 당초 시도했던 선거 중단뿐만 아니라, 신체 불가침의 특권을 가진 호민관 티베리우스 그라쿠스와 300명 이상이나 되는 그의 지지자들을 몽둥이와 돌로 살해하고 말았다. 폭력을 지휘한 나시카는 민중의 보복을 예상하고 이탈리아를 떠나 페르가몬으로 도망쳐 BC 132년 그곳에서 죽었다.(註. 2012년 대통령 선거 준비 때 어느 선거관리위원회 직원은 선거관리 업무의 어려움을 토로하면서 선거는 동서고금을 막론하고 전쟁 그 자체였지, 결코 축제는 아니라고 단언했다.)

○ 원로원들에 의한 집단 폭행이 있은 후, 시신만이라도 거두게 해 달라는 유족들의 요구가 있었지만, 반대파들은 티베리우스가 독재 정치

───── 로마의 선택과 결정 ② 지중해 패권

를 실시하여 왕이 되려 하고 있었다고 주장하면서 시신들을 모두 티베리스강에 던져 버렸다. 그러나 아무리 자신들의 기존 권한을 유지하고자 하는 원로원 의원들이었지만 로마 시민들의 울분과 공정성에 근거한 농지법을 폐지할 수는 없었다. 따라서 농지분배 위원회의 활동은 BC 133년부터 BC 120년까지 14년 동안 지속되었으며, 학자들의 조사에 의하면 농지법이 제정되고 6년 내에 7만 5천 명 이상이 혜택을 받았다고 알려졌다. 최초의 농지분배 위원은 티베리우스 그라쿠스 · 가이우스 그라쿠스 · 아피우스 클라우디우스(註. 티베리우스의 장인)였고, 티베리우스가 살해된 뒤에는 리키니우스 크라수스(註. 가이우스의 장인)로 교체되었다. 다만 창시자의 죽음으로 확고한 의지와 추동력을 잃어버린 농지법은 시간이 지남에 따라 유명무실해지고 말았다.

○ 사실 농지법은 350년 전부터 호민관들이 들고 나온 아주 오래된 민중의 소망이었고, 그 당시 호민관들은 징집 거부로 귀족들에게 압박을 가했지만 모두 실패했던 지독한 쟁점이었다. 하지만 불과 7개월 동안 호민관을 지냈던 티베리우스의 외침은 지중해의 유일한 강대국 로마가 안고 있는 문제점이 무엇인지 백일하에 드러나게 했다. 후세 사람들의 기록에 따르면 티베리우스 그라쿠스는 자신의 정책이 실패하였음에도 고귀한 성품과 최상의 교육이라는 자양분 위에 탁월한 지성과 정직한 마음으로 사람으로서 지닐 수 있는 최선의 덕성을 골고루 갖춘 그야말로 흠잡을 데 없는 삶을 살았다는 평가를 받았다.

직업은 삶에 책임과 목적을 부여하고 불확실한 미래를 선명하게 하며 자긍심과 성취감을 안겨 준다.

– 포에니 전쟁이 끝난 후 빈부 격차가 심해지고 농촌의 이농민들이 별다른 생계 수단도 없이 도시로 흘러들었다. 로마는 이들이 먹고 살 수 있도록 여러 정책을 폈지만 정작 그들에게 필요한 것은 직업이었다. 왜냐하면 사람에게 직업이란 삶을 풍부하게 하고 자긍심을 유지하게 할 수 있는 수단이기 때문이다.

│ 알아두기 │

• 포에니 전쟁 이후의 빈부 격차

제3차 포에니 전쟁이 끝난 후의 로마는 제1차 포에니 전쟁 후와 비교했을 때, 제1계급과 제4계급의 재산 비율이 4배에서 20배로 차이가 심화되었다. 병사를 모으기 위해 제5계급의 경우는 제3차 포에니 전쟁 후에 오히려 재산의 규모를 낮추어 적용해야 할 정도였다. 제5계급에도 포함되지 않는 계층은 무산자 계급(프롤레타리아투스 proletariatus)으로 병역의 의무가 없었다.

전쟁이 끝나고 사회간접자본의 투입에 따른 산업 생산성이 확대되어 부의 축적이 이루어졌으나, 확대된 생산성을 이용할 수 있는 위치에 있었던 지도층 계급에서 집중적으로 재산 확충이 이루어진 결과다. 지도층 계급은 값싸고 병역의 의무조차도 없는 노예들을 이용하여 수확이 늘었지만, 자작농의 경우에는 병역의 의무를 이행하고 귀가하자, 농산물의 가격은 대규모 농장으로 인하여 폭락했고 그나마 제대로 관리되지 않은 농지의 수확량은 형편없이 줄어들었다.

현대에서도 산업개발 후 격화된 빈부 격차가 문제시되었다. 그렇게 되자 사회 구성원의 행복지수가 산업개발 전보다 오히려 더 나빠지고 말았다.

✳ 가이우스 그라쿠스(Gaius Gracchus)와 풀비우스 플라쿠스(Fulvius Flaccus)의 죽음(BC 121년)

≪그라쿠스 형제의 개혁은 원로원과 귀족의 권위와 이익에 심각한 위협을 주었다. 원로원과 귀족들에게 이들 형제의 시도는 자신들의 체재에 대한 도전이었기에 반드시 분쇄해야 할 불손한 행위였다. 체제를 뜯어고치려고 정면 승부를 건다면 권력과 군사력을 가진 기성세력에게 패배하기 마련이다. 그럼에도 가이우스 그라쿠스에게는 형의 실패가 자신의 행동을 수정하기 위한 본보기가 되지 못했다. 그라쿠스 형제는 개혁이란 자신들의 주도로 이루어져야 했고, 그것도 호민관직에 있을 때 시행되어야 한다고 생각할 만큼 조급했다.

개혁은 그라쿠스 형제가 죽음으로써 종국에는 실패했다. 이로써 기득권층의 이익은 보장되었으나, 더 이상 평화적인 방법으로 문제점을 해결하는 방법은 사라졌다. 이제는 아무리 탁월한 개혁안을 제시하고 시민들의 지지를 받는다고 할지라도 원로원과 귀족들이 찬성할 리가 없다고 여겨졌고, 설령 개혁이 시작된다고 하더라도 물리적인 힘의 과시가 반드시 필요하다고 생각하게 되었다. 이러한 현상은 마리우스, 술라, 폼페이우스, 카이사르로 이어지는 군인들의 득세로 걷잡을 수 없이 이어졌고, 마침내 카이사르가 원로원과 귀족들의 권력을 창검의 힘으로써 무너뜨리고 제정의 토대를 마련하기에 이르렀다.≫

○ 명문가의 집안에서 태어난 가이우스 그라쿠스(Gaius Sempronius Gracchus)는 9살 위였던 형 티베리우스 그라쿠스와 마찬가지로 뛰어난 연설가였고 개혁가였다. 그는 형과는 달리 격렬하고 선동적으로 연설했는데, 연설 도중 자신의 분노와 격앙된 감정을 표현하기 위해 연단 위를 왔다 갔다 하며 때때로 자신의 옷깃을 당기기도 했다. 또한 이제까지 모든 연설가들이 원로원 의사당을 바라보며 연설했던 반면, 가이우스는 원로원 의사당 반대편에 있는 민중을 바라보며 연설했다. 그의 이런 행동은 연설이란 원로원이 아닌 민중에게 해야 한다는 의미를 담고 있었다.

○ 가이우스는 형의 빈민 구제책을 이어받으려고 마음먹었다. 티베리우스가 농지법으로 부의 편중을 개선하려 했다면, 가이우스는 곡물법(렉스 프루멘타리아Lex Frumentaria)으로 기아에 허덕이는 로마의 빈민을 구제하려고 했다.(註. BC 127년은 BC 138년에 비해 5배나 곡물가가 올랐고, BC 140년에 비해 무려 12배가 올랐다. 그러다가 BC 121년쯤 곡물가가 안정을 보이기 시작했다.) BC 123년도 호민관에 당선되자(註. 가이우스는 BC 124년에 당선되어 BC 123년과 BC 123년 당선되어 BC 122년 2년 동안 호민관을 지냈다. 그가 BC 124년 처음 호민관 선거를 치렀을 때 반대파의 견제가 심해 겨우 4위의 득표로 당선되었다. 하지만 그는 BC 122년을 위한 BC 123년 호민관 선거에는 입후보하지도 않았다. 그런데도 호민관에 재선될 수 있었던 것은 입후보하지 않은 자에게도 유권자가 표를 던질 수 있었고, 과반 이상 득표한 자가 선출해야 할 인

원보다 부족할 경우 입후보하지 않은 자가 선출되었기 때문이다. 그만큼 가이우스에 대한 시민들의 기대가 컸다는 방증이었다.), 그는 호민관의 권한인 입법권을 최대한 활용하여 소작농에게 유리한 법령을 제정하였고, 곡물법을 제정하여 귀족과 평민 그리고 빈부의 구별 없이 시장 가격의 반도 안 되는 낮은 가격으로 곡물을 공급했다.(註. 가이우스는 로마 시민들에게 매달 5모디우스의 밀을 1모디우스당 6과 1/3 아스에 살 수 있도록 했다. 5모디우스는 성인 남자 1인의 1개월치 식량 정도였으며, 이는 1모디우스의 시장 가격이 보통 16아스에서 24아스였으므로 가이우스가 공급한 밀은 헐값이었다. 노동자 1인의 평균 월수입이 200~240아스 정도인 것을 감안하면, 의복·집세·연료 등 생활비를 제외하고 밀만 구입한다고 해도 시장 가격으로는 4인 가족이 필요한 밀을 구입하는 데 모자랐으므로 보통의 노동자들은 항상 기근에 시달렸다. 가이우스가 곡물법을 제안하자 BC 133년 집정관 칼푸르니우스 피소 푸르기는 끈질기게 반대했다. 하지만 그가 지성과 이성의 지시에 따라 반대의 목소리를 높였어도 이익과 혜택 앞에서는 무릎을 꿇었다. 왜냐하면 가이우스의 곡물법이 시행되자 그가 제일 먼저 배급 장소에 나타났기 때문이다. 이를 보고 가이우스가 빈정대자 피소는 이렇게 말했다. "그라쿠스! 나는 지금도 그대의 정책을 반대하네. 다만 그대가 국고에 있는 내 재산을 여러 사람들에게 나눠 준다고 하니 내 몫만은 받을 작정일세." 하기야 가이우스의 곡물법을 시행하기 위해 세입의 20%가 소모되었다는 키케로의 증언이 있으니 결코 적은 자금이 필요한 것이 아니었다.) 그리고 형의 살해에 관여했던 자들에 대하여는 관리로 등용되는 것을 막았으며, 로마 시민을 재판 없이 그리고 상소할 기회도 주지 않은 채 처벌할 수 없다는 법안을 통과시켰다. 아울러 티베리우스의 법안에 거부권을 행사했던 옥타비우스를 겨냥한 것이 분명한 법안을 제안했는데, 이는 민회에서 해임된 관리는 다시는 공직을 맡을 수 없다고 규정한 것이다. 하지만 이 가혹한 법안은 어머니 코르넬리아의 청으로 철회했다.

○ 또한 가이우스는 곡물법의 시행을 위한 재원의 마련을 위해 아시아 속주의 세금을 기사 계급들에게 미리 일시불로 받고 세금을 거둘 수 있는 권한을 넘겼으며, 관리들의 부정을 재판하기 위해 구성된 배심원 제도를 개선했다. 과거에 형 티베리우스가 원로원 계급과 기사 계급 반반씩 배심원을 구성하자고 제안한 적이 있으나, 가이우스는 한 발 더 나아가 450명이던 배심원 전원을 기사 계급으로 구성한 것이다.(註. 배심원을 전원 기사 계급으로 하는 것이 원로원 계급인 속주 총독들의 폭정을 방지하기도 했지만, 기사 계급들의 탐욕과 부패를 보호하는 무기가 되었음이 드러나기도 했다. BC 105년 집정관을 역임했던 루틸리우스 루푸스는 소아시아에서 징세업자들의 혹독한 세금 징수를 규제해 속주민들을 보호한 적이 있었다. 그러자 배심원들은 루틸리우스에게 깊은 원한을 품게 되었다. 왜냐하면 징세업자는 기사 계급이었고 배심원 또한 기사 계급이었기 때문이다. 루틸리우스가 속주의 임무를 끝내고 BC 92년 로마에 왔을 때 배심원들은 권한을 남용하여 그에게 죄를 뒤집어씌운 다음 추방형에 처했다. 그가 추방에 처해진 곳은 가렴주구를 저질렀다던 아시아 속주였는데, 오히려 그곳의 주민들은 루틸리우스를 명예로운 손님으로 대접했다.

이처럼 기사 계급으로 구성된 배심원단이 비난받을 만한 일들을 반복하자 BC 91년 호민관 드루수스가 일부 배심원을 기사 계급에서 원로원 의원들에게 다시 되돌려주었다. 그러다가 술라가 배심원단 전원을 원로원 의원으로 구성했지만, 그가 죽은 후 BC 70년 배심원단이 900명이었을 때

전년도 집정관 아우렐리우스 코타가 제안한 법에 의거, 원로원 의원 배심원이 300명으로 또다시 줄어들었다. 코타는 원로원 의원 300명, 기사 계급 300명, 평민 계급 300명으로 배심원단을 구성했던 것이다. 학자들 중에는 배심원단에 참여한 평민을 '트리부니 아이라리이tribuni aerarii'라고 부르며, 이들은 상당한 재산을 가진 평민 중에서 선발되었으며 기사 계급과 평민 계급 사이에 또 하나의 계층을 형성했다고 주장하는 이도 있다. 따라서 배심원단에 속한 평민은 무작위로 뽑혀 어중이떠중이들이 모인 것이 아니라 영향력 있는 평민 중에서 선발했던 것으로 판단된다.

인원수로 보면 로마 세계에서 기사 계급은 원로원 계급의 20배가량 되었지만 등급과 위세에서만 차이가 날 뿐 원로원 계급과 동일한 사회 계층에 속했고, 이들은 원로원 의원 생활에서 오는 부담과 과시보다는 안락함과 은밀한 권력 그리고 확실한 이익을 선호한 자들이었다.) 이 법은 원로원의 강력한 반대에도 불구하고 한 선거구 차이로 과반수를 얻어 가까스로 법안이 통과되었다. 이는 속주 총독이 원로원 계급이므로 같은 원로원 계급이 재판의 배심원을 맡고 있다면 공정한 결과가 나올 수 없다는 판단에서였다. 그뿐만 아니라 가이우스는 BC 122년 두 번째로 호민관을 지낼 때, 기득권을 유지하려는 로마 시민들의 반대에도 불구하고 라틴 시민권을 가진 자에게는 로마 시민권을 주고, 이탈리아의 나머지 지역 주민들에게는 라틴 시민권을 부여하여 시민권의 범위를 확대시키자는 법안을 제출했으며,(註. 라틴 시민권자는 직접세를 납부해야 했고, 전리품 분배에서도 로마 시민권자와 차별되었으며, 선거권과 피선거권이 없었다.)(註. 학자들 중에는 가이우스가 시민권 확대를 제안한 것은 동맹국 귀족들에게 시민권을 주어 로마 시민으로 만든 후 그들이 초과 소유한 국유지를 몰수하기 위해서라고 주장하는 이도 있지만, 앞서 서술한 대로 티베리우스의 농지법이 동맹국 귀족들이 소유한 국유지까지 포함된다면 가이우스가 제안한 시민권 확대는 동맹국 귀족들의 국유지 몰수를 위한 것이라고 볼 수 없다.) 군인이 직접 부담하던 군복과 각종 장비의 비용도 국고에서 부담하도록 했다.(註. 군인들이 직접 부담하던 군복과 장비 구입 비용이 20데나리우스에 달했다.) 또한 가이우스는 정복을 통한 식민지에 식민 도시를 세우고 로마 시민들을 이주시켜 경제 부흥을 꾀했다.

○ 그러나 가이우스를 반대하던 원로원 의원들은 가이우스가 식민시 건설을 위해 카르타고를 여행 중에 있을 때 스키피오 아이밀리아누스가 카르타고를 멸망시키면서 끔찍한 저주를 퍼부었거늘 그곳에 식민시를 건설하려는 것은 불길한 징조가 있을 것이라며 불안감을 퍼뜨리고 다녔다. 더하여 그들은 호민관 리비우스 드루수스를 사주하여 가이우스보다 훨씬 더 혁신적인 개혁안을 내놓게 했다. 민심이란 변덕이 심한 법이어서 가이우스가 식민지 건설을 위해 아프리카를 여행한 기간이 불과 70일이었지만 드루수스의 공격적인 개혁안으로 민심은 크게 변했다. 농지법의 경우에 그라쿠스는 임차료를 내도록 했지만 드루수스는 그것조차도 면제했으며, 임차받은 국유지의 양도까지도 가능하게 했다. 그리고 식민시 건설은 가이우스가 카푸아, 타렌툼, 카르타고 등 모두 3곳을 제안했지만, 드루수스는 12곳을 주장했다.(註. 로마는 정복한 지역에 식민시를 건설하여 퇴역병들을 정착시켰다. 그것은 퇴역병들이 정복한 지역의 불온한 상태를 방어하고 질서 유지에 기여하여 로마의 적대 세력을 억제하려는 데 있었다. 퇴역병들도 16년간 군 복무를 하면서 태어난 고향만큼이나 그곳에 정들어 정복지의 여성과 결혼하고 가정을 이루었다.) 또한 군율을 어긴 병사들에 대한 처

분을 완화하자고도 했다. 드루수스의 이러한 제안은 실제로 법률을 시행하자는 것이 아니라, 가이우스보다 드루수스의 인기를 더 높게 하여 가이우스를 실각시키려는 원로원의 계략일 뿐이었다. 원로원 의원들은 가이우스가 실각된 후에 법을 다시 바꾸면 된다는 생각이었기 때문이다. 결국 이탈리아 주민들에게 시민권을 확대시키자는 가이우스의 법안은 반대파들의 반격으로 부결되었고,(註. 풀비우스 플라쿠스는 BC 125년 집정관이었을 때 동맹국 주민들 가운데 원하는 자에게는 로마 시민권을 부여하자고 제안했다가 평민 계층의 반대가 심하자 철회한 적이 있었다.) BC 122년 실시한 호민관 선거에서 가이우스는 낙선하고 말았다.

○ 그 이후 어느 호민관이 가이우스가 제창한 카르타고의 식민시 정책은 중지되어야 한다는 주장을 했다. 결국 BC 121년 카르타고 식민시

❙ 연설하는 가이우스 그라쿠스

건설을 놓고 찬반 투표를 실시하게 되었다. 투표가 있던 날 집정관 오피미우스가 카피톨리누스 신전의 제의를 준비하고 있었고, 그에게 소속된 하급 관리들은 제사 도구를 운반하고 있었다. 그중 안틸리우스라는 자가 그곳에 있던 가이우스 앞에 서더니만 "썩을 놈들! 너희들 모두 이곳에서 썩 꺼져라!"고 소리쳤다. 이 말은 당시로서는 최악의 욕설이었다. 분노를 참지 못한 가이우스 추종자 한 사람이 단검을 빼어 그자의 가슴에 찔렀고 그 관리는 곧 숨을 거두고 말았다. 그렇게 되자 가이우스는 커다란 정치적 난관에 부닥치게 되었다.

○ 안틸리우스의 죽음으로 투표장의 분위기가 험악해지고, 때마침 세찬 비가 쏟아지자 민회는 해산되었다. 다음 날 집정관 오피미우스가 원로원 회의를 소집했을 때 한 무리의 사람들이 안틸리우스의 시신을 덮지도 않은 채 둘러메고 광장을 가로질러 원로원 회의장 앞을 지나갔다. 이는 오피미우스 일파가 미리 짜놓은 각본이었다. 원로원 의원들은 안틸리우스의 주검을 보고 극악무도한 범죄가 발생했다며 맹비난을 퍼부었다. 하지만 지나간 일을 돌이켜 보면 한때 그들은 티베리우스 그라쿠스를 재판도 없이 살해하고 그것도 모자라 유족들의 간청을 저버리고 시신을 티베리스강에 던져 버린 자들이었다. 원로원 의원들의 분노를 부추기는 데 성공한 오피미우스는 이 상황을 해결하기 위한 대책을 원로원 회의에 부쳤다.

○ 원로원 의원들은 이때를 노려 강력한 무기를 사용하기로 결정했다. 가이우스의 가장 강력한 반대자였던 집정관 오피미우스가 주도가 되어 가이우스를 '공공의 적'으로 규정하고 '원로원 최종 결의'(註. '세나투스 콘술툼 울티뭄senatus consultum ultimum'으로 표현되며, 의역을 한다면 '비상사태 선언' 또는 '계엄령 선포'가 된다. 당시에는 이러한 용어가

| 「가이우스 그라쿠스의 죽음」, 장 밥티스트 토피노 레브룬 作

없었으나 훗날 카이사르가 이 용어를 사용함에 따라 정착되었다. 이 조치는 어떠한 법률이나 고대의 관습에도 근거가 없는 것이었으며, 카이사르도 그 부당함을 지적했다.)를 선포했다. 그들은 병력을 동원하여 무력으로 정적들을 제압하려고 한 것이다.

○ 가이우스는 지지자들을 이끌고 시위를 하다가 진압군에게 쫓기어 옛날부터 평민들의 시위 장소였던 아벤티누스 언덕으로 도망쳤다. 가이우스 그라쿠스의 지지자인 플라쿠스(Marcus Fulvius Flaccus)는 무모하고 난폭한 성격에다 가이우스조차도 제지할 수 없을 만큼 흥분하여, 과격한 집정관 오피미우스와 대치했다. 하지만 세력이 약한 가이우스 파들은 그대로 밀고 나갔을 때 불리하다는 것을 깨달았다. 이에 가이우스는 플라쿠스를 설득하기에 이르렀다. 결국 아직 미성년인 플라쿠스의 막내아들이 원로원 의원들에게 화해를 요청하러 가기

로 결정되었다. 플라쿠스의 어린 막내아들은 눈물을 글썽이며 심부름 받은 대로 원로원 의원들에게 화해를 부탁하자 그곳에 있던 대부분의 사람들은 화해를 받아들이고자 했으나, 집정관 오피미우스는 주동자가 직접 와서 사죄해야지 어린애에게 심부름이나 시킨다면 사죄하는 것이 아니라고 주장하면서 화해를 받아들이지 않았다.

○ 화해의 사절로 간 플라쿠스의 어린 아들은 감옥에 갇혔고, 오피미우스는 막강한 보병과 크레타 궁수를 동원하여 가이우스 지지파들을 간단하게 쳐부수었다. 또한 집정관의 권력이 두려웠던지 가이우스 편에 섰던 자라도 그를 버린다면 사면할 것이란 달콤한 약속에 신의를 모르는 수많은 가이우스 지지자들이 거리낌 없이 오피미우스 측으로 돌아섰다.

○ 플라쿠스와 그의 큰아들은 버려진 건물 안으로 숨었다가 발각되어 살해당했으며, 가이우스는 티베리스강에 접한 야니쿨룸 언덕 아래의 푸리나 숲에서 자살했다. 가이우스는 집정관파들로부터 도망치다가 붙잡힐 수밖에 없게 되자 충직한 노예 필로크라테스의 도움으로 죽을 수 있었다. 진압이 시작되기 직전 선포된 법에 따르면 가이우스의 머리를 가져오는 자는 그 머리의 무게만큼을 금으로 보상받을 수 있었다. 가이우스의 머리를 가져간 셉티물레이우스는 잔인한 것으로도 모자라 사기까지 쳤다. 그는 머리를 잘라 뇌를 꺼내고 납을 녹여 부어 무게를 늘린 후 오피미우스 앞에 가져갔기 때문이다. 오피미우스는 그 무게에 해당하는 금으로 포상했다. 또한 형식상의 재판을 벌여 가이우스 그라쿠스의 추종자 3천 명이 처형되었다. 가이우스 지지자들은 오피미우스 지지자들에 의해 목이 잘린 후 로마 광장의 연단 위에 걸렸고, 플라쿠스의 어린 막내아들도 감옥에서 살해당했다. 살해

된 자들의 재산은 공매에 부쳐졌고, 그들의 아내는 죽음을 애도하는 것조차 금지되었으며, 가이우스의 아내 리키니아는 지참금까지 빼앗겼다.

○ 이것은 가이우스가 호민관으로 재임하기 시작하던 때로부터 2년이 조금 지난 후에 일어난 일이었으며, 숨을 거두던 BC 121년에는 호민관이 아니었다. 그의 연설은 탁월해서 그라쿠스와 이념을 달리했던 키케로조차도 가이우스의 죽음이 라틴 문학의 막대한 손실이라고 평했다. 그리고 집정관 오피미우스는 이 사건으로 처벌되지는 않았으나, 훗날 누미디아의 유구르타로부터 뇌물을 수수했다는 혐의를 받고 추방형에 처해졌다.

○ 역사가들 중에는 그라쿠스 형제가 호민관이 아니라, 집정관이 된 후 농지 개혁을 꾀했다면 실패하지 않았을지도 모른다고 추측하는 이도 있다. 그러나 그라쿠스 형제의 농지법을 적극 지지한 자들 중에 귀족 세력이 많았고, 과거 스푸리우스 카시우스의 실패를 보아서도 기존 세력의 반발은 집정관 권력으로 잠재울 수 있는 것이 아니었다. 훗날 카이사르가 강력한 군사력으로 검을 들이대자 그제야 기존 세력의 탐욕스런 목소리를 침묵시킬 수 있었기 때문이다.(註. 기존 세력이 개혁을 시도하더라도 실패의 확률은 상존한다. BC 486년 귀족인 스푸리우스 카시우스는 두 번의 개선식을 거행하고 세 번째 집정관직을 수행하면서 민중을 위해 파격적인 법안을 제안했다. 그는 국유지를 다시 측량하여 일부를 국고 수입을 위해 임대하고 나머지는 가난한 자를 위해 분배하자고 주장한 것이다. 그러면서 온 세상이 탐욕으로 판치고 있더라도 자신의 정직함과 정책의 정당성이 통할 것이라고 믿었다. 하지만 그의 믿음은 틀렸음이 입증되었다. 귀족들과 부유한 자들이 일치단결하여 집정관

에게 대들었고, 심지어 가난한 시
민들도 불만에 가득 찼다. 왜냐하
면 형평성을 이유로 라틴 동맹국
시민들에게도 토지를 나누어 주려
고 했기 때문이다. 결국 집정관 스
푸리우스 카시우스는 자신이 속한
계층에 대항하여 가난한 시민들을
보호하려 했지만, 감히 왕과 같은
지위를 탐했다는 이유로 고발되어
억울하고도 비참하게 목숨을 내놓
아야 했다.)

▌ 농지분배 3인 위원 명단이 새겨진 비
(관습대로 프라이노멘과 노멘만 새겨졌다.
위에서부터 가이우스 셈프로니우스 그라
쿠스, 아피우스 클라우디우스 풀케르, 푸
블리우스 리키니우스 크라수스)

○ 이로써 그라쿠스 형제가 시도했던 공화정 체제의 개혁은 도중에 좌
절되고 말았다. 그라쿠스 형제의 실패로 공화정 체제에서의 문제점
은 개선되지 않고 더욱 확대되어 갔다. 결국 이 문제는 공화정의 몰
락을 가져왔고 다른 체제, 즉 제정이라는 괴물이 로마의 자궁에서 서
서히 자라나는 계기가 되었다. 로마의 귀족들은 농지 분배가 개선되
어야 할 문제임을 스스로도 인식하고는 있었으나, 그 단맛에 빠져 체
제의 파멸을 자초한 것이다.(註. 다만 곡물법은 가이우스가 죽고 난 후
에도 폐지되지 않고 그대로 시행되었다.) 역사가들은 카이사르의 업적
에 찬사를 보내며 그의 재능과 천재성을 붓끝으로 화려하게 장식하
기도 하지만, 무자비한 정복을 제외한다면 시민들의 궁핍함을 들어
주고 소외된 자의 목소리에 귀 기울이는 카이사르의 정책은 실로 그
라쿠스 형제가 시도했던 개혁의 그림자에 지나지 않았을 뿐이다.

○ 형 티베리우스는 두 아들이 일찍 죽었고, 동생 가이우스는 아들을 남

기지 않고 죽었기 때문에 그라쿠스 가문은 대가 끊겼다.(註. 가이우스에게는 셈프로니아란 딸이 있어 그녀가 풀비우스 가문으로 시집가서 낳은 딸이 풀비아였다. 풀비아는 제2차 삼두 정치를 이끈 안토니우스의 아내였다.) 그러나 종조할아버지의 노예 군단과 노예 해방 · 아버지의 스키피오에 대한 옹호 변론 · 그라쿠스 형제의 농지 개혁 등은 현대 서구인들이 핍박받는 자들에게 동정적인 로마인을 묘사하고 싶을 땐 '그라쿠스'라는 이름을 쓸 만큼 후세에 크나큰 영향을 남겼다.(註. 가이우스Gaius는 Caius라고도 쓴다. 이는 고대 라틴어 'c'의 음가가 'g(ㄱ)'와 'k(ㅋ)' 모두를 사용했기 때문이다. 그러다가 'c'는 'k(ㅋ)'로 되었고, 'g'는 'g(ㄱ)'로 되었으며, 'k'는 'c'로 바꾸어 사용할 수 있는 경우가 점차로 줄어들었다. 그러나 프라이노멘으로 사용한 'Gaius'는 사진 속의 농지분배 3인 위원 명단처럼 약자로 'C'를 사용했으므로 고대 라틴어로는 'Caius'가 더 원형에 가깝다고 하겠다.)

| 마음에 새기는 말 |

뛰어난 예지력을 가진 자라도 무기가 없으면 실패한다.

_ 마키아벨리

- 그라쿠스 형제는 미래를 헤아릴 줄 아는 지혜를 가졌지만 자신들의 개혁을 무기 없이 기성세력에게 납득시킬 수는 없었다. 그러나 수십 년 뒤의 카이사르는 동일한 안건을 통과시키기 위해 말 많은 원로원 의원들에게 창검을 들이대었던 결과, 기성세력을 쉽게 납득시켰다는 것에 관하여.

☀ 로마인의 이름 구성

≪단순했던 작명법은 문화와 문명이 발달하고 국가의 세력이 커지자, 이름에 자신의 업적과 권위를 표시하는 방향으로 발전했다. 그 결과 긴 이름이 생겨나고 별명처럼 붙여졌던 코그노멘이 상속되어 파벌과 가문을 형성했다. 더하여 제정 시대 황제의 공식 호칭에는 일반적인 형식에 아부까지 첨부되었다.≫

○ 로마사를 처음 대하다 보면 긴 이름에 질려 움츠러들고 만다. 게다가 같은 이름도 많을뿐더러 그냥 '티베리우스'라고 하면 '호민관 티베리우스'인지 '황제 티베리우스'인지조차도 헷갈리고 말 것임에 틀림없다. 특히 자마 전투의 승리자 스키피오와 호민관 티베리우스는 '푸블리우스 코르넬리우스 스키피오(Publius Cornelius Scipio)', '티베리우스 셈프로니우스 그라쿠스(Tiberius Sempronius Gracchus)'로서 자신의 아버지와 이름이 같았다. 베스파시아누스 황제와 그의 아들인 티투스 황제도 똑같이 티투스 플라비우스 베스파시아누스(Titus Flavius Vespasianus)였다. 이렇듯 동일한 이름을 가진 자가 한두 명이 아니다. 이렇게 생각하면 될 것 같다. '김씨'라고 하면 수천 년 역사에서 명성이 알려졌거나 악명을 떨친 김씨가 어디 한 명뿐이겠는가? 앞뒤의 상황을 보면 호민관인지 황제인지 그리고 아버지인지 아들인지 알 수 있으리라고 본다.

○ 로마인의 이름은 개인 이름(프라이노멘praenomen, 이름), 씨족 이름(노멘nomen, 성), 가문 이름(코그노멘cognomen, 파)으로 구성되어 있다. 그 외에 명성을 떨친 장군들의 경우에는 별칭(아그노멘agnomen)

을 추가로 붙였으며 이는 상속되지 않았다. 예를 들자면 루키우스 코르넬리우스 술라, 가이우스 율리우스 카이사르와 같으며 아그노멘이 붙는 경우는 푸블리우스 코르넬리우스 스키피오 아프리카누스와 같다. 또한 스키피오 나시카의 아들이었지만 메텔루스 피우스에게 입양되었던 메텔루스 피우스(註. 폼페이우스 마그누스의 장인이었다.)는 '퀸투스 카이킬리우스 메텔루스 피우스 스키피오 나시카(Quintus Caecilius Metellus Pius Scipio Nasica)'란 긴 이름을 가지기도 했다. 다만 애초에 평민들은 귀족과는 달리 프라이노멘과 노멘만 있었으나, 시간이 흐름에 따라 평민뿐 아니라 해방 노예까지 점차 3개의 이름을 가지게 되었다.

○ 그러나 이름의 구성이 규칙적인 것만이 아니어서 코그노멘의 경우에는 후손에게 항상 승계되는 것이 아니었다. 코그노멘이 처음 만들어질 때는 별칭과 같아서 그 이름에 관록과 명예가 뒤따르고 이를 후손들이 반복하여 사용함으로써 가문의 이름으로 정착되었기 때문이다. 예를 들면 티투스 황제는 앞서 서술한 대로 아버지인 베스파시아누스 황제와 이름이 같아서 '티투스 플라비우스 베스파시아누스'였고, 동생인 도미티아누스 황제는 '티투스 플라비우스 도미티아누스'였다. 또한 티베리우스 황제는 아버지와 같은 이름인 '티베리우스 클라우디우스 네로'였지만, 동생 드루수스는 '네로 클라우디우스 드루수스'였다. 폼페이우스의 아버지는 '그나이우스 폼페이우스 스트라보'였는데 스트라보(strabo)는 그의 외모에 대해 별명을 붙인 것으로 '사팔뜨기'란 의미였다. 따라서 명예와 관계없는 이런 종류의 코그노멘은 후손에게 계승되지 않았다. 물론 키케로처럼 선조 중 한 분의 코끝이 병아리콩(註. 라틴어로 '키케르cicer'라고 한다.) 주름처럼 오목했다는 데

서 '키케로'라는 코그노멘이 붙여지고 후손에까지 전해진 경우도 있긴 하다.

○ 로마의 태동기 때에는 개인 이름만 갖고 있다가, 점점 개인 이름의 중요성이 퇴색되어 길이가 짧아지고 숫자도 감소했으며, 마침내 누구를 호칭할 때는 개인 이름보다는 씨족 이름이나 가문 이름으로 부르게 되었다. 또한 씨족이란 조상이 같다는 의미이므로 성(姓)으로 보는 것이 타당하고, 생전의 공로나 다른 이유로 별명이 붙은 것이 코그노멘이므로 코그노멘은 가문이나 파(派)로 보는 것이 옳다. 19세기 독일의 역사가 테오도르 몸젠에 따르면, 로마 사회에서 사람의 호칭이 이렇게 바뀌게 된 것은 로마 사회가 발전함에 따라 개인주의 성향보다는 씨족이나 가문과 같은 공동체를 중시하는 경향으로 발전했기 때문이라고 한다.

○ 해방 노예는 옛 주인의 노멘을 하사받아 사용하기도 했는데, 이는 조선 시대의 노비들이 주인의 성을 따라 붙인 것과 같다. 예를 들어 BC 1세기의 웅변가 마르쿠스 툴리우스 키케로의 노예였던 티로는 해방되면서 주인의 이름을 따라 '마르쿠스 툴리우스 티로'라고 불렸다. 해방되지 않은 노예의 경우는 주인의 이름을 붙여 만들었는데 예를 들어 루키우스의 노예는 '루키포르', 마르쿠스의 노예는 '마르키포르'라고 하는 식이었다. 또한 여성의 이름은 아버지의 씨족 이름을 여성화하여, 율리우스 씨족의 아버지를 둔 여성은 '율리아', 코르넬리우스 씨족은 '코르넬리아' 호르텐시우스 씨족은 '호르텐시아', 마르키우스 씨족은 '마르키아'라는 식이었다.

○ 위에서 서술한 바와 같이 로마인들은 개인적 성향보다는 집단적 성향의 발전으로 말미암아 프라이노멘이 다양하게 발전하지 못해 가이

우스, 티베리우스, 그나이우스, 아피우스, 루키우스, 푸블리우스, 마르쿠스 정도였고, 더 나아가서는 퀸투스(오남), 섹스투스(육남), 셉티무스(칠남), 옥타비우스(팔남), 노누스(구남), 데키무스(십남)와 같이 불렀다. 이것도 세월이 흐른 후에는 당초의 의미를 넘어 독립된 개인 이름으로 정착되었다. 즉, 열 번째 아들이 아니더라도 데키무스라고 이름을 붙이게 된 것이다. 또한 로마인들은 흔히 자식을 입양하곤 했는데 아이밀리우스가(家)에서 입양된 경우 '아이밀리아누스', 옥타비우스가(家)에서 입양된 경우는 '옥타비아누스', 세르빌리우스가(家)에서 입양된 경우는 '세르빌리아누스'로 불렀다.(註. 아우구스투스가 본래 옥타비우스로 불리다가 카이사르의 양자 입적 의식을 치른 다음 옥타비아누스로 바꾼 것도 이런 까닭이었다.)

○ 다만 황제의 공식 호칭은 정형화되어 앞에 임페라토르와 카이사르를 붙이고, 뒤에다 아우구스투스를 붙였다. 예를 들어 트라야누스 황제는 '임페라토르 카이사르 디비 네르바이 필리우스 네르바 트라야누스 옵티무스 아우구스투스'였다. 이것을 풀어 보면 Imperator는 '개선장군', Caesar는 '율리우스 카이사르의 권한을 이어받은 자', Divi Nervae Filius는 '신격화된 네르바의 아들', Nerva Traianus는 아버지와 자신의 이름, Optimus는 '최고', Augustus는 '존엄한 자'라는 의미다. 아우구스투스 다음에도 게르마니쿠스, 폰티펙스 막시무스, 콘술 등 군사적 치적, 명예 그리고 관직에 대해 여러 가지 많은 호칭을 덧붙였다. 그뿐만 아니라 트라야누스 황제의 즉위 시에는 이름 중에 '옵티무스'란 호칭이 없었다. 왜냐하면 원로원이 트라야누스 황제의 공적을 높이 평가하여 이제껏 유피테르 신에게만 사용하던 '옵티무스'란 칭호를 치세 중에 수여했기 때문이다. 이런 식으로 황제의 호칭은

수시로 덧붙여지고 변했다. 조선의 경우에도 태조 이성계를 보면 묘호(태조), 명나라에서 내린 시호(강헌), 정종이 바친 존호(지인계운), 신하들이 올린 시호(성문신무), 숙종이 바친 존호(정의광덕) 등을 덧붙여 '태조강헌지인계운성문신무정의광덕대왕(太祖康獻至仁啓運聖文神武正義光德大王)'이라고 했으니 제왕에 대한 존귀함의 표시는 동서를 막론하고 이렇듯 길고도 어려웠다.

○ 다른 황제의 경우에도 임페라토르 카이사르 디비 필리우스 아우구스투스(아우구스투스), 임페라토르 카이사르 베스파시아누스 아우구스투스(베스파시아누스), 임페라토르 카이사르 도미티아누스 아우구스투스(도미티아누스), 임페라토르 카이사르 트라야누스 하드리아누스 아우구스투스(하드리아누스), 임페라토르 카이사르 티투스 아일리우스 하드리아누스 안토니누스 아우구스투스 피우스(안토니누스 피우스), 임페라토르 카이사르 마르쿠스 아우렐리우스 안토니누스 아우구스투스(마르쿠스 아우렐리우스), 임페라토르 카이사르 루키우스 아우렐리우스 베루스 아우구스투스(루키우스), 임페라토르 카이사르 마르쿠스 아우렐리우스 세베루스 안토니누스 피우스 아우구스투스(카라칼라), 임페라토르 마르쿠스 아우렐리우스 안토니누스 피우스 펠릭스 아우구스투스 프로콘술(엘라가발루스), 임페라토르 카이사르 마르쿠스 아우렐리우스 세베루스 알렉산데르 피우스 펠릭스 아우구스투스(알렉산데르), 임페라토르 카이사르 플라비우스 콘스탄티누스 막시무스 피우스 펠릭스 아우구스투스(콘스탄티누스), 임페라토르 카이사르 플라비우스 유스티니아누스 아우구스투스(유스티니아누스)와 같이 외우기 힘든 무척 긴 이름을 가졌다.

○ 이처럼 황제의 호칭에 임페라토르와 카이사르를 붙인 것은 BC 38년

아그리파가 주화를 발행하면서 옥타비아누스에게 '임페라토르 카이사르 신격 율리우스의 아들(Imp. Caesar Divi Iuli F.)'이라고 각인한 데서 비롯되었지만, 당시에는 통치권을 상징하기보다는 명예 칭호에 지나지 않았다. 이러했던 '임페라토르'란 칭호가 황제를 의미하게 된 것은 베스파시아누스 황제에 의해서였다.(註. 황제가 아닌 자가 이름에 '임페라토르'를 붙인 것은 AD 23년 퀸투스 유니우스 블라이수스가 마지막이었다. 그는 티베리우스 황제의 근위대장인 세야누스의 장인이었고 아프리카에서 무공을 세웠다.)

| 마음에 새기는 말 |

나라가 가장 부패했을 때 가장 많은 법률이 제정되기 마련이다.

- 그라쿠스 형제의 개혁 이후 여러 호민관들은 자신이 원하는 대로 민중을 이끌기 위해 선동가가 되었다. 국정 운영은 국익과 정의보다는 선동가들의 정치적 목적에 의해 농락되었으며, 법률이 국가적인 문제뿐 아니라 개개인의 고발과 민사적인 문제에까지 파고들어 많은 법률이 제정되기에 이른 것에 대하여.

✳ 아기의 미래

≪로마에서 아버지의 권한은 절대적이어서 아기의 생살여탈권을 쥐고 있었다. 태어난 아기가 가문을 빛내며 올바르게 자랄 수 있을 것인지 아버지에 의해 심판받았으며, 만약 선택되지 못하고 버림받는다면 아기의 미래는 비참하기 짝이 없었다.≫

○ 로마에서 아기의 미래는 전적으로 가부장의 판단에 맡겨졌다. 애초에 아들의 경우는 기형아를 제외하고 어떤 경우에도 내다 버릴 수 없었으며, 딸의 경우에도 첫째 딸이라면 유기를 금했다. 그러던 것이 유기를 금지한 제도가 가족에 대해 절대적 권한을 가졌던 가부장권과 대립되자, 아기를 내다 버리는 죄가 법률적 처벌에서 종교적 저주 또는 도덕적 타락 정도로 축소되고 말았다.

○ 산파는 아기를 받아 내면 막 태어난 아기의 탯줄을 잘라 씻긴 후, 그 아버지에게 데려갔다. 아기의 미래는 이 순간에 결정되었다. 특히 사내아이는 유산을 상속받고 대를 이어 갈 중요한 사람이었다. 아버지 앞에 놓인 아기는 아주 오래된 고대의 의식에 따라 운명을 정했는데, 남아의 경우 가족으로 받아들인다면 아버지가 몸을 굽혀 아기를 안아 이마 높이까지 들어 올려 모든 친척들에게 보여 주었다. 만약 가족의 일원으로 받아들이지 않기로 마음먹었다면, 아버지는 무표정하게 지켜보거나 외면했으며 산파는 다시 아기를 데리고 나갔다. 사내아이뿐 아니라, 여자아이의 경우도 가족의 일원으로 받아들이느냐 마느냐 하는 결정의 순간이 있기는 마찬가지였지만, 여아일 경우 아버지가 가족으로 받아들인다면 젖을 먹이라고 지시하는 정도

였다.(註. 로마인들의 평균 수명은 약 25세 정도였다. 태어난 아기의 3분의 1이 28개월 안에 사망했고, 40% 정도가 8살이 못 돼 사망했다. 또한 산모의 경우 아기를 낳다가 출혈과 염증 등으로 2.5%가 죽었다.) 이처럼 여자아이보다도 사내아이를 중요시 여긴 것은 사내아기가 대를 이을 사람이기도 했지만, 민간 신앙에 의하면 자신의 무덤을 관리하고 제사를 지낼 사내아이를 남기지 않을 경우 사후 세계에서 영혼이 안주할 수 없다고 믿었기 때문이다.

○ 아버지로부터 가족으로 받아들여지지 않는 아기는 가난한 집에서 키워야 할 아이들이 너무 많거나, 성폭행의 결과로 태어난 아기이거나, 간통의 산물이라는 의심을 받거나, 분명한 장애를 가지고 태어난 경우였다. 거부당한 신생아의 운명은 매우 가혹했다. 운이 좋을 경우에는 로마 거리의 어느 지점에 일종의 배달 물건처럼 놓으면 아기가 필요한 사람들이 데려갔다.(註. 부모로부터 버려져 다른 사람에게 양육된 자들을 그리스어로 '쓰렙토스θρεπτος'라고 한다. 이들은 주요한 노예 공급원이었다.) 그뿐만 아니라 제정 후기에 극단적으로 가난한 자들은 자신의 아기를 버리기도 했지만, 파는 경우도 비일비재했다. 가난을 못 견뎌 버려지는 아기에게 부모들은 반지, 팔찌와 같은 인식표를 채웠고, 타인의 자비로 살아남기를 기원했다. 비참하게 버려지는 아기들은 대개 첩의 자식이거나 여자아이가 많았다. 이것은 트라야누스 황제 때 한 마을의 1세 이하 영아를 위한 보조금 내역을 보면, 사내아이가 145명인 데 반하여 여자아이는 불과 45명이었고 첩의 아이는 남녀 통틀어 겨우 2명이었다는 사실에서도 알 수 있다.

○ 버려진 신생아는 거두어 키우는 사람 마음대로 여자아이는 매춘부로, 남자아이는 노예로 부렸다. 몇몇 잔인한 사람들은 아기들의 다

리를 분지르거나 눈을 멀게 하여 구걸시키고, 그 아기들의 주인이 되어 그들이 벌어 온 동냥으로 자신의 주머니를 불려 가기도 했다. 이것은 불법 행위가 아니었다. 왜냐하면 아기를 키우느냐 내다 버리느냐의 문제를 사적 영역으로 생각하여 국가에서 관여하지 않았고, 버려진 아기를 노예처럼 취급했기 때문이다. 가난한 자들은 먹고살기 힘들어서 그리고 상류층에서는 가문을 중시하는 풍토 속에 상속자 수를 줄이기 위해서 피임이나 산모의 위험을 감수해야 하는 낙태보다는 아기를 유기하는 방법을 선호했다.(註. 공화정 후기 때 여성에게도 재산을 상속하게 되자 가문 재산의 분산을 막기 위해 상류층에서 여아 유기가 더욱 기승을 부렸다.) 더욱이 아기를 살해하는 것은 법으로 금지되었지만 내다 버리는 것은 비난받을 수 있을지언정 위법 행위가 아니었다.

○ 이러한 비참한 현실에서 아이들을 보호하기 위해 294년 디오클레티아누스 황제가 "아이들을 매각, 증여, 담보 또는 그 밖의 다른 방법으로 부모에 의해 매각될 수 없다."고 선포했다. 그러나 329년 콘스탄티누스 황제는 "만약 누군가가 극단적인 빈곤 때문에 자신의 자식을 신생아일 때 팔아 버린다면, 이 경우에는 매각이 효력을 가지게 되고 매입한 자가 이들을 노예로 부릴 권한을 갖는다."고 공포하면서 디오클레티아누스의 칙령을 되돌리고 말았다. 그러면서도 그는 아버지가 자식을 살해하는 것을 아들이 아버지를 살해하는 것과 동일한 범죄로 규정하는 등 이율배반적인 성향을 보였다. 이렇듯 부모로부터 버려져 비참한 삶을 살아가는 아이들이 거리의 어두운 곳을 메웠지만, 고아원은 겨우 5세기에 들어와서야 세워졌다.

○ 불행한 운명을 타고난 신생아들은 이들을 거두어 되팔아 먹는 사람

들에게 넘겨지는 일도 많았지만, 불구로 태어나거나 미숙한 아기로 태어난 경우에는 아무도 몰래 쓰레기 매립지나 사람들의 왕래가 뜸한 한적한 길의 하수도, 쓰레기 더미 아니면 공공 화장실 등에 버려지기도 했다. 버려진 신생아의 대부분은 기아와 추위로 죽었고, 어떤 경우에는 굶주린 개에게 잡아먹히는 경우도 있었다. 드물지만 극히 운이 좋은 경우에는 자식이 없는 사람이 버려진 아기를 데려다가 제 자식처럼 사랑으로 키우기도 했다. 하지만 대개는 유기된 아이들을 데려다가 노예로 키웠으며, 전쟁 포로나 채무 노예처럼 이들은 로마의 주요 노예 공급원이었다.(註. 고대에는 태어난 자녀의 건강을 확인한 후 양육할 것인가를 결정하는 경우가 많았다. 스파르타의 경우 남자 아이가 태어나면 아버지의 의지와는 관계없이 '레스케'라고 하는 곳으로 데려갔다. 그곳에서 부족 어른들이 아이를 살펴보고 체격이 좋고 튼튼하면 키워도 좋다고 허락하고 9천개로 잘라 놓은 국가의 부지 중 하나를 배정해 주었다. 만약 병약하고 기형아였다면 타이게토스 산자락에 있는 아포테타이 협곡으로 보내어 그 속에서 죽든지 아니면 살아도 천민이 될 수밖에 없는 운명이었다. 여자아이의 경우는 갓난아이를 물이 아닌 포도주로 목욕시켰다. 이는 병약한 아이는 진한 포도주로 씻기게 되면 발작하여 정신을 잃게 되지만, 건강한 아이는 포도주로 인해 강철처럼 단련된다는 믿음 때문이었다.

자녀의 출산은 로마에서는 남편에게 키워야 할 아이가 충분한 경우, 아이가 없는 남자가 남편을 설득하여 아내를 양도받을 수 있었다. 이런 경우 다른 남자와 잠자리를 갖는 것은 새로운 혼인 관계에서만 허용되었다. 그러나 자녀를 아버지의 권리보다는 국가의 소유물로 생각한 스파르타는 혼인 관계가 유지되는 상태에서 우수한 자질을 지닌 다른 남자의 아이를 갖고 싶다면 남편의 승낙을 받아 허용되었다. 즉, 남편과 아내가 훌륭한 아이를 갖고 싶다면 남편이 아닌 다른 남자의 피를 받을 수 있도록 했던 것이다. 더 나아가 스파르타는 아내 없는 남자가 아이를 갖고 싶다면 건강한 여인을 아내로 둔 남편에게 동의를 구한 후 그 여인에게 자신의 아이를 갖게 할 수 있었다.)

| 마음에 새기는 말 |

자식은 어머니의 배 속에서 자랄 뿐만 아니라, 어머니가 보살피는 밥상머리에서도 자란다.

_ 그라쿠스 형제의 어머니, 코르넬리아

※ 마리우스(Marius)의 등장

≪마리우스는 호민관을 지냈고, 집정관이 되어서는 군제 개편을 단행하여 부하 병사들을 자신의 클리엔스로 삼으면서 정치적으로 성장하여 민중파의 대표가 되었다. 그는 이름 없는 평민이었지만 군에서 입지를 넓혀 로마의 최고 관직인 집정관에 올랐던 것이다. 한때 정치적 후견인이었던 메텔루스가 그에게 빈정거렸지만 기죽거나 굴하지 않고 목표를 위해 매진한 결과였다.

마리우스가 민중파로 성장하자 영향력 있는 귀족 가문 출신인 메텔루스와 거리가 더욱 멀어지고 감정의 골이 깊어졌다. 만약 메텔루스가 마리우스의 성향과 반항의 기질을 예견했더라면 그가 정치적으로 성장하는 데 그토록 많은 도움을 주지 않았으리라. 그러나 미래의 행동을 미리 꿰뚫어 알아차리기란 매우 어려운 법이다. 훗날 서로마 재상 스틸리코의 경우에도 그가 추천한 올림피우스에게 살해당했기 때문이다.≫

○ 로마 남동쪽 아르피눔(註. 현재 지명 '아르피노') 근교의 케레아타이(註. 현재 지명은 '마리우스의 오두막집'이란 의미를 가진 '카사마레')에서 부유한 기사 계급의 아들로 태어난 가이우스 마리우스는 카이사르의 고모부였다.(註. 플루타르코스는 마리우스의 부모가 노동을 해서 생계를 꾸려 가는 가난한 사람들이라고 했으나, 마리우스가 율리우스 집안과 결혼한 것을 보면 그의 군사적 성공을 감안하더라도 플루타르코스의 주장은 과장된 것으로 보인다. 아마도 그리스 출신인 플루타르코스가 당시 교양인이라면 당연히 알아야 할 그리스어를 마리우스가 몰랐다는 것 때문에 낮추어 본 것이리라.) 그는 유서 깊은 가문 출신도 아니며 그리스어를 구사할 줄도 몰랐지만 군사에 대한 폭넓은 이해, 성실하면서도 검소한 서민적인 사생활, 전투에 임해서 지칠 줄 모르는 열

┃ 케레아타이

정 등으로 병사들과 민중에게 호감을 주는 인물이었다. 탁월한 전투 지휘 능력을 가진 마리우스는 히스파니아 누만티아 공략전에서 사령관 스키피오 아이밀리아누스의 인정을 받아 군대에서 소리 없이 입지를 넓혀 갔다.

○ BC 110년 신참자(호모 노부스homo novus)에 불과했던 마리우스가 유서 깊은 카이사르 집안과 결혼할 수 있었던 것은 그가 로마의 정계에서 막강한 힘을 행사하고 있던 기사 계급을 대표하는 인물로 부각되기 시작한 데다, 그 당시 카이사르 집안이 명문임에는 틀림없지만 경제적으로나 사회적으로 크게 힘을 뻗치지 못하고 있던 집안이었기 때문에 가능했으리라고 판단된다. 마리우스는 호민관 · 법무관 · 히스파니아 총독 등을 역임했지만 행정가로서는 특출한 업적을 남기지 못했다. 그러나 그는 군지휘관으로서의 능력은 탁월했으며, 투박한 외모를 가진 데다 장교이면서도 사병들과 똑같은 방식으로 말하고 생활하여 군대 내에서 인기를 끌었다. 또한 전쟁터에서 부하들을 지휘할 때는 명령만 하기보다 꺼지지 않는 열정으로 직접 행동하여 보여 주는 방식을 선택했다.

○ 마리우스는 메텔루스(Quintus Caecilius Metellus)를 파트로누스로 섬기고 있었고, 그의 도움으로 정치적 성장을 할 수 있었다. 그가 BC 119년 호민관에 당선될 수 있었던 것도 친아버지처럼 따르던 메텔루스의 결정적 도움이 있었기에 가능했다. 마리우스는 호민관이 되자마자 선거 부정을 척결하기 위해 법을 개정했는데, 당시 집정관이던 코타(Lucius Aurelius Cotta)가 이의를 제기하며 원로원 결의를 통해 마리우스를 소환했다. 하지만 마리우스는 집정관이 부정 선거를 없애려는 호민관의 일을 방해한다며, 집정관 코타를 당장에 체포하

여 감옥에 처넣으라고 소리쳤다. 호민관 권력(트리부니키아 포테스타스tribunicia potestas)은 민중의 이익에 거스르는 자는 누구든지 체포할 수 있었기 때문이다.(註. 민중의 뜻을 거스르고 국가 권력을 집행하면, 호민관이 집정관을 투옥하는 경우가 종종 발생했다. BC 151년 집정관 루쿨루스와 알비누스는 가혹한 대규모 징집을 감행하다 호민관에게 투옥되었고, BC 138년에도 징집 문제를 두고 호민관이 집정관을 투옥했다. 이때 집정관이 투옥되었던 사건은 가정을 돌보지 않고 전쟁에 참가했던 시민들을 또다시 전쟁을 위해 재징집하자 시민들이 반발하여 발생했던 것으로 추측된다.) 이에 코타가 깜짝 놀라 곁에 있던 메텔루스에게 도움을 청하자, 메텔루스는 자신도 코타와 의견을 같이한다며 마리우스의 과격한 행동을 말렸다. 그러자 마리우스는 평소 아버지처럼 섬기던 메텔루스까지도 함께 체포하라고 명령했지만, 그곳에 있던 호민관 어느 누구도 메텔루스에게 도움을 주지 않았다. 결국 원로원은 마리우스를 소환한 결의를 취소할 수밖에 없었다. 마리우스가 자신의 파트로누스인 메텔루스에게 대드는 것은 당시 로마의 관습을 깨뜨리는 엄청난 사건이었다.(註. 플루타르코스에 따르면 파트로누스-클리엔스의 관계는 클리엔스가 안찰관에 선출될 경우 그 관계가 끊어졌다.)

○ 그 이후 마리우스가 곡물을 싸게 공급하는 법안에 거부권을 행사했을 때 평민들의 인기는 줄어들었지만, 그 대신에 로마의 대표적인 귀족 명문가였던 메텔루스 가문과는 화해하는 계기가 되었다. 그래서인지 BC 109년 메텔루스는 집정관이 되어 유구르타 전쟁의 총지휘권을 쥐자, 예전에 당했던 굴욕도 잊어버리고 마리우스의 능력과 우정을 믿고 그를 부장에 임명하여 출전했다. 그리하여 마리우스는 누

미디아 왕 유구르타와의 전쟁에서 능력을 발휘할 수 있는 기회를 얻을 수 있었다.

○ 하지만 은혜는 바람처럼 빨리 잊히는 것이 인간의 본성이어서 마리우스는 유구르타 전쟁 중에 메텔루스의 은혜와 호의를 배반으로 갚았다. 메텔루스에게는 투르필리우스라는 친구가 있어 그에게 바그라다스강 바로 북쪽에 위치한 바카라는 도시의 수비를 맡겼는데, 그는 성품이 부드러운 자여서 그곳의 시민들을 따뜻하고 인도적으로 대했다. 하지만 시민들은 그의 성품을 악용해 유구르타를 몰래 도시로 불러들였고 도시는 적의 손안에 떨어지고 말았다. 도시가 함락되고 수비 대장 투르필리우스는 적의 포로가 되었지만 시민들은 유구르타에 탄원하여 투르필리우스를 로마군 진영으로 돌려보냈다.

○ 하지만 적에게 도시를 내어 준 자들의 도움으로 목숨을 건진 자가 무사할 리 없었다. 그가 패장이 되어 로마군 진영으로 돌아오자 사람들은 그에게 반역죄를 덮어씌웠다. 메텔루스는 그를 살리기 위한 노력을 아끼지 않았지만 마리우스는 냉혹하게 유죄를 주장하며 다른 사람들의 분노를 부추겼다. 결국 사령관 메텔루스는 오래된 친구 투르필리우스를 사형에 처할 수밖에 없었다. 투르필리우스가 처형되고 나서 얼마 후 그에 대한 혐의가 거짓임이 확인되고 무죄였음이 입증되었지만, 이미 죽은 자에게는 소용없는 일이었다. 이 일로 메텔루스는 상심에 젖었고 마리우스는 희희낙락거리며 친구를 죽인 죄책감이 메텔루스를 따라다닐 것이라며 그를 조롱했다. 이렇게 되자 메텔루스는 마리우스에게 노골적인 적의를 품게 되었다.

○ 총사령관 메텔루스는 장군으로서의 자질로 보아 모자람이 없을 뿐 아니라 인간적인 면에서도 청렴결백함을 겸비한 신사였고 로마의 대

표 귀족이었지만 유구르타와의 전쟁을 쉽게 종결시키지 못했다. 인접 부족들에 대한 로마군의 회유 작전도 유구르타에 대한 그들의 신뢰와 신망이 컸기 때문에 좀처럼 먹혀들지 않았다. 그뿐만 아니라 유구르타는 영민했고 히스파니아에서 터진 누만티아 전쟁에서 로마군의 동맹으로 참전한 경험까지 있었기에 로마군의 강점과 약점을 모두 꿰차고 있었다. 마리우스가 작전의 변경이 필요하다고 메텔루스에게 말했지만 귀족적인 자존심이 강했던 그는 듣질 않았다.

○ 마리우스가 23세의 나이에 스키피오 아이밀리아누스가 이끄는 누만티아 전쟁에 참전했을 때였다. 만찬 때 누군가가 여기 있는 사령관에 이어 로마의 장래를 이끌어 갈 만한 장군이 누가 있겠느냐며 스키피오 아이밀리아누스에게 아부를 떨자, 사령관은 마리우스를 가리키며 "바로 여기 있네."라며 답했다고 한다. 그뿐만 아니라 마리우스가 유구르타 전쟁을 위해 북아프리카의 우티카에서 체류하면서 희생제의를 드릴 때 어떤 예언자로부터 "놀라운 점괘입니다. 이제부터 장군께서 도모하시는 일은 신의 가호를 받을 것입니다. 행운이 장군 곁에 있을 것이며, 미래의 모든 일들이 장군께서 뜻하는 대로 이루어질 것입니다."란 매우 고무적인 말을 듣게 되었다. 상관의 안목과 예언자의 예언을 깊이 마음에 새기고 있었던 그는 총지휘권을 얻어 유구르타 전쟁을 마무리 짓고자 하는 야심에서 마침내 총사령관이 될 수 있는 집정관에 출마하려고 결심하고 메텔루스에게 제대 허가를 요구했다. 물론 마리우스가 생각하기에 메텔루스의 방식으로는 이 전쟁을 조속히 끝낼 수 없다는 판단도 있었는지도 모른다.

○ 메텔루스는 이 말에 적잖이 당황했다. 마리우스에 대한 군사적 자질을 높이 평가하여 부장에 임명하기까지 했지만, 출신이 미천한 마리

우스가 자신처럼 집정관이 되는 것은 어렵다고 생각했기 때문이다. 게다가 그는 귀족으로서 명예심, 의지, 고결한 품성 등을 갖추었지만, 흔히 귀족들이 가지고 있는 오만, 멸시 등의 감정도 지니고 있어 마리우스가 로마 최고의 지위인 집정관이 되겠다는 것은 그 지위에 적합하지 않은 자가 공화국 로마의 신성한 체제를 모독하는 것으로 여겼다.(註. 하지만 BC 367년 리키니우스-섹스티우스 법에 따르면 평민도 집정관이 될 수 있었다.) 거기에다 투르필리우스 처형 사건으로 마리우스에게 품고 있던 은근한 적의까지 보태어졌다.

○ 메텔루스는 집정관 출마를 위해 제대 허가를 요구하는 마리우스에게 고통스런 이 전쟁이 끝난 후에나 선거에 나가는 게 어떻겠냐고 조언했다. 그러나 마리우스는 막무가내로 계속해서 졸랐고, 이를 못마땅하게 생각한 메텔루스는 급기야 군무를 수행하기 위해 자신과 같이 전쟁에 참전하고 있던 20살가량의 아들 앞에서 마리우스를 향해 빈정거리고 말았다. "왜 그렇게 서두르는가? 자넨 내 아들과 같이 집정관이 되어도 참 일찍 출세하는 것이네." 물론 듣기에 따라서는 정직하고 곧은 성품을 가진 메텔루스가 로마에서 영향력 있는 가문 태생인 자신의 아들과 마리우스가 함께 출마하면 마리우스의 당선에 도움이 될 것이라고 조언한 것으로 볼 수도 있다. 그러나 마리우스에게는 이 말이 자신의 신분이 천하다는 것을 비꼬아서 한 말로 들렸다.

○ 이 말을 듣고 마리우스는 분노하며 태업하기로 결심했다. 또한 그는 자신만이 이 전쟁을 끝장낼 수 있다는 소문을 퍼뜨리며 로마군 진영과 아프리카 속주가 자신의 말에 동조하게끔 분위기를 조성했다. 마리우스가 퍼뜨린 악의적인 소문은 이러했다. "마리우스가 로

마군의 반만이라도 지휘한다면 며칠 안에 유구르타는 사슬에 묶인 신세가 될 것이다. 메텔루스가 마리우스에게 지휘권을 넘기는 데 망설이는 것은 그가 실속 없고 거만하여 왕처럼 명령하는 것을 즐기기 때문이다.(註. 로마인들에게 '왕'과 같다는 말은 욕설이었다.)" 더군다나 장기간의 전쟁으로 아프리카 속주의 상인들의 생계가 파탄나자 조급한 마음에서 이런 소문은 더욱 설득력을 얻었다. 이렇게 되자 메텔루스는 마리우스를 부장으로 데리고 있는 것이 오히려 해만 끼친다고 생각하게 되었고 마침내 그를 제대시켜 로마로 돌려보낼 것을 결정했다.

○ 선거가 12일밖에 남지 않았을 때 마침내 제대를 허가받은 마리우스는 겨우 시간에 맞춰 집정관직에 출마할 수 있었다. 이미 로마에서는 메텔루스와 마리우스 간의 알력이 소문나 있어 시민들은 이 소문의 실상을 알고 싶어 했다. 하지만 귀족들은 시기심에서 메텔루스에게 적극적인 호의를 보이지 않았고, 평민들은 신참자일 뿐 아니라 같은 평민인 마리우스에게 호감을 가졌다. 게다가 야심을 이룰 수 있는 기회란 혼란 속에 있다고 믿는 일부 행정관들이 대중을 자극하여 메텔루스를 비난하고 마리우스의 미덕을 과대 포장하여 찬양했다. 이렇듯 혼란스럽고 악의적인 분위기에 편승한 마리우스는 귀족들의 게으름과 오만함 그리고 실속 없는 허장성세를 지적하고 자신의 무훈과 전쟁에서 입은 상처를 보여 주며 의지와 포부를 밝혔다.

○ BC 108년 권력층과 부유층에 대한 적절한 비판과 대안을 제시한 그는 마침내 집정관에 당선되었다.(註. 마리우스가 로마에 도착했을 때 선거일과 불과 5일밖에 남지 않았다. 이렇듯 시간에 쫓기면서도 집정관에 당선된 것으로 보면 사전에 치밀한 선거 전략이 있었다고 보아야 타당

하다. 예를 들어 그는 아프리카 전선에서 기사, 병사, 상인들에게 자신을 지지하는 편지를 고향에 보내도록 요청하기도 했다.) 심지어 그는 자신이 집정관에 당선된 것은 로마 귀족들을 패배시키고 얻은 전리품과 같다고 선언하며 이렇게 연설했다. "유권자 여러분은 고압적 태도의 귀족들을 버리고 여기 마리우스를 선택했습니다. 귀족들은 소문과 책으로만 알고 있지만, 나는 눈과 손으로 직접 경험하며 깨닫고 있습니다. 말이든 행동이든 직접 경험해 보는 것이 훨씬 가치 있는 법입니다. 그들은 내가 비천한 출신이라고 비웃지만 오히려 나는 그들의 파렴치함에 넌더리를 느낍니다. 본디 사람이란 귀족과 평민의 씨앗이 서로 다른 것이 아니며 모든 사람들의 본성은 같다고 생각합니다. 만약 그들이 나를 업신여긴다면 이는 그들 자신의 조상을 욕되게 하는 것입니다. 왜냐하면 그들의 조상도 나처럼 용기를 바탕으로 귀족 신분을 얻었기 때문입니다."

○ 유구르타와 마우레타니아 왕 보쿠스가 연합하여 로마군의 군수 물자가 저장된 키르타(註. 현재 알제리의 '콘스탄틴')를 공략하려 할 때, 마리우스가 집정관에 당선되어 임지가 누미디아로 결정되었다는 소식이 아프리카의 메텔루스 진영에 날아들었다. 마리우스의 임지를 누미디아로 의결한 것은 이제껏 메텔루스가 아프리카에서 쌓아 온 영광과 성과를 조롱하는 결정이었다. 이 대단한 성품의 사내는 고뇌를 차분하게 견디어 냈다. 이를 보고 어떤 자들은 메텔루스가 거만한 증거로 보았고, 다른 자들은 참을 수 없는 모욕으로 메텔루스의 고결한 성품이 산산이 부서지고 있다고 믿었다. 메텔루스는 마리우스가 명예로워지는 것을 고통스럽게 생각했다. 만약 마리우스가 아닌 다른 자가 유구르타 전쟁을 이어받았더라면 메텔루스가 그렇게까지 분노

하지 않았으리라.

○ 결국 그는 전쟁을 계속하려는 열정을 모두 상실하고 말았다. 메텔루스는 마리우스를 만나는 것도 치욕스러워 또 다른 부장 루틸리우스를 시켜 마리우스에게 군 지휘권을 넘겨주고 로마로 귀국했다. 메텔루스는 유구르타 전쟁을 끝장내지는 못했지만 로마로 돌아온 그에게 원로원과 시민들은 국가를 위해 열심히 싸워 준 것에 대해 감사와 축하를 보냈으며, 그에게 '누미디쿠스'라는 호칭을 부여하고 개선식을 허락했다. 그가 군사령관이었을 때 그렇게도 그를 괴롭히던 자들이 그가 권력을 놓자 예전의 질투와 시기가 칭송과 격려로 바뀐 것이다.

○ 마리우스가 유구르타 전쟁을 종국에 승리로 이끌고 로마의 권력을 손에 넣었을 때, 메텔루스는 마리우스의 파트로누스가 아니라 적이거나 침묵하는 비협조자가 되어 있었다. 훗날 마리우스와 술라가 다툴 때에도 메텔루스의 아들 메텔루스 피우스는 술라 편에 섰다. 신분에 대한 우월감은 재능과 관련 없이 언제나 있어 왔지만, 만약 메텔루스가 집정관직에 출마하려는 마리우스에게 심하게 빈정거리거나 수치심을 주었다면 냉정하리만큼 야무진 마리우스가 국가 권력을 잡았을 때 목숨을 잃을 수도 있었으리라. 하지만 귀족적인 성향을 지닌 그는 천박한 논쟁을 피했고 로마에서 평판도 매우 좋았다.(註. 훗날 메텔루스는 마리우스의 정책에 반대하며, 스스로 로마를 떠나 추방형을 받았다.)

✳ 유구르타(Jugurtha) 전쟁(BC 111~105년)과 마리우스의 개혁

≪로마에 항거했던 누미디아 왕 유구르타의 독립 운동은 동맹국의 배반과 전략의 실패로 물거품이 되었다. 그뿐만 아니라 그의 반항심과 영악성 그리고 위험성을 두려워한 로마는 그의 목숨까지 거두었다. 스키피오 아이밀리아누스의 충고도, 양아버지 미킵사의 고뇌에 찬 당부도 유구르타의 야심을 잠재우지 못했던 것이다.

마리우스의 군제 개혁은 훗날 그를 로물루스와 카밀루스의 뒤를 이어 '로마의 세 번째 창시자'로 불리게 한 업적이었다. 그의 개혁에 따라 로마 시민권자 중 가난한 청년들이 군대로 몰려들었고, 군제 개혁 때 그가 염두에 둔 것인지 알 수 없지만 훗날 이 병사들은 마리우스의 충성스런 정치적 지지자로 변모했다. 결국 하층민의 보호자가 된 마리우스는 본인의 의지와 상관없이 민중파의 수장이 되는 길을 걸어갔다.≫

○ 누미디아 왕 마시니사에게는 미킵사, 마나스타발 그리고 굴룻사라는 아들이 있었지만, 마나스타발과 굴룻사는 질병이 있어 왕권은 미킵사에게로 넘어갔다. 그리고 마나스타발에게는 첩이 낳은 아들 유구르타가 있었다. 유구르타는 힘이 세고 미남이었으며 사치와 게으름에 빠지지도 않았다. 그러면서도 남에게는 관대했으며 재물에 욕심이 없고 총명했다. 그는 자신의 이런 재능을 기반으로 로마의 여러 귀족들과 우호 관계를 맺고 있었을 뿐 아니라, 대중으로부터도 인기를 얻었다.

○ 누미디아 왕 미킵사는 조카 유구르타의 능력과 대중의 인기를 두려

위했다. 그렇다고 그를 죽이자니 지지자들이 반란을 일으켜 국가가 내전에 돌입할 것이 뻔했으므로 시름이 깊어만 갔다. 때마침 누만티아 전쟁이 터지자 미킵사는 동맹국 로마에게 자신의 미덕과 호의를 보여 주고 위험한 전쟁을 이용하여 걱정거리를 쉽게 없앨 수 있을 것이라는 희망을 품게 되어, 유구르타에게 병사들을 붙여 히스파니아의 누만티아 전쟁에 참전시켰다.

○ 하지만 결과는 미킵사가 원하는 대로 되지 않았다. 유구르타는 천부적인 기량으로 총명하고 민첩하게 전투를 지휘하여 로마 장군들로부터 탁월함을 인정받았기 때문이다. 당시 총사령관 스키피오 아이밀리아누스가 미킵사 왕에게 유구르타에 대한 칭찬과 감사의 편지를 보낼 정도로 그의 군사적 능력과 지혜가 출중했다. 그렇게 되자 미킵사는 마음을 바꿔 유구르타에 대한 의혹을 버리고 차라리 나라를 3등분한 다음 그를 자신의 친아들과 동등한 후계자로서 대우하여 훗날의 안전을 도모하고자 했다. 그런 식으로 유구르타에게 은혜를 베푸는 것이 국가의 평화와 안전을 보장하고 친아들들의 불안한 미래를 제거하는 길이라고 믿었기 때문이다.

○ 히스파니아에서 로마 총사령관 스키피오 아이밀리아누스는 유구르타에게 칭찬을 크게 늘어놓으면서도 그를 조용히 불러 이렇게 말하곤 했다. "뜻을 이루려면 로마의 소수 몇몇 집단의 호의에 의존하기보다는 공식적인 로마의 동의와 지원을 받아야 할 것이오. 그리고 만약 제위를 원한다면 절대 서둘러서는 안 되니 명심하시오." 하지만 훗날 유구르타의 행동을 보면 그는 이때의 충고를 마음 깊이 새기지 않았음에 틀림없다. 게다가 누만티아 전쟁에서 유구르타와 우의를 맺은 일부 로마 귀족들이 그에게 왕의 자리를 주겠다고 속삭이고 있었다.

▌미킵사   ▌유구르타

○ 누만티아 전쟁을 끝내고 돌아온 유구르타는 미킵사의 양아들이 되
  었다. 미킵사는 죽음을 눈앞에 두고 유구르타와 친아들들을 불러 놓
  고 유구르타에게 조용히 말했다. "내가 죽음을 앞두고 너에게 권고하
  니, 네가 어려서 아버지를 여의고 희망조차 잃어버린 것을 내가 보살
  피고 왕위까지 물려주기로 한 만큼 나의 아들 아드헤르발과 히엠프
  살과 다투지 말고 살갑게 지내야 하느니라. 아울러 왕권을 지키는 것
  은 군대도 아니고 재물도 아니며 진정한 친구들이니 이들은 군대로
  도 황금으로도 무찌를 수 있는 것이 아니며 친구들이야말로 너에게
  충성을 다할 것이다." 그리고 덧붙여 말하기를, 화합은 아무리 작은
  것도 번창함을 가져오고 불화는 아무리 사소한 것도 막대한 분열과
  파괴를 초래한다고 충고했다. 그리고 두 아들 아드헤르발과 히엠프
  살에게는 유구르타를 본받아 그보다 더 나은 왕이 되어야 한다고 다
  짐했다. 이런 일이 있은 며칠 후 미킵사는 숨을 거두었다.
○ 하지만 권력을 향한 유구르타의 야심은 그칠 줄 몰랐다. 미킵사의 장

례식이 끝난 후 3인의 왕위 계승자는 한곳에 모여 앞날을 논의했다. 그중 나이가 가장 어린 히엠프살이 유구르타가 왕위를 나누어 가진 다는 것에 반감을 품고 자신의 거친 면모를 드러냈다. 그는 유구르타 의 어머니가 비천한 출신임을 언급하며, 유구르타를 왕위 계승자에 서 제외시켜야 한다고 주장한 것이다. 이에 유구르타는 격노하며 그 를 그냥 두어서는 안 되겠다고 생각하고 제거하기 위한 계책을 마련 했다. 그리고 그는 자신의 생각을 곧바로 행동으로 옮겼다. 마침 히 엠프살이 통치하기로 된 도시의 수비 대장이 유구르타를 따르는 자 였다. 그 수비 대장은 유구르타의 지시를 받아 밤중에 유구르타군에 게 성문을 열어 주었고, 갑자기 들이닥친 유구르타군은 소녀 노예와 함께 있던 히엠프살을 찾아내어 단번에 목을 잘랐다.

○ 이렇게 동생이 허무하게 죽자 아드헤르발은 복수를 위해 유구르타에 게 검을 뽑았다. 하지만 전투로 다져진 유구르타에게 도리어 패하여 로마로 도망치는 신세가 되었다. 그는 로마로 도망쳐 원로원과 원로 원 의원들을 찾아다니며 목숨과 왕위를 구걸했다. 많은 원로원 의원 들이 아드헤르발의 처지를 딱하게 여겨 정중하고 동정하는 자세로 경 청했으나, 유구르타가 부하를 보내 미리 금으로 매수된 원로원 의원 들은 아드헤르발에게 냉담했을 뿐 아니라 오히려 유구르타의 범죄를 덕망으로 치켜세우며 자신의 도덕성을 더럽혔다. 원로원에서는 의견 차이를 보이는 의원들 간에 고성이 오고 갔다. 결국 로마는 시찰단을 보내 정황을 파악한 다음 누미디아의 국토를 양분하여 사람들의 왕래 가 많고 번성한 동측은 아드헤르발이 그리고 인구가 많고 농토가 비 옥한 서측은 유구르타가 통치하도록 결정했다. 다시 말해 누미디아 국토의 양분은 종주국인 로마의 중재로 합의된 결정이었다.

○ 그러나 유구르타는 양분된 왕국의 한쪽을 다스리게 된 후에도 이에 만족하지 않고 부유한 동측을 지배하고 있던 아드헤르발의 통치 지역을 넘보았다.(註. 아드헤르발의 통치 지역은 왕국의 수도였던 키르타가 포함되어 있었다. 키르타는 현재 알제리의 '콩스탕틴'.) 군사력에 자신만만했던 그는 5년 만에 로마의 중재안을 무시하고 아드헤르발의 영토에 침입하여 약탈과 방화를 저질렀다. 유구르타는 아드헤르발이 도전해 오기를 기대했지만, 그는 지난번 유구르타와의 전투에서 패한 경험이 있는 데다 천성적으로 온순하여 전쟁을 좋아하지 않는 성격이었다. 아드헤르발은 유구르타에게 사절을 보내 항의했다. 하지만 전쟁을 일으키는 자가 뉘우치는 법이 있던가? 유구르타는 사절들에게 모욕적인 답변을 주어 아드헤르발에게 돌려보냈다. 게다가 이제는 약탈이 아니라 대규모 병력을 편성하여 아드헤르발의 영토를 아예 병합하려고 준비했다.

○ 두 사람은 병사들을 이끌고 키르타에서 맞붙었다. 전투가 오래 지속되자 그동안 아드헤르발 편에 서서 용맹하게 싸웠던 성안의 로마인

▌ 콩스탕틴(키르타)

들이 전투에 지쳤는지 아드헤르발에게 항복할 것을 종용했다. 그들은 항복하더라도 로마 원로원의 권위와 두려움 때문에 감히 유구르타가 아드헤르발을 죽이거나 해를 끼치지 못할 것이라고 설득했다. 아드헤르발은 항복할 마음이 없었으나 로마인들의 협조가 없으면 승리하기도 힘들 뿐 아니라, 설득하는 그들의 말대로 로마의 힘이라면 유구르타의 악행을 막을 수 있다고 판단하고 마침내 성문을 열었다.

○ 하지만 이런 생각은 틀렸음이 곧 드러났다. 유구르타는 항복을 받아 성안에 들어가자마자 아드헤르발을 무자비하게 고문한 후 처형했고, 아드헤르발 편에 섰던 자들을 모두 색출하여 학살했기 때문이다. 게다가 그는 로마 상인들까지 죽이고 형제의 땅을 강제 병합했다. 이것은 종주국의 권위에 도전한 것이므로 로마는 좌시할 수 없었다. 로마는 중재에 따라 합의한 내용을 지키지 않은 범죄자에게 자신의 잘못을 바로 가르쳐 줄 필요가 있었던 것이다.

○ 마침내 로마는 유구르타에게 전쟁을 선포하고 파병하기에 이르렀다. 이에 당황한 유구르타는 사절을 로마로 보냈지만, 끈끈한 관계를 기초로 하는 파트로누스-클리엔스라는 연결 고리가 끊어지고 없었던 누미디아는 사절을 로마의 성벽 안에 들여놓지도 못했다.(註. 파트로누스는 자신의 클리엔스들이 로마에 왔을 때 환대를 베풀고 조언했으며 필요시에는 원로원에서 그들의 주장을 대변하기도 했다. 마찬가지로 클리엔스들도 파트로누스에게 환대를 베풀었고 자신의 파트로누스가 도움을 받아야 할 처지가 되면 돈이나 물품으로 지원을 아끼지 않았다. 이러한 관계 속에 둘 사이에는 강력한 유대 관계가 성립했다.) 유구르타의 사절들이 로마에 도착했을 때 로마 원로원은 이렇게 말했다. "그대들은 로마의 성벽에서 되돌아가라. 그리고 10일 이내로 이탈리아를 떠나

유구르타에게 당장 항복하라고 전하라." 그러자 유구르타는 로마 군단을 이끌고 누미디아에 파견되어 온 로마 집정관 칼푸르니우스 베스티아에게 뇌물을 주어 그의 마음을 달랬다. 그리고 그는 자신을 누미디아 왕으로 인정한다는 조건만 제시하면서 무조건 강화를 제의했고 이는 받아들여졌다. 그렇게 되자 로마에서는 집정관의 행동이 비판과 분노의 표적이 되었다.

○ 게다가 정쟁에서 패배하여 로마에 거주하면서 자신을 무너뜨리려고 하는 굴룻사의 아들 마시바를 유구르타가 심복을 시켜 암살했는데, 이는 로마인들이 보기에는 파렴치한 범죄를 저지른 것이었다. 그가 살해한 사촌 마시바는 아데르발과 손잡고 유구르타에 맞섰지만 아데르발이 죽임을 당하자 아프리카를 도망쳐 로마에 머무르고 있던 중이었다. 마시바가 원로원의 도움으로 누미디아 왕국을 손에 넣으려고 모색하자, 유구르타는 이를 그냥 내버려 둘 수 없다고 생각하고 심복인 보밀카르를 시켜 살해했던 것이다. 로마의 지도층들은 앞에서는 강화를 제의하면서 뒤에서는 살인을 꾀하는 것을 배반 행위라고 생각하여 무척이나 싫어했고, 그러한 행위를 한 자는 적으로 간주되었다.

○ 결국 로마와 누미디아는 전쟁에 돌입했으며, 로마는 알비누스에게 군대를 주고 누미디아를 평정하게 했다. 그러나 로마군은 유구르타에게 농락당하고 패배했다. 다음 해 로마는 집정관 메텔루스를 사령관으로 마리우스를 부장으로 임명하여 누미디아를 토벌할 군사를 편성하고 북아프리카를 공격하게 했다.(註. 로마는 매년 2명의 집정관이 선출되어 1인은 내치를 담당했고, 나머지 1인은 전쟁을 지휘했다. 다만 국가 위기 시에는 2명의 집정관이 모두 전쟁에 참여했다.) 메텔루스

는 이탈리아에서 전의에 넘치는 병사들을 징집한 다음, 아프리카로 건너가서 전직 집정관 알비누스가 거느렸던 병사들을 인계받았다. 하지만 아프리카에 주둔해 있던 병사들은 뇌물로 더럽혀졌고 패배로 풀이 죽은 자들이었으며, 명령에 불복종하며 약탈과 배반 그리고 방종에 물들여진 자들이었다. 백인대장들과 기병 장교들이 유구르타에게 매수되어 자신의 위치를 지키지 않고 전쟁터에서 도망쳤고, 심지어는 로마군의 주둔지를 공격할 수 있는 길을 적에게 알려 주기도 했다. 메텔루스는 이러한 병사들의 기강을 잡기 위해 엄격한 군법을 적용하며 그동안 내팽개쳤던 군대의 훈련과 관습을 바로 세워 단기간 내에 강인한 군대로 변모시켰다.

○ 그러나 수차례에 걸친 전투에서의 승리에도 불구하고 전쟁의 끝이 보이지 않았다. 더군다나 로마군 병사들이 유구르타의 계책에 넘어간 바카 시민들에게 끔찍하게 학살되는 일이 벌어졌다. 메텔루스는 병사들을 이끌고 바카에 도착하여 도시를 다시 정복했다. 유일하게 살아남은 바카의 로마군 수비 대장 투르필리우스는 적과 내통했다는 판결을 받고 채찍질당한 뒤 목이 잘렸다. 사실과 달리 억울한 누명을 쓰게 된 투르필리우스를 구명하기 위해 메텔루스가 백방으로 노력했지만 처형을 막을 수 없었다는 것은 앞서 서술했다. 하지만 전쟁이 좀처럼 끝나지 않고 지루하게 이어지자, 마리우스가 자신의 야심에다 메텔루스로서는 이 전쟁을 마무리할 지략이 부족하다고 느끼며, 직접 집정관에 출마하여 당선된 후 누미디아 전쟁의 지휘봉을 잡았다.

○ 마리우스는 BC 107년 집정관에 취임하자 현실을 깨닫고 군제 개혁의 필요성을 절실히 느꼈다. 오랜 기간 군대에서 단련되어 군의 문제점을 명확히 알고 있던 그는 재산에 따라 징집하던 종래의 방법을 버

리고 지원병제를 택했다. 마리우스가 신병을 충원하는 방법을 징집에서 지원병제로 바꾼 이유는 종래의 방법으로는 병사의 보충이 어려웠기 때문이다. 종래의 방식에 따르면 재산의 소유에 따라 시민들을 5등급으로 나누고 무산자는 징집에서 제외시켰다. 이는 6대 왕 세르비우스가 마련한 것으로 생긴 지 4백 년이 훨씬 지난 까닭에 시효가 만료된 케케묵은 징집 제도였다. 그러나 이 징집 방식은 계속되고 있어 전쟁으로 인해 집안의 건장한 남자가 수년에서 수십 년간을 전쟁터에서 보낸 후 고향에 돌아왔을 때, 농토는 황폐화되어 있고 나이 많은 부모와 아내 그리고 어린 자식들이 옹기종기 앉아 배고픔을 달래는 상황이 반복되었다.(註. BC 2세기 초만 해도 원정 나갔던 병사 중에 무려 6~7년 동안 계속 복무한 자가 있었다. 로마군은 연속적으로 복무하는 것이 아니라 전쟁 시에 징집되었다가 다시 귀향하는 방식이었으므로, 군 복무 기간은 군에서 복무한 기간을 모두 합친 기간을 의미했다. 공화정 때 보병의 군 복무 기간은 16년) 먹고살기 힘들어진 이들은 가지고 있던 농토와 집을 모두 팔아 로마로 몰려들었다. 왜냐하면 그곳은 선출직 관료가 되고자 하는 정치가들이 제공하는 검투사 경기와 전차 경기가 있었고 최소한의 무료 급식이 있었으며, 상점이나 공장에서 허드렛일이라도 할 수 있었기 때문이다.

○ 다시 말해 국가는 전쟁의 승리로 강국이 되고 귀족들은 부유해졌지만 승리의 주역인 시민들은 파산하여 무산자가 되고 만 것이다. 무산자는 병역에서 면제되는 계층이었다. 이렇게 되자 로마는 빈번하게 무산자의 재산 기준을 낮추었다. BC 6세기 세르비우스 때는 1만 1천 아스(註. 그 당시 약 1만㎡의 농지를 매수할 수 있는 금액이었다.), BC 215년에는 4천 아스, BC 129년에는 1,500아스까지 낮아졌지만

모집 대상의 젊은이가 턱없이 부족했다. 게다가 전쟁에 나갈 수 있는 젊은이들도 재산을 분리시켜 무산자가 됨으로써 징집을 기피했다. 마침내 재산 기준으로 병사들을 모집하는 체제가 한계에 부딪힌 것이다.

○ 새로운 제도에 따르면 재산은 군 입대의 조건이 아니었다. 오직 로마 시민권자이기만 하면 되었다. 로마 지배 계급에서는 이 정책이 인기가 없을 것이라 예상했지만, 가난한 계층의 아들들은 적은 급여라도 받으려는 마음에서 군대로 몰렸다. 애초에 로마군은 공화정 초기만 해도 상비군이 아니었다. 시민들이 생업에 종사하고 있다가 적이 나타났다는 신호로 야니쿨룸 요새에 나부끼던 붉은 깃발이 내려지는 것을 본다거나(註. 적이 쳐들어왔을 때 깃발이 올려지는 것이 아니라 내려지는 것으로 전해져 온다.) 성벽 위에서 나팔 소리를 듣는 즉시 평소에 자비로 마련해 둔 무기를 갖추고 마르스 광장에 모이면 집정관이 지휘하여 적을 무찌르곤 했다. 그리고 승리하는 경우 곧바로 군대는 해산되었다.

○ 이렇듯 로마군은 로마 시민권자로 구성되어 이들은 전쟁 시에만 징집되고 전쟁이 끝나면 고향으로 되돌아가서 가족과 농지를 돌보았다. 그러나 마리우스의 지원병제로 입대한 병사들은 돌아가서 돌보아야 할 땅이 없었다. 그들이 바라는 것은 전투에서 승리하여 얻게 되는 전리품과 제대 시에 받게 될 퇴직금과 토지였다.(註. 로마군 일반 병사들이 받았던 전리품의 규모는 BC 2세기까지만 해도 200데나리우스를 넘지 않았다. 그러다가 BC 1세기에 들어와서 폼페이우스가 1,500데나리우스를 준 적이 있었고, 심지어 카이사르는 병사 1인당 5,000데나리우스를 주기도 했다.) 따라서 지원병제로 입대한 병사들은 직업 군

인이 되어 오랜 시일을 복무함으로써 체계적이며 강도 높은 훈련을 받을 수 있었다. 종전에도 수십 년간 복무했던 병사들이 있었으나, 이것은 어디까지나 예외였고 규정에 따른 것은 아니었다.

○ 지원병제로 모집된 병사들은 대부분 무산자 계급의 아들이었으므로, 이들은 지휘관에게 생계를 의지하며 충성을 바쳤고 전쟁이 끝나고서는 지휘관의 클리엔스가 되었다. 명예와 계급 상승을 위해서라면 혼신의 힘을 다했던 마리우스가 이런 것까지 약삭빠르게 계산해 놓고서 군제 개혁의 고삐를 당겼을지 모른다. 훗날 역사가들 중에는 마리우스가 무산자에게 군대를 개방한 것을 두고 재산도 없고 집도 없어 애국심조차 찾아볼 수 없는 가난한 자들에게 로마인의 모든 재산과 목숨을 맡긴 형편없는 처사라고 비난을 퍼붓는 자도 있었지만 병역기피 현상이 만연했던 당시로서는 최선의 방안이었다.

○ 마리우스가 총사령관이 되어 누미디아에 왔을 때 유구르타는 마우레타니아 왕 보쿠스를 꾀어 전쟁 속으로 내던졌다. 사실 보쿠스는 유구르타의 장인이었다. 다만 누미디아의 관습에 따라 여러 명의 아내를 두고 있었으며, 특히 유구르타처럼 왕의 지위에 있거나 신분이 높은 자는 훨씬 더 많은 아내를 거느렸다. 그리고 한 명의 남편 아래서 아내들끼리는 서열이 없이 동등했다. 그러므로 결혼 동맹을 맺었더라도 그렇게 돈독하지 않았다. 이렇듯 허약한 동맹 관계 때문인지 유구르타는 보쿠스의 주변 인물들에게 뇌물을 주어 보쿠스의 갈등을 막으려 했다. 이는 그가 줄곧 사용했던 방법이 아니던가?

○ 이들 연합군에 대항하여 마리우스는 온 힘을 다했으나, 식량과 물이 부족한 사막에서의 전투는 힘들고 어려웠다. 그러다가 당초부터 전쟁에 대한 열의가 없었던 보쿠스가 로마에게 화해의 손짓을 하자 양

진영 간에 사절이 오갔다. 로마의 사절이 보쿠스 진영을 방문한 뒤 보쿠스는 5명의 사절에게 전권을 위임하여 로마 진영에 보냈다. 이들 사절은 로마 진영으로 가던 중에 도적 떼에게 약탈당하고 빈손으로 로마 재무관 술라에게로 겨우 도망쳤다. 이때 술라는 뛰어난 외교적 능력을 발휘했다. 그는 도적들에게 쫓기어 도망쳐 온 이들을 친절하고 상냥하게 대했고 선물까지 준 뒤에 호위대를 붙여 돌려보내기로 결정한 것이다. 그러자 보쿠스의 사절들은 술라를 친구로 여기게 되었다. 술라의 친절은 뻔한 속셈이긴 했지만 대개의 인간이란 관대한 대접을 받으면 상대방에게 같은 대접을 하고 싶은 법이다. 보쿠스의 사절 2명은 술라가 붙여 준 호위대의 호송을 받으며 마우레타니아 진영으로 돌아가서 술라의 너그러운 마음을 보쿠스에게 칭송했고, 나머지 3명은 로마로 향했다.

○ 로마에 간 보쿠스의 사절들은 유구르타의 사악함에 빠져 로마에 무기를 들이대는 실수를 저질렀다며 용서를 구하고 우의와 동맹을 간청했다. 이에 로마 원로원의 답은 이러했다. "원로원과 로마 시민들은 불의한 일들에 익숙해졌다. 하지만 보쿠스 그대가 이 전쟁에 유감을 표하므로 그동안의 잘못에 대해 관대한 마음으로 용서해 주겠노라. 또한 로마는 그대와 기꺼이 우의를 맺고 동맹국이 될 것이다."

○ 이러한 일로 술라는 마우레타니아 왕 보쿠스와 우의를 다져 놓고 이를 이용할 수 있었다. 술라에게 호의를 가지고 있던 보쿠스는 앞으로 로마와의 우호 관계를 높이는 데 논의하자며 술라를 불렀다. 술라는 보쿠스를 만난 자리에서 뜻이 그렇다면 우선 유구르타를 사로잡아야 한다고 말했다. 하지만 유구르타는 보쿠스에게 밀사를 보내 지긋지긋한 이 전쟁을 빨리 끝내려면 로마 귀족을 포로로 잡아야 하니,

회담을 핑계 삼아 술라를 부른 다음 체포하여 자신에게 넘기라고 재촉했다. 그렇게 되자 마침내 보쿠스는 술라와 유구르타 사절들을 동시에 불러 시간과 장소를 정해서 평화 회담을 하자고 했다. 보쿠스는 술라와 유구르타를 두 손에 올려놓고서 오랫동안 갈등하다가 결국 원래의 계획대로 유구르타를 술라에게 넘기기로 결정했다. 그는 병사들에게 매복을 지시하고 술라와 함께 언덕으로 가서 유구르타가 오기를 숨어서 기다렸다. 유구르타는 측근들을 거느리고 무장도 하지 않은 채 보쿠스와 약속된 장소에 아무런 의심 없이 나타났다. 그때 매복한 병사들과 술라는 유구르타를 생포하여 족쇄를 채워 마리우스에게 넘겼다.

○ 유구르타는 두 아들과 함께 사로잡혀 쇠사슬로 묶인 채 마리우스 개선식을 장식했다. 개선 행진 후 탐욕스런 자들이 그의 옷과 몸에 걸친 보석을 모두 빼앗고 알몸으로 카피톨리누스 언덕 아래에 있는 '툴리아눔(Tullianum)'이라고 불리는 지하 감옥에 처넣었다. 그들은 유구르타의 보석을 서로 빼앗으려고 혈안이 되어 다투듯 귀걸이를 잡아당기는 통에 그의 귀가 찢어지기도 했다. 발가벗긴 채로 지하 감옥에 갇힌 그는 어리둥절해하다가 드디어 실성했는지 히죽거리며 웃더니만 이렇게 말했다. "아이고! 이 목욕탕은 정말 춥구나!" 유구르타는 6일 동안 굶주림과 싸우며 생에 대한 미련과 애착에 매달리다가 마침내 처형되었다.

○ 만약 그가 "뜻을 이루려면 로마의 소수 몇몇 집단의 호의에 의존하기보다는 공식적인 로마의 동의와 지원을 받아야 할 것이며, 그리고 제위를 원한다면 절대 서둘러서는 안 된다."는 스키피오 아이밀리아누스의 충고를 마음속에 담아 두었더라면 파멸을 면하고 영광은 계속

되었을 것이다. 그것이 아니더라도 그가 "화합은 아무리 작은 것도 번창함을 가져오고 불화는 아무리 사소한 것도 막대한 분열과 파괴를 초래한다."는 선왕 미킵사의 유언을 잊지 않았더라면 비참한 죽음을 면하고 자신의 행복과 국가의 부강을 도모할 수 있었으리라. 생각해 보면 로마의 승리는 유구르타를 제거하면 이룰 수 있으나, 유구르타의 승리는 마리우스를 잡아도 술라를 잡아도 이룰 수 없을 것이 분명했다. 왜냐하면 만약 그런 일이 벌어진다면 로마는 또 다른 집정관을 곧바로 임명하여 누미디아로 파견할 것이기 때문이다. 요컨대 로마는 누미디아와 싸운 것이 아니라 유구르타와 싸웠지만, 유구르타는 마리우스와 싸운 것이 아니라 로마와 싸웠던 것이다.

○ 로마에서는 패장과 패전국의 왕을 처형하지 않는 것이 일반적이었으나, 로마의 안전에 위험한 인물로 간주되거나 몇몇의 경우에는 그렇지 않았다. 로마로서는 자국의 기병을 보급하는 주요 동맹국이었던 누미디아였기에 더더욱 영악한 반항아 유구르타를 살려 둘 수 없었다. 다시 말하면 유구르타는 관용을 국가 정책 이념으로 하는 로마에서조차 살려 두기에는 너무나 위험할 만큼 유능했다. 그 외에도 그가 처형을 당할 수밖에 없었던 이유 중의 하나는 선왕인 미킵사까지는 로마의 스키피오 가문과 파트로누스-클리엔스 관계가 유지되고 있었으나, 이러한 관계 고리가 끊어짐에 따라 구명 활동이 어려웠던 것이다. 이 전쟁의 패전으로 누미디아는 독립국의 지위에서 속국의 지위로 떨어져 다시는 과거의 영광을 회복하지 못했다.

○ 유구르타 전쟁(BC 111~105년)을 종식시킨 공로는 마리우스에게 돌아갔으나, 전쟁의 혼란 중에 일어난 일이라 해도 누가 실질적인 공을 세웠는지 대중의 눈을 속일 수 없다. 마리우스의 공로는 그를 시기하는

사람들이 흠집을 냈고, 술라는 스스로 자신의 업적을 반지에 새겨 줄 곧 인장으로 쓸 정도로 자랑을 감추지 않았다. 반지에 새긴 내용은 보쿠스가 유구르타를 넘겨주고 술라가 건네받는 그림이었다. 마리우스는 이 일을 언짢게 생각했지만, 그때까지만 해도 술라가 자신의 경쟁자가 될 정도는 아니라고 생각하여 계속해서 심복으로 삼고 있었다.

○ 그리고 마리우스의 군제 개혁은 다시 한 번 더 나아갔다. BC 104년 마리우스는 유틀란트 반도 북쪽에 살던 북방 게르만족인 킴브리족과 테우토니족(註. 영식으로 '튜튼족'. 이 부족의 명칭은 라틴 작가들에게 게르만족을 통칭하는 말로 흔히 사용되곤 했다. 그 관습이 전해져서 지금도 게르만족을 '튜튼족'으로 통칭하고 있다.)이 갈리아 남부와 북이탈리아 침공했을 때, 군제의 문제점을 인식하고 또다시 개혁의 필요성을 느꼈던 것이다. 그때 그는 카밀루스 이래로 재산에 따라 병사들의 배치를 달리했던 제도를 없앴다. 즉 지원병제로 병사가 된 자들이 가난하여 군대에 들어온 자들이었으므로 종래와 같이 재산에 따라 벨리테스, 하스타티, 프린키페스, 트리알리로 구분하여 무기와 배치를 달리하는 방법을 폐지한 것이다. 이제까지 가난한 계층의 출신으로 경무장 보병이었던 벨리테스들은 하스타티, 프린키페스, 트리알리와 같은 중무장 보병들과 어울리지 않았고, 중무장 보병들도 경무장 보병들과 섞이지 않았다. 그러나 이제는 모두가 같은 무기를 지급받아 갖추고 대대별로 막사를 배치했기에 재산에 따른 차별이 없어졌고, 병사들 간에 동질감이 흐르게 되었다. 그리고 마리우스는 중대 중심의 편제에서 대대 중심으로 바꾸어 군대의 실질적인 개혁을 이루어 냈다.(註. 아우구스투스 이후로 상비군의 유지를 위해서 일 년에 5천 명에서 6천 명 정도의 신병 충원이 필요했으며, 부족한 경우에는 수시로 징집했

다. 하지만 제국의 방위를 담당하는 병사들이 항상 부족해지자 아우구스
투스는 5~6만 명 수준을 유지하고 있던 퇴역병들을 염두에 두고 "제대 병
사들과 해방 노예들을 추첨으로 선발하여 입대시켜라."고 명했으며, 티베
리우스는 "많은 병사들이 만기 제대했고, 강력한 군대의 유지를 위해서는
신병들이 필요하지만 지원자가 너무 부족하구나!" 하고 탄식했다.)

| 알아두기 |

● 마우레타니아족

마우레타니아족은 원래 시리아에서 살던 민족이었다. 그들은 히브
리족이 자신들의 땅을 차지하기 위해 몰려온다는 소식을 들었으나 그
들의 힘으로는 히브리족을 이길 수 없다고 판단했다. 그리하여 나라
를 구하려다가 모두 살육되기보다는 차라리 다른 곳에서 삶의 터전을
마련하는 것이 현명하다고 생각했다. 마우레타니아족은 정복자들을
피해 아프리카로 들어가 그곳의 원주민을 몰아내고 정착했다.

아프리카를 점령한 반달족과 동로마 제국의 벨리사리우스 장군과의
전쟁을 기술한 6세기
의 역사가 프로코피
우스는 마우레타니아
족이 살고 있던 아프
리카 땅의 어느 기둥
에 이렇게 쓰인 글이
있었다고 전했다. "우
리 마우레타니아인들

은 눈(Nun)의 아들 여호수아(Jehoshua)의 손아귀에서 벗어난 사람들
이니라."

☀ 술라(Sulla)에 대한 마리우스의 분노

≪술라는 자신의 영예와 명성을 좇으면서 마리우스의 심기를 건드리고 대립각을 세웠다. 처음에는 별것 아닌 것으로부터 시작했기에 무시하고 넘어갔던 것도 점차로 확대되고 커져 불행의 싹을 틔웠다. 그리하여 마리우스가 자신의 은인 메텔루스를 분노하게 한 것처럼 술라 또한 자신의 상관 마리우스를 격한 분노에 싸이게 했다. 이렇듯 자신의 은인에게 배은망덕한 태도를 보이는 것은, 사람이란 흔히 피해를 당한 것은 쉽게 잊지 못하지만 은혜를 입은 것은 쉽게 잊어버리는 습성이 있기 때문이다.≫

○ 유구르타 전쟁의 승리를 놓고 술라가 자신의 공을 내세우며 오만하게 굴었지만 마리우스는 그를 줄곧 부하로 두었다. 그리고 술라는 타고난 재능을 발휘하여 여러 가지 어려운 임무를 성공으로 이끌었다. 하지만 그는 상관인 마리우스가 자신의 성공과 두각을 불편하게 여긴다는 사실을 느꼈다. 또한 마리우스가 자신이 무공을 세울 수 있는 기회를 가지거나 역할을 하는 것을 못마땅하게 여기는 동시에 승진에도 반대하고 있음을 깨달았다. 그리하여 술라는 마리우스 곁을 떠나 마리우스의 동료 집정관 카툴루스(Quintus Lutatius Catulus Caesar) 부하로 들어갔다. (註. 카툴루스는 카이사르의 집안에서 태어나 카툴루스 집안의 양자로 갔다. 그는 마리우스와 힘을 합쳐 킴브리족과의 전쟁을 승리로 이끈 후 함께 개선식을 가지기도 했지만 둘은 경쟁 관계에 있었다. 훗날 마리우스가 아프리카의 망명 생활에서 귀환하여 처참한 복수를 벌일 때 카툴루스의 친구들이 그의 목숨을 살려 달라고 애원했지만 마리

우스가 용인하지 않자 그는 자살했다.)

○ 카툴루스는 술라에게 여러 시급하고 중요한 임무를 맡겼고, 술라는 맡겨진 임무를 거침없이 해냈다. 알프스에 거주하는 많은 족속들을 굴복시켜 무릎을 꿇렸으며, 군량이 떨어지자 식량 조달 임무를 담당하기도 했다. 그가 자신의 임무를 얼마나 잘 처리했는지, 술라가 식량 조달을 맡고 있을 때 카툴루스의 군대는 풍요롭게 지내는 것을 넘어 마리우스의 병사들에게 남은 식량을 보태 주기까지 했다.

○ 그러나 술라의 승승장구는 지지자들의 노골적인 오만과 폭력의 형태로 나타났다. 술라의 지지자들은 메텔루스가 정규전에서 유구르타를 격파했고 술라가 유구르타를 생포했기에 유구르타 전쟁에서 마리우스의 무공은 사실상 없는 것이라고 주장하기까지 했다. 이런 식으로 두 사람 간의 경쟁은 점차로 위험한 지경에 이르렀다. 마우레타니아 왕 보쿠스가 로마 시민들을 기쁘게 하고 술라에게 아첨을 하고자 카피톨리움에 신상을 헌정했을 때였다. 그는 신상 옆에 보쿠스가 술라에게 유구르타를 사로잡아 넘기는 모습의 황금 조각상을 세웠다. 유구르타 전쟁의 승장으로 공인된 마리우스는 이를 보고 격노했고 조각상을 당장 철거하라고 부하들에게 명령했다. 하지만 술라의 지지자들이 이들을 막으려 했기에 두 사람의 지지자들끼리의 분쟁으로 싸움이 터지기 직전까지 갔다. 그러나 마침 그때 동맹시 전쟁이 발발했던 까닭에 두 사람 간의 분쟁은 일단

▌술라가 유구르타의 생포를 기념하여 발행한 주화

멈추었다.

○ 이 모든 것이 마리우스의 심기를 더욱 불편하게 만들었고, 두 사람 간의 증오의 씨앗과 원인은 어떻게 생각하면 이처럼 유치하기 짝이 없는 것에서부터 시작되었다. 하지만 종국에는 이 두 사람 간의 불화가 동포 간의 끔찍한 유혈 사태를 낳았으며, 폭정과 혼란 그리고 잔혹함으로 이어져 국가 전체를 풍랑 속에 몰아넣고 뒤흔들게 되었다.

| 알아두기 |

• 마리우스의 군제 개혁(BC 107년,104년)

　BC 107년 마리우스는 로마군을 징병제에서 지원제로 바꾸었다. 이러한 제도의 변화는 당시 사회적 문제가 되었던 실업자를 구제할 수 있었으며, 이렇게 모인 지원병들은 마리우스의 클리엔스가 되었다. 이로써 정치적으로 지원 세력이 없었던 마리우스는 자신의 클리엔스를 얻게 됨으로써 정치적 기반을 갖추었다. 아울러 그는 이제까지 각 군단마다 사용한 독수리, 황소, 말, 늑대, 멧돼지 등이 새겨진 군단기 대신에 은독수리가 새겨진 새로운 군단기를 나누어 주기 시작했다.(註. 역사학자들은 로마군을 지원제로 바꾸어 빈민층의 입대가 가능해졌을지라도 종전 방식에 따른 징병 제도가 그대로 유지되어 군의 주력이 크게 바뀌지 않았다는 점, 위기 시에 빈민층을 징병했던 전례가 있었던 점을 들어 마리우스의 군제 개혁에 큰 의미를 부여하지 않기도 한다. 하지만 훗날 마리우스의 제도가 징병의 주요 방법으로 정착되었다는 사실에서 한 획을 긋는 개혁이 아닐 수 없다.)

　또한 BC 104년에 유틀란트 반도 북쪽에 살던 북방 게르만족인 킴브리족과 테우토니족이 갈리아로 이동하여 갈리아 남부와 북이탈리아를 침공했다. 로마는 집정관들을 내세워 대항했으나 패배하고 말았다. 이들 킴브리족과 테우토니족은 집 없이 땅바닥에 잘 정도로 원시적인 생활을 유지하던 종족이었다. 급박했던 로마에서는 당시 마리우스가

선거 장소에 없었음에도 시민들이 그를 집정관에 당선시켜 국가를 위기에서 구하게 했다. 마리우스는 이 전쟁의 승리로 로물루스와 카밀루스에 이어 로마의 세 번째 건국자라는 칭송을 들었다.

당시의 위기는 로마 시민으로 하여금 과거 갈리아족의 침입으로 로마가 함락되었을 때의 국난을 상기하게 했으며, 게르만족의 용맹함을 가슴 깊이 새기게 했다. 그리하여 로마는 노출된 전술적 문제점을 해결하기 위해 마리우스의 지휘 아래 또다시 군제를 개편했다. 재산의 정도와 나이에 따라 벨리테스, 하스타티, 프린키페스, 트리알리로 구분하던 제도를 없애고 로마 시민병과 동맹군의 구분도 폐기하였으며, 민회에서 선출하던 장교와 막료를 총사령관이 임명할 수 있도록 했다. 이러한 조치는 총사령관의 권한이 강화되는 결과를 가져왔다. 보병의 무기도 모두 통일했고, 모든 군단은 은빛 독수리 깃발을 표상으로 삼았으며 이때부터 독수리가 로마군의 상징이 되었다. 또한 총사령관의 직속 근위대를 동맹국의 병사들 중에서 선발하던 것을 로마 시민병 전체에서 선발했으며, 상류층 자제들로 구성되었던 기병 부대는 누미디아 · 히스파니아 · 갈리아 · 그리스 등지의 병사들로 구성했다.

❊ 제2차 시킬리아 노예 반란(BC 104~100년)

≪자유를 얻고자 하는 노예들의 열망이 거대한 섬 시킬리아를 다시 한 번 흔들었다. 자유민들까지 그들의 가난이 노예의 굴레와 같다고 여기며 반란의 깃발을 함께 들었지만 자신들의 봉기로 운명이 역전되기를 바랐던 그들은 가난과 노예의 굴레를 벗지 못하자 차라리 죽음을 선택했다. 비록 노예 반란이 종국에 실패로 끝났을지라도 자유를 갈망하는 그들의 거친 함성이 아직도 들리는 역사의 숨결이 아닐 수 없다.≫

○ 제1차 시킬리아 노예 반란이 잠든 지 한 세대가 지났을 무렵 시킬리아는 또다시 노예 반란으로 불타올랐다. BC 105년 로마는 게르만족의 한 갈래인 킴브리족과의 전투(註. 갈리아 트란살피나에서 벌어진 아라우시오 전투를 말한다.)에서 패배해 8만 명에 이르는 병력 손실을 입고서 병력 부족에 시달릴 때였다. BC 104년 마리우스가 게르만족을 상대로 전투를 준비하면서 비티니아 왕 니코메데스 3세에게 지원병을 보내 달라고 요청하자, 왕은 병사가 될 만한 비티니아인 대다수가 해적들에게 붙잡혀 그중 많은 사람이 시킬리아에 노예로 있어 지원병을 보낼 수 없다고 답했다. 그러자 로마는 동맹국의 어떤 자유민도 노예가 되어서는 안 된다고 규정하며 시킬리아 총독 리키니우스 네르바에게 명령하여 며칠 만에 8백 명 이상의 노예에게 자유를 되찾아 주자, 다른 노예들도 모두 자유에 대한 희망을 품게 되었다.

○ 그러자 시킬리아의 부유한 세력가들은 황급히 총독을 찾아가 뇌물을 주고 노예들을 해방하는 정책을 그치게 했다. 그 이후 총독은 노예 해방에 더 이상 관심을 보이지 않았으며, 심지어 자유를 얻기 위해 부당하게 노예가 된 것을 고하려고 자신을 찾아온 노예들을 내쫓으며 주인에게 돌아가라고 명령하며 꾸짖었다. 이렇듯 자유에 대한 희망이 좌절되자 노예들은 시킬리아 동부에 있는 팔리코이 신전으로 도피하여 반란을 모의했다. 팔리코이는 위증을 응징하는 쌍둥이 신으로, 신전은 주인으로부터 가혹한 학대를 당하는 노예들이 도피하는 장소였다.

○ 최초로 반란의 불길을 댕긴 곳은 시킬리아 동부에 있는 할리키아이였다. 그곳의 노예 바리우스는 주인을 살해한 후 이웃의 노예에게도 합세해 자유를 얻자고 설득하자 그날 밤 120여 명의 노예가 뜻을 같

이 하기 위해 모였다. 반란 노예들의 세력이 점점 커지고 요새를 구축하자 네르바 총독은 서둘러 포위 공격을 감행했지만 성공하지 못했다. 그러자 그는 가이우스 티티니우스라는 노예에게 반란에 참가하는 것처럼 꾸며 적진에 들어가게 했다. 반란 노예 진영은 가이우스 티티니우스의 속임에 넘어가 그를 받아들였고, 결국에는 진영이 점령당해 노예들은 살해되었으며 일부는 절벽에서 뛰어내려 죽음을 맞았다. 그런 다음 네르바 총독은 군대를 해산했다.

○ 하지만 곧이어 80명의 노예들이 주인을 살해하고 무리를 모으자 봉기의 횃불은 또다시 피어올랐다. 그들 세력은 급속히 성장하여 7일 만에 800명이 되었고 얼마 지나지 않아 2천 명 이상으로 불어났다. 헨나에 있던 로마 수비대 600명이 그들을 공격했지만, 로마군은 패배하고 무기까지 빼앗겼다. 그 소식이 전해지자 각처에서 노예들이 반란에 가담하여 그 무리가 며칠 만에 6천 명 이상이 되었다.

○ 노예 반란군들은 자신들의 지도자로 실비우스라는 자를 선출했는데 그는 예언 능력을 지녔으며 여성들이 참가하는 종교 행사에서 피리를 부는 노예였다. 얼마 안 가 실비우스는 기병 2천 명과 보병 2만 명을 거느리는 막강한 지도자로 변모해 있었다. 그는 먼저 강력한 요새 도시 모르간티나를 공격했다. 총독 네르바는 로마군 1만 명을 끌고 와 노예군과 맞붙었지만 패배하고 600명의 전사자와 4천 명의 포로 그리고 엄청난 무기들을 적에게 남겼다. 포로가 많이 발생한 이유는 로마군의 패배가 짙어질 무렵 살비우스가 무기를 버린 사람은 누구든 살해해서는 안 된다고 선언하자 로마군 병사 대부분이 무기를 버리고 포로가 되었기 때문이다.

○ 로마군을 패배시킨 살비우스는 모르간티나 성벽을 무너뜨리기 위해

성안의 노예들에게 자유를 주겠다고 선언하면서 계속 공격을 가했으나 실패했다. 왜냐하면 성안의 노예 주인들이 노예들에게 약속하기를 성을 방어하는 데 협력한다면 마찬가지로 자유를 주겠다고 외쳤을 때, 성안의 노예들은 살비우스를 편들어 노예 반란군으로서 자유를 얻기보다는 주인의 말을 믿고 로마로부터 자유를 부여받고 싶었기 때문이다. 하지만 반란 노예군의 공격을 물리쳤을 때 노예 주인들과 네르바 총독은 약속을 저버리고 노예 해방을 백지화하자 노예들은 격분하며 대부분이 살비우스에게로 달려갔다.

○ 살비우스의 영향을 받아 시킬리아의 여러 곳에서 봉기가 세차게 일어났다. 특히 시킬리아 서부의 세게스타와 릴리바이움 주변에 살던 아테니온이라는 킬리키아 출신의 노예가 그러했다. 그는 빌리쿠스(註. vilicus는 농장에서 주인을 대신하여 노예를 감독했으며, 주로 해방 노예들이 맡았다.)였으며 점성술에도 능했다. 아테니온은 자신의 관리하에 있는 200명의 노예에다 주변의 노예들까지 세력을 규합하여 5일 만에 천 명이 넘는 노예 반란군을 조직했다. 그는 원하는 모든 노예를 받아들인 것이 아니라 건장한 병사의 기질이 있는 자만을 진영에 받아들였고 나머지는 돌려보냈는데, 이는 쓸데없이 인원만 많아 군량 조달이 어려워지는 상황을 피하기 위해서였다. 그러면서 그는 신들이 자신을 왕으로 선택한 것처럼 행동하며 자신은 모든 가축과 농작물을 보호할 책무가 있다고 말했다.

○ 반란에 뛰어든 노예만 무법한 행위와 약탈을 자행한 것이 아니라 가난한 자유민들도 폭력과 약탈을 일삼았다. 무고한 자들이 재산을 약탈당하고 폭력에 희생되어도 시킬리아는 거의 무정부 상태여서 여태껏 부와 명성을 누리던 자들이 운명의 뒤바뀜을 겪으며 무례하고 난

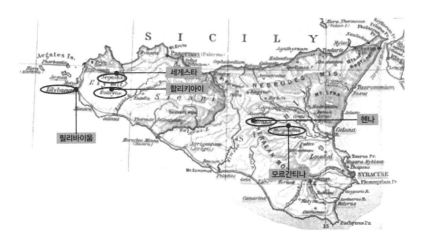

릴리바이움, 세게스타, 할리키아이, 헨나, 모르간티나

폭한 취급을 당했다.

○ 살비우스는 모르간티나 공격 이후 3만 명이나 되는 노예 병사들을 집결시킨 다음 자신을 '트리폰 왕'으로 선언했다. 그리고 왕이 장군을 소환하는 것처럼 아테니온을 시킬리아 서부에 위치한 트리오칼라 왕궁으로 불러들였다. 로마에서는 살비우스와 아테니온 간에 최고 통수권을 놓고 다툴 것이며 뒤따른 두 세력 간의 싸움으로 노예 반란은 종국을 맞게 될 것이라고 기대했다. 하지만 그런 일은 일어나지 않았다. 전쟁의 여신은 두 반란 지도자가 한뜻으로 힘을 합치게 했으며, 아테니온은 마치 왕에게 호출된 장군처럼 살비우스에게로 와서는 그의 말에 복종했기 때문이다. 하지만 의심 많은 살비우스는 기회가 오면 아테니온이 자신을 공격할 것이란 불안한 생각에 그를 감금했다. 그리고 트리오칼라를 깊은 해자와 높은 성벽으로 둘러싸 적들의 침공에 철저히 방비했다.

○ 마침내 로마 원로원은 대규모의 토벌군을 시킬리아에 보냈다. 로마 군이 쳐들어온다는 소식에 살비우스는 감금되어 있던 아테니온을 석 방하여 반란 노예군의 지휘를 맡겼다. 평원에서 맞선 두 군대는 승리 의 여신이 오락가락하던 중 아테니온이 무릎 부상을 입고 더 이상 싸 울 수 없게 되자, 노예 반란군은 전의를 잃고 패주했다. 곧이어 로마 군은 살비우스가 머물고 있는 트리오칼라를 포위 공격했지만, 난공 불락의 도시 트리오칼라는 살비우스의 지휘 아래 용감히 싸워 로마 군의 공격을 격퇴하자 반란 노예군의 사기는 다시 한 번 불타올랐다.

○ 그러는 동안 살비우스가 죽고 아테니온이 권력을 계승했다. 하지만 BC 101년 집정관 마니우스 아퀼리우스가 시킬리아 토벌군의 총사 령관이 되면서 마침내 반란 노예군들에게 완벽한 패배를 안겨 주었 다.(註. 탐욕스러운 아퀼리우스는 훗날 소아시아에서 미트라다테스 6세 에게 사로잡혀 목에 끓는 황금을 들이삼키는 방식으로 처형당했다.) 그 는 아테니온과 정면 승부를 걸어 그를 전사시켰지만 천 명 정도의 잔 존 반란 노예들은 사티로스를 지휘관으로 삼아 격렬하게 저항했다. 하지만 그들의 용기도 마침내 잦아들고 일부는 사로잡혀 경기장에서 맹수와 싸우기 위해 로마로 끌려왔다. 하지만 마지막까지 살아남은 노예 포로 병사들은 장렬한 죽음을 맞이했다고 전한다. 그들은 맹수 와 싸우기를 거부하고 제단 앞에서 서로에게 검을 휘둘러 죽음을 맞 았으며 사티로스가 마지막 노예 병사를 살해한 후 스스로 목숨을 끊 음으로써 숙명 앞에서 영웅이란 어떻게 행동하는지를 보여 주었던 것이다.

※ 마리우스의 실패

≪막강한 권력을 가진 자는 자신의 영향력과 신뢰 그리고 위엄을 생각하면 말할 때 신중을 기해야 하는 법이다. 따라서 집정관 마리우스는 실무적인 판단보다는 과격한 법안이 미칠 영향을 고려하여, 좀 더 분별 있는 정치적 판단을 할 필요가 있었다. 그뿐만 아니라 사투르니누스의 처벌과 한때 자신의 파트로누스였지만 이제는 정적으로 변한 메텔루스의 처리에 세심한 분별력을 보여야 했지만, 그는 너무나 미숙했다. 마리우스는 사투르니누스의 과격성을 달래지 못했고, 그렇다고 이미 저질러진 범죄에 대해서 시민들이 납득할 만한 조치를 취하지도 못했던 것이다. 또한 원로원에서 신사이며 공정하기로 평판이 자자했던 메텔루스에 대해서는 좀 더 사려 깊은 조치가 필요했다. 왜냐하면 마리우스가 미천한 신분이었을 때 메텔루스의 은혜를 가득 받았다는 것은 누구나가 알고 있던 사실이었기 때문이다. 이런 모든 실패는 훗날 마리우스에게 부담으로 되돌아왔다.≫

○ 마리우스가 킴브리족과 테우토니족의 침입을 저지하고 집정관으로 있던 BC 103년 사투르니누스(Lucius Apuleius Saturninus)가 호민관으로 있었다. 사투르니누스는 그라쿠스 형제의 숭배자였으며, 그 실행 방법도 기득권 세력을 자극할 만큼 과격했다. 시장 가격이 1모디우스당 16아스에서 24아스였던 밀을 서민층에게 무상 배급이나 마찬가지인 5/6아스로 공급했고, 퇴역병들에게는 새 식민지에서 1인당 100 유게룸의 토지를 받을 수 있는 법안을 제안했다. (註. 로마의 곡물 무상 배급은 BC 58년이 되어서야 호민관 클로디우스의 법안에 의해 시행되

었으며, 수혜자가 총 32만 명에 달했다. 이 법에 따라 로마시에 거주하는 성인 남성 시민권자는 매달 5모디우스, 즉 1년에 60모디우스의 밀을 받았다. 다만 성인 1인당 1년에 밀 40~60모디우스가량을 소모하므로 무상 배급된 밀을 성인 남성 혼자서 소비한다면 충분하겠지만 가족 전체가 먹기에는 부족한 양이어서 또 다른 수입원을 가져야 했다. 클로디우스가 법을 제정할 당시에 수혜자가 되기 위한 조건은 로마에 거주하는 로마 시민권자였으나, 훗날 수혜자가 축소되었고 더 이상 로마에 거주하는 로마 시민권자 모두가 수혜 대상이 될 수는 없었다. 이러한 곡물 무상 배급은 빈민 구제를 위한 제도가 아니라 곡물을 무상으로 받을 수 있는 특권으로 생각되었으며, 일부 사람들은 자신이 이러한 특권을 가졌다는 것을 묘비에 새겨 두기도 했다.

BC 46년 카이사르는 32만 명에 달하는 곡물 무상 배급 수혜자를 15만 명으로 낮추었는데, 이는 식민시를 건설하여 8만 명을 이주시키고, 기존의 조건인 로마시에 거주하는 남성 시민권자에다 로마시 출신이어야 한다는 조건을 더한 결과 9만 명이 추가로 감소되었기 때문이다. 하지만 BC 5년에 곡물 무상 배급 수혜자가 다시금 32만 명에 달했고, BC 2년 아우구스투스가 인구 조사를 실시하여 이를 또다시 20만 명으로 낮추었다. 이러한 무상 배급은 3세기에 셉티미우스 세베루스 황제에 의해 기름을 무상 배급했으며, 급기야 4세기에는 돼지고기와 포도주까지 무상 배급되었다. 제정 시대 때 곡물 무상 배급은 미누키우스 주랑의 45개 입구에서 매일 150~200명씩 20~30일간 나누어 주었다.) 하지만 재무관 세르비우스 카이피오가 주동이 되어 사투르니누스를 반대하는 귀족들이 폭력을 쓰는 통에 이 법안의 통과가 저지당했다.

○ BC 100년 사투르니누스가 두 번째 호민관이 되었을 때 그는 또다시

농지법, 퇴역병들에게 킴브리족 땅 무상 분배, 식민도시 건설 등 개혁적인 내용을 들고 나왔다.(註. 사투르니누스는 BC 103년에 처음 호민관을 지냈다.) 무엇보다도 원로원의 심기를 건드린 것은 원로원 의원들은 이 법안이 민회에서 가결되면 5일 이내에 그 법안을 인정한다는 선서를 하고, 선서를 거부한 의원은 의석을 박탈하도록 한다는 조항이었다. 당연한 결과지만 민중의 지지를 받고 있던 이 법안은 민회에서 통과되었다.

○ 그렇게 되자 마리우스는 진심을 속이고 선서 조항을 반대하는 척했으며 분별 있는 자라면 누구라도 선서하지 않을 것이라고 말했다. 하지만 그의 본심은 사투르니누스가 민회로 원로원 의원들을 불러내 선서를 강요했을 때 드러났다. 그는 이렇게 말했다. "시민들을 위한 이처럼 중요한 문제에 관해 단정적으로 말하기에는 내 목소리가 너무 작으나, 법이 요구한다면 법의 권위에 복종하여 선서하겠다." 마리우스는 이렇듯 과격한 법안에 대하여 집정관으로서 중재에 나설 필요가 있었지만, 맹목적이었는지 아니면 정치적 욕심 때문이었는지 오히려 동료 의원들보다도 먼저 선서함으로써 다른 의원들도 마지못해 따라 하게 만들고 말았다. 그의 태도에 민중들은 박수치며 환호했으나 원로원 의원들은 배신감으로 분노를 느끼며 그를 증오했다.

○ 마리우스는 적과의 싸움에서는 겁을 몰랐지만 민중들 앞에서는 용기를 몰랐던 자였기에, 평소에도 민중의 마음과 호의를 사로잡기 위해 항상 시민들에게 양보하는 태도를 보였다. 하지만 그의 이런 행동은 집정관의 위엄과 권위를 훼손하는 태도였다. 게다가 민중의 호의를 얻기 위한 정책은 무작정 민중의 뜻만 따르다가는 잘못이 드러나 애초대로 되돌아가고 싶어도 불가능하며 무질서한 진행을 막지도 못하

는 법이거늘, 마리우스는 앞으로 벌어질 일들을 예측하지도 못했고 감당하지도 못했다.

○ 민중의 분노가 두려웠던 원로원 의원들이 순서대로 선서를 했고 마침내 메텔루스 차례가 되었다. 그의 완고함을 아는 친구들이 마음에 내키지 않더라도 선서함으로써 형벌의 표적을 피하라고 애원했지만 그는 이런 수치스런 짓을 하느니 차라리 어떤 고통이라도 참아 내겠다며 말했다. "위험이 없을 때 옳은 일을 실천하는 것은 누구에게나 쉬운 일입니다. 하지만 진정한 의인이라면 위험이 가로막고 있을 때에도 정의롭게 행동하는 법입니다." 결국 유구르타 전쟁에서 마리우스의 상관이면서 그의 출신이 비천한 것을 경멸하던 메텔루스는 자진 망명의 형태로 로마를 떠났다. 정직하고 고매한 인품으로 귀족층에서 막대한 영향력을 가졌던 메텔루스가 이런 식으로 불만을 표현하자, 마리우스의 편에 섰던 많은 원로원 의원들도 그와 점차로 거리를 두게 되었다.(註. 훗날 마리우스는 메텔루스의 귀국을 막기 위해 갖은 방법을 다했지만, 로마에서 메텔루스家의 영향이 막강했기에 BC 99년 마침내 호민관 칼리두스가 메텔루스의 귀국을 허락하는 법안을 통과시켰다. 훗날 메텔루스의 아들 메텔루스 피우스는 술라의 지지파가 되어 권력을 갖게 되자, 칼리두스가 법무관이 될 수 있도록 추천함으로써 아버지의 귀국을 도운 은혜에 보답했다.)

○ 호민관 사투르니누스는 티베리우스 그라쿠스를 따르고자 하는 자였지만, 그의 성품은 티베리우스처럼 고귀하거나 기품 있는 행동을 보여 주지 못했다. 그가 BC 99년도 임기의 호민관 선거에 출마했을 때 노니우스라는 강력한 경쟁자가 나타났다. 그러자 그를 이길 수 없다고 생각한 사투르니누스는 하수인을 시켜 경쟁자를 살해하려고 마음

먹었다. 자객에게 쫓기던 노니우스는 건물 안으로 숨어들었지만 결국 발각되어 그곳에서 칼에 맞아 숨을 거두었다. 사투르니누스의 폭력은 여기에서 그치지 않았다. 다음 해 그가 지지하는 법무관 글라우키아가 집정관에 출마했을 때 경쟁자인 멤미우스에게 선거에서 지고 말 것이 분명해졌다. 그렇게 되자 사투르니누스는 유권자들이 투표장으로 들어오기 시작할 때 미리 대기시킨 폭력배들을 동원하여 멤미우스를 몽둥이로 때려 살해하는 짓을 저질렀다.

○ 이에 원로원은 범죄자를 체포하기 위해 즉시 원로원 최종 결의(세나투스 콘술툼 울티뭄senatus consultum ultimum)를 선포했다. 그러자 사투르니누스와 글라우키아 그리고 재무관 사우페이우스는 카피톨리움으로 달아났다. 마리우스는 집정관이었으므로 원로원 최종 결의를 수행해야 했으나, 이를 수행하면 자신의 추종자를 배척하는 결과가 되므로 정치적 무덤을 파게 될 수밖에 없는 처지였다. 왜냐하면 그는 민중파를 대표자로서 정치적 토대를 닦았고, 호민관은 민중의 수호자였기 때문이다. 마리우스는 수도를 끊고 카피톨리움에 숨어든 그들이 갈증을 이기지 못해 항복하기를 기다렸다. 하지만 도망친 일당들은 신변 보장을 약속받은 후에야 항복한 후 원로원 의사당에 감금되었다. 마리우스는 사투르니누스 일당을 감금만 했을 뿐 과감하게 처단하지 못하고 이도 저도 아닌 어정쩡한 상태로 계속 시간을 끌기만 했다. 그러다가 분노한 반대파들이 원로원 의사당 지붕을 뚫고 들어가 지붕에서 뜯어낸 기와로 사투르니누스 일당들을 쳐 죽이고 말았다. 이로써 현직 호민관과 법무관 그리고 재무관이 무법한 로마 시민의 손에 살해당하고 집정관이 방관한 사건이 되었다.

○ 이렇게 되자 마리우스는 민중의 힘으로 귀족들과 동일한 권세와 지

위를 얻고 난 뒤, 배은망덕하게도 이제는 민중을 버리고 귀족들과 협력하는 보수파가 되었다는 의심을 받았다. 이 사건 이후로 평민들은 자신의 편이라고 믿었던 마리우스에게 배신당했다고 비난했으며, 원로원은 원로원대로 호민관의 뜻에만 따르는 마리우스에게 반발하며 국외로 떠난 메텔루스를 불러들일 것을 의결했다. 이로써 마리우스의 정치적 입지는 매우 좁아지고 말았다.

마음에 새기는 말

정치적 교양이란 상식을 경멸하는 데 필요한 힘을 가지고 있는 것이다.

_ 리비우스

– 마리우스는 호민관 사투르니누스의 전횡과 살인죄를 처리하면서 정치적으로 판단하지 못했다. 그는 사투르니누스를 살인범으로 잡았으면 사투르니누스의 잘못을 들어 처벌하거나, '원로원 최종 결의'의 부당성을 피력하여 평민들의 손을 들어 주어야 했다. 그러나 마리우스는 그를 감금한 채 내버려 두었고, 감금되어 있던 사투르니누스가 적에게 살해당했을 때에도 무법자들을 처단하지 않았다. 결국 평민들은 사투르니누스의 죽음을 방관했다는 이유로 그리고 원로원 의원들은 호민관이 개혁안을 제출했을 때 편들었다는 이유로 마리우스를 멀리했다. 즉, 마리우스는 뛰어난 장군이기는 했으나 상식을 우습게 알고 옳지 않은 일을 거리낌 없이 해치우는 정치적 인간은 아니었다.

✳ 오로바조스의 죽음(BC 96년)

≪오로바조스는 사절단의 수장으로서 정당한 대우를 요구해야 했지만 로마 장군으로부터 받은 부당함에 침묵했다. 사절에게 주어진 지위와 권한은 그것을 부여한 자의 권위와도 연결되어 있는 까닭에 부당한 대우를 받는다면 바로잡도록 당당하게 요구해야 도리인 법이다. 파르티아 왕은 오로바조스에게 이에 대한 책임을 물었다.≫

○ 폰투스 왕 미트라다테스 6세가 세운 카파도키아 소년 왕이 카파도키아 사람들에게 축출되고, 왕족의 피가 짙게 흐르는 아리오바르자네스가 왕위에 올랐다. 하지만 아리오바르자네스는 미트라다테스의 사주를 받은 아르메니아 왕 티그라네스 2세(註. 그는 미트라다테스의 사위이기도 했다.)에 의해 쫓겨나고, 고르디오스가 그 자리를 차지했다. 쫓겨난 아리오바르자네스는 로마로 도망쳐 로마 원로원에 자신의 복위를 요청했다. 로마로서는 미트라다테스가 소아시아에서 발호하여 세력을 확대하고 인접국과 동맹국들을 속국으로 병합하는 행위를 두고 볼 수 없었다.

○ 마침내 로마 원로원은 술라를 전직 법무관 자격으로 킬리키아 총독에 임명하여, 고르디오스를 몰아내고 카파도키아 왕의 자리에 아리오바르자네스를 다시 앉히기 위해 카파도키아로 진군하도록 명령했다. 카파도키아로 진군한 술라는 미트라다테스와 전투를 치르지 않고서도 아리오바르자네스를 복위시킬 수 있었다.(註. 이때 아리오바르자네스는 나라를 돌려받을 수 있었지만 BC 88년 또다시 미트라다테스 6세에게 나라를 빼앗겼다. 그 이후 BC 85년 술라가 미트라다테스와의 평

화 협정을 맺을 때 그는 다시금 카파도키아 왕국을 되찾을 수 있었다.) 그때 유프라테스강변에 머무르는 동안 술라는 파르티아 사람 오로바조스의 방문을 받게 되었다. 그는 파르티아 왕의 사절 자격으로 찾아온 것인데, 그때까지 로마와 파르티아 간에는 교류가 전혀 없었다. 파르티아는 로마와의 교류를 트고 우방국이 되고 싶어 했던 것이다. 마침내 오로바조스는 술라와 면담이 이루어졌다.

○ 이때 술라는 세 개의 의자를 회담장에 놓도록 지시하고서는 자신은 가운데 앉고 양옆으로 아리오바르자네스와 오로바조스를 앉게 하여 접견했다. 당시 관례에 따르면 회담의 좌장이 가운데에 앉았다. 따라서 술라가 좌장이 되어 회담하는 것은 한낱 로마의 속주 총독이 행할 수 있는 행동이 아니었다. 오로바조스는 이러한 무례함을 지적하지 않고 그대로 회담을 마치고 돌아왔다. 나중에 파르티아 왕은 겨우 속주 총독 주제에 자신의 사절에게 그런 대우를 한 사실을 알고 격노했고, 이 분노는 종국에 오로바조스를 향했다. 왜냐하면 회담의 결과가 파르티아 왕의 마음에 들지 않기도 했지만, 오로바조스가 왕의 사절 자격으로 로마 속주를 방문했으면서도 부당한 대우에 아무런 대응을 하지 않았기 때문이다. 결국 그는 왕의 명령으로 사형에 처해지고 말았다.

○ 훗날 카토가 파르살루스 전투에서 패한 다음 카이사르의 공격을 피해 아프리카에서 군사력을 모으고 있을 때였다. 카토, 누미디아 왕 유바 그리고 폼페이우스의 장인 메텔루스 스키피오(Quintus Caecilius Metellus Pius Scipio Nasica)가 함께 마주하여 회담한 적이 있었다. 그때 누미디아 왕 유바가 카토를 처음 접견하는 자리에서 카토와 메텔루스 스키피오 사이에 자리를 잡자, 카토는 안내받은 자리에 앉지 않

고 즉시 옆으로 자리를 옮겨 메텔루스 스키피오를 가운데에 앉게 했다. 이는 유바에게 가운데 자리를 내주느니 차라리 자신을 비난한 적이 있는 메텔루스 스키피오에게 회담의 좌장 자리를 주는 게 낫다고 생각했기 때문이다. 따라서 파르티아 왕이 오로바조스를 대한 처벌의 수위를 논하지 않고 분노에 대해서만 살핀다면 납득할 만한 것이었으며, 오로바조스는 사절이란 왕의 권위를 대신한다는 것을 잊었던 것만은 사실이다.

✻ 호민관 드루수스(Drusus)와 동맹시 전쟁(BC 91~88년)

≪기득권 앞에서는 누구나 장님과 같다. 로마는 포에니 전쟁 때에 피를 나눈 동맹 부족의 간절한 요구를 거절한 후, 그들과 감정에 사무치는 뼈저린 전쟁을 치르고 나서야 비로소 자신들의 어리석음을 깨닫고 시민권을 개방했다. 그러나 생각해 보면 로마 시민권을 개방하지 않고 독점적으로 가지겠다는 탐욕은 로마의 건국 이념인 개방과 포용 정책을 노골적으로 위반한 것이다. 로마의 시조 아이네아스가 투르누스와 일대일로 겨룰 때, 유피테르 신과 마르스 신에 승리를 기원하면서 적과 싸워 이기더라도 패배한 적과 동등한 조건으로 동맹을 맺겠다고 맹세한 적이 있었다. 즉, 동맹의 조건이 '동등'해야 시조의 이념과 들어맞았다.≫

○ 세 차례에 걸친 포에니 전쟁과 마케도니아 전쟁 그리고 안티오코스

와의 전쟁 등이 로마의 승리로 끝나고 승전의 전리품들이 속속 로마로 유입되었다. 그리하여 로마는 갈수록 부유해졌지만 이탈리아의 동맹시들은 전쟁에서 거둔 승리의 열매를 조금밖에 얻지 못했으며, 급기야 동맹시 병사들에게는 목숨을 걸고 싸운 피의 대가로 로마군이 받는 몫의 절반밖에 주지 않았다. 그럼에도 징집된 병사의 수가 BC 2세기 초만 해도 로마군이 동맹군보다 2배나 많았지만, BC 2세기 말부터는 같거나 때때로 오히려 더 적었으며 심지어 1/3밖에 되지 않을 때도 있었다.

○ 이처럼 로마 세계가 안전하고 평화로워질수록 로마가 동맹시들에게 야박하게 구는 경향이 더욱 심해졌고, 이탈리아의 동맹시들을 대하는 로마 지도자들의 태도가 더욱 강경하게 변해 갔다. 마침내 로마는 동맹시의 신성한 제의를 탄압하는 데에까지 이르는 위험한 선례를 남기며 동맹 시민들을 속주민처럼 대하고 말았다. 로마 원로원은 바쿠스의 숭배자들이 로마의 미풍양속을 해치는 무절제한 행동과 난잡한 의식이 행해진다고 우려하며, 로마뿐 아니라 이탈리아 내에서도 법무관의 승인 없이 5명 이상이 바쿠스 제의를 위해 모인다면 사형에 처한다는 법안을 통과시켰던 것이다.(註. 이미 로마 원로원은 BC 213년 외래 종교 의식을 금지한 적이 있으며, BC 186년 파격적인 방식과 분파적인 조직 그리고 비밀스런 의식으로 바쿠스 숭배자들이 원로원의 통제를 벗어나려 한다며 그들을 탄압한 적이 있었다. 바쿠스는 동방으로부터 이탈리아에 전래된 신으로 이와 동일한 그리스 신은 디오니소스이며, 술을 관장하는 신이다.)

○ 동맹시들은 이렇듯 비참한 자신들의 처지를 개선해야겠다고 마음먹고서는 BC 91년 당시 호민관이던 마르쿠스 리비우스 드루수스에게

———— 로마의 선택과 결정 ② 지중해 패권

도움을 청하며 의지하게 되었다. 그는 30년 전 가이우스 그라쿠스의 개혁에 반대하는 원로원의 사주를 받아 가이우스보다 더 민중에게 영합하는 법안을 잇따라 제출함으로써 가이우스를 실각시키는 데 이바지한 드루수스의 아들이었다. 그는 열정적이면서도 매우 유능하며 자신만만했고 진지한 성품에다 검소한 사람이었다. 한번은 로마 광장 근처에 저택을 구입했을 때 어느 건축가가 사생활 보호를 위해 집을 개조하는 것이 어떻겠냐고 하자, "나의 생각은 오히려 그 반대이네. 내가 행하는 모든 것이 만인에게 공개되도록 집을 개조해 주게." 하고 응수했다고 한다.(註. 이 저택은 훗날 키케로가 사들였다.) 또한 그는 원로원의 권리를 옹호하기도 했지만 자신의 목적을 이루기 위해서는 평민들에게 영합하는 일도 서슴지 않았다.

○ 드루수스는 호민관이므로 귀족 계급은 아니었지만 선대부터 원로원에 의한 과두정을 지지한 귀족파였고 유복한 기득권층에 속했다. 하지만 그는 아버지가 걸었던 길과는 다른 길을 선택했다. 호민관에 선출된 드루수스는 혁신적인 법안을 제안했던 것이다. 그는 법정의 일부 배심원을 기사 계급에서 다시금 원로원으로 돌려주었고, 대신에 원로원 의석수를 300명에서 600명으로 늘려 늘어난 자리를 기사 계급에게 줄 것을 주장했다.(註. 훗날 술라가 드루수스의 제안을 부활시켜 원로원 의원의 수를 600명으로 확정했다.) 그뿐만 아니라 그라쿠스 형제가 제안했던 농지법 개혁안을 다시 들고 나오기도 했다. 이러한 법안들이 제안되자 드루수스의 정적들은 그의 법안을 저지하기 위해 신속하고 강력하게 결집했다. 하지만 가장 큰 물의를 일으킨 것은 그가 제안한 시민권의 개혁이었다.

○ 로마의 시민권은 로마가 이탈리아를 통일하기 전까지만 해도 무제한

적으로 허용하는 것이 국가의 이익으로 간주되어 비시민권자가 로마 시민권을 획득하기가 매우 쉬웠다. 때에 따라서는 로마 시민권이 주어지면 병역의 의무를 다해야 되므로 종종 형벌로서 주어질 정도였다. 하지만 로마가 이탈리아를 통일하고 이탈리아 내의 모든 도시가 로마의 권위 앞에 무릎을 꿇자 상황이 바뀌었다. 로마 시민권이 전리품의 배분과 세금 부과 등에서 실질적인 이득을 가져다주었을 뿐만 아니라, 시민권을 소지하지 않은 자와 명예의 격이 달라졌다. 그러자 로마는 시민권 발급을 아끼기 시작했고, 로마 시민권은 더욱더 매력적인 신분증이 되었다. 이러한 로마 시민권을 드루수스가 가이우스 그라쿠스보다 더 획기적인 방법으로 모든 이탈리아인에게 로마 시민권을 주는 법안을 제출한 것이다.(註. BC 122년 가이우스 그라쿠스는 라틴 시민권자에게는 로마 시민권을, 나머지 이탈리아 주민들에게는 라틴 시민권을 주자고 발의했으나 정적들에 의해 좌절되었다. 드루수스가 이 법안을 제안한 것은 그의 친구 중에 동맹시 시민들이 많았기 때문이라는 설과 동맹시 시민들의 로마화가 불가피하다면 차라리 법제화하여 동맹 시민들에게 로마 시민권을 부여한 다음 자신의 클리엔스로 삼으려고 했다는 설과 로마의 무산자들에 토지를 계속 분배하다 보니 동맹시 시민들의 토지가 줄어들어 이들을 회유하기 위해서였다는 설 등이 있다.) 이탈리아 내의 동맹시들은 로마가 치른 전투에서 거의 60%에 달하는 군사력을 지원하며 혈맹으로서 로마의 위기를 같이 극복해 나갔으나, 그 열매는 돌아오지 않았으므로 그 문제는 오래전부터 해결했어야 하는 절박한 정책이었다.

○ 그러나 로마 시민들은 자신들의 기득권인 시민권의 확대를 원하지 않았다. 그들은 시민권이 확대되면 동맹 시민들이 경기장과 행사장에서

자신들을 압도하고 민회에서 자신들의 힘을 희석시키리라고 걱정했던 것이다. 로마 시민들의 거친 반대에 부딪친 집정관 필립푸스는 결국 법안에 반대하는 안을 제출했다. 호민관은 민중 봉기라는 무기로 정면 대결을 행사할 수 있는 직책이었지만, 드루수스는 도시가 혼란과 무질서에 빠질 수 있는 과격한 방법을 피하고 집으로 돌아가기로 했다. 하지만 그는 귀가하는 도중에 자신의 의견에 반대하는 자에게 살해당하고 말았다. 그를 죽인 자는 제화공으로서 유복한 보수파보다 더 완고한 수구파로 변하기 쉬운 가난한 로마 시민이었다. 그는 제화공들이 사용하는 날카로운 연장으로 드루수스를 찌른 것이다.

○ 드루수스에게 앞날의 희망을 기대고 있던 동맹시들은 그가 살해되자 절망했다. 드루수스의 죽음은 동맹시들에게 평화로운 방법으로 시민권을 획득할 수 있는 마지막 희망을 무너지게 했기 때문이다. 이제 그들이 호소할 수 있는 것은 실력 행사뿐이었다. 그럼에도 원로원은 드루수스의 죽음에 따른 동맹시들의 로마 시민권 취득 실패로 어떤 결과가 초래될 것인지에 대해 깊이 고려해 보지도 않았고 관심조차 없었다. 오직 자신들의 기득권을 나눠 주지 않으려고 품 안에 움켜쥐고 있었다. 그러던 중 이탈리아의 불안한 민심을 순회 조사하던 법무관이 아우스쿨룸(註. 현재 지명 '아스콜리') 주민 앞에서 그들이 시민권을 얻기 위해 일으킨 선동을 엄한 어조로 격렬히 비난했다. 이 같은 모욕적인 발언에 분노한 아우스쿨룸 주민들은 법무관과 그의 호위병들을 살해하였을 뿐 아니라, 그 도시 안의 모든 로마인들을 학살했다.(註. 학자에 따라서는 로마 행정관들이 동맹시의 지도층 인사들에게 수시로 모욕과 상처를 주었다고 주장하기도 한다.)

○ 결국 이로써 호민관 드루수스가 그렇게도 막으려고 애썼던 전쟁이

┃ 동맹시 전쟁 때 봉기한 동맹부족에서 발행한 주화(왼쪽은 이탈리아의 여신, 오른쪽은 8부족이
  동맹을 서약하는 의식)

마침내 피어올랐고, 이 전쟁은 사실상 내전이나 다름없었다. 로마와
피를 나누었던 8개 동맹 부족은 코르피니움에 수도를 정한 후 독립을
선언하고 분노와 항거의 불꽃을 쏘아 올렸다. 로마와 동맹시들은 서
로 간에 적개심과 실망으로 격노했고 로마로서는 통렬한 정치적 실
패였으며, 동방 등 주변국에서는 이를 고소하게 바라보았다. 한니발
이 이탈리아에서의 승리와 공포로 16년간을 압박했지만 해체하지 못
했던 로마 동맹이 로마인들의 이기심으로 이제야 갈가리 찢어지게
된 것이다. 이 전쟁에서 이탈리아의 부족들 가운데 투표권과 상소권
이 없는 라틴 시민권이라도 가진 부족들은 로마 편에 섰으며, 로마에
항거한 동맹 부족들은 이조차도 없는 경우였다.

○ 당시 폰투스 왕 미트라다테스 6세는 로마가 동맹시 전쟁으로 내분을
  겪고 있자 야심을 이룰 수 있는 기회가 왔다고 보고 로마 속주인 페
  르가몬을 공격했다. 이처럼 주변의 정세가 불안하자 로마는 조속히
  동맹시 전쟁을 마무리하고자 했다. 결국 BC 90년 겨울, 이 전쟁은

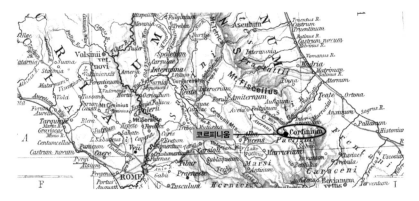

코르피니움

카이사르의 친척 아저씨뻘인 당시 집정관 루키우스 율리우스 카이사르가 반란에 동참하지 않은 모든 동맹 시민들에게 로마 시민권을 부여하는 "율리우스 시민권법(Lex Julia de civitate)"을 민회에서 가결함으로써 전쟁의 원인이 된 주요 쟁점이 해소되었고, 로마와 이탈리아 부족 사이에서 갈등하던 많은 부족들이 로마 편으로 돌아섰다.(註. 로마법은 자국민들에게만 적용되는 '자국법', 자국민과 외국인과의 관계를 규정하는 '만민법', 속주와 관련된 '지방법'으로 나누어진다. 시민권법과 상거래법 등은 만민법에 해당한다.) 이로써 전쟁의 양상은 역전되었고 승패는 사실상 갈렸다.

○ 그 이후 시민권 부여가 더욱 포괄적으로 확대되어 BC 89년 호민관 플라우티우스(Marcus Plautius Silvanus)와 파피리우스(Gaius Papirius Carbo)는 어느 동맹 사회에서 거주하든 60일 이내에 법무관 앞에서 등록하는 모든 자유민에게 로마 시민권을 부여하는 법안을 제출했고, 폼페이우스 마그누스의 아버지 폼페이우스 스트라보가 포강(註.

당시 명칭 '파두스강') 이남의 갈리아 키살피나에 거주하는 모든 자유민에게 로마 시민권을 주고 강 이북에 거주하는 자유민에게는 라틴 시민권을 주자고 제안하는 데까지 나아갔다. 그 결과 이탈리아 내의 모든 자유민들은 로마 시민권자가 되었으며, 이로써 로마는 대제국으로 나아가는 거대한 발걸음을 내딛을 수 있었다.

○ 로마가 3차례에 걸친 포에니 전쟁과 마케도니아 전쟁에 승리하여 세력을 지중해 전역에 떨칠 때까지도 사실상 도시 국가의 형태를 벗어나지 못했다. 하지만 동맹시 전쟁으로 로마 시민권이 이탈리아 전체 주민들에게 확대되자 마침내 로마는 영토 국가로 발돋움하기에 이르렀다.

| 마음에 새기는 말 |

인내는 힘보다 효력이 크며 지속성에는 그 무엇도 저항할 수 없다. 따라서 시간은 부지런히 기회를 엿보는 사람들에게는 좋은 동료이나 때를 모르고 서두르는 사람에게는 지독한 적이다.

_ 세르토리우스

- 세르토리우스가 술라에 반대하여 히스파니아에서 로마군을 상대할 때, 병사들이 높은 의지를 보이며 막무가내로 로마군과 전투를 벌이고 싶어 안달하자 제대로 준비가 되지 않았음에도 허락했다. 조급한 마음으로 벌인 전투에서 그들은 패배했고 세르토리우스는 약간의 피해를 입긴 했으나 패배한 병사들을 거의 구해 냈다. 그러면서 그는 병사들에게 한 가지 가르침을 주었다. 병사들 앞에서 허약한 말의 꼬리털을 건장한 사내에게 일거에 뽑도록 했고, 강건한 말의 꼬리털을 허약한 사내에게 하나씩 뽑도록 한 것이다. 건장한 사내는 온갖 노력에도 꼬리털을 뽑지 못하고 웃음거리가 되었으

나, 허약한 사내는 다소간의 시간이 들긴 했으나 마침내 꼬리털을 모두 뽑았다. 즉 그는 막강한 로마군과 싸우자면 인내하며 때를 기다릴 줄 알아야 하며, 전면전보다는 조금씩 무너뜨리는 소규모 전투의 긍정적인 효과를 설명한 것이다.

부 록

:: 로마 숫자 ::

1	I	11	XI	30	XXX	300	CCC
2	II	12	XII	40	XL	400	CD
3	III	13	XIII	50	L	500	D
4	IV	14	XIV	60	LX	600	DC
5	V	15	XV	70	LXX	700	DCC
6	VI	16	XVI	80	LXXX	800	DCCC
7	VII	17	XVII	90	XC	900	CM
8	VIII	18	XVIII	99	IC	990	XM
9	IX	19	XIX	100	C	1000	M
10	X	20	XX	200	CC		

:: 신들의 이름 ::

그 리 스 식		
로 마 식		
우라노스	가이아	크로노스
우라누스	테르라, 텔루스	사투르누스
제우스	포세이돈	하데스
유피테르	넵투누스	플루톤, 디스
헤라	데메테르	헤스티아
유노	케레스	베스타
레토	아테나	아폴론
라토나	미네르바	아폴로
폴리데우케스	아르테미스	아프로디테
폴룩스	디아나	베누스
아레스	헤르메스	헤파이스토스
마르스	메르쿠리우스	불카누스
디오니소스	에로스	모이라이
바쿠스	쿠피도, 아모르	파르카이
페르세포네	아스클레피오스	에오스
프로세르피나	아스쿨라피우스	아우로라
티케	니케	헤라클레스
포르투나	빅토리아	헤르쿨레스
다르다노스	모우사	아이네이아스
다르다누스	무사	아이네아스
아스카니오스	오디세우스	아킬레우스
아스카니우스	울릭세스	아킬레스
아이아스	델포이	이데
아이약스	델피	이다

:: 그리스 문자와 로마 문자 ::

그리스자	로마자	한글	그리스자	로마자	한글
α(A)알파	a	ㅏ	γγ	ng	ㅇㄱ
β(B)베타	b	ㅂ	γκ	nk	ㅇㅋ
γ(Γ)감마	g	ㄱ	γχ	nch	ㅇㅋ
δ(Δ)델타	d	ㄷ	αι	ae	아이
ε(E)엡실론	e	ㅔ	ει	ei	에이
ζ(Z)제타	z	ㅈ	οι	oe	오이
η(H)에타	e	ㅔ	αυ	au	아우
θ(Θ)세타	th	ㅆ	ευ, ηυ	eu	에우
ι(I)요타	i	ㅣ	ου	ou	우
κ(K)카파	k, c	ㅋ			
λ(Λ)람다	l	ㄹ			
μ(M)뮤	m	ㅁ			
ν(N)뉴	n	ㄴ			
ξ(Ξ)크시(크사이)	x	ㅋㅅ			
ο(O)오미크론	o	ㅗ			
π(Π)파이	p	ㅍ			
ρ(P)로	r	ㄹ			
σ, ς(Σ)시그마	s	ㅅ			
τ(T)타우	t	ㅌ			
υ(Υ)윕실론	u, y	ㅜ, ㅟ			
φ(Φ)피(파이)	ph	ㅍ			
χ(X)키(카이)	ch	ㅋ			
ψ(Ψ)프시(프사이)	h, ps	ㅎ, 프ㅅ			
ω(Ω)오메가	o	ㅗ			

_____ 로마의 선택과 결정 ② 지중해 패권

BC 218~201   제2차 포에니 전쟁(한니발 전쟁).

BC 216   칸나이 전투에서 로마군 패배.

BC 215~205   제1차 마케도니아 전쟁.

BC 209   스키피오가 카르타고 노바 정복.

BC 207   클라우디우스 네로와 집정관 리비우스가 메타우루스강변에서 한니발의 동생 하스드루발에게 승리.

BC 203   스키피오의 로마군 아프리카 상륙. 한니발이 카르타고 정부의 명령으로 귀환.

BC 202   자마 전투에서 스키피오가 한니발에게 승리.

BC 201   로마와 카르타고 간에 강화 조약 체결.

BC 200~197   제2차 마케도니아 전쟁. BC 197년에 필립포스 5세와 플라미니누스 간에 겨룬 키노스케팔라이 전투에서 필립포스가 결정적으로 패배함으로써 제2차 마케도니아 전쟁 종결.

BC 190   스키피오의 로마군과 셀레우코스 왕조의 안티오코스 간에 마그네시아 전투가 벌어져 안티오코스가 패배.

BC 183   한니발 죽음. 스키피오 아프리카누스 죽음.

BC 179   마케도니아의 마지막 왕 페르세오스 즉위.

BC 172~168	제3차 마케도니아 전쟁(페르세오스 파멸).
BC 168	피드나 전투에서 로마 장군 아이밀리우스 파울루스에게 페르세오스 왕이 완패함.
BC 149~148	제4차 마케도니아 전쟁('안드리스코스'라는 자가 일으킴).
BC 149~146	제3차 포에니 전쟁.
BC 146	코린토스 멸망. 카르타고 멸망.
BC 135	제1차 시킬리아 노예 반란(BC 135~132년) 발발.
BC 133	스키피오 아이밀리아누스에 의해 누만티아 함락. 티베리우스 그라쿠스 호민관에 취임, 그리고 살해됨.
BC 123	가이우스 그라쿠스 호민관에 취임.
BC 121	가이우스 그라쿠스 죽음.
BC 108	마리우스 집정관에 당선.
BC 107	마리우스가 집정관에 취임하여 지원병제로 모병하는 제1차 군제 개혁 실시.
BC 105	유구르타 전쟁 종결.
BC 104	유구르타 처형. 마리우스가 벨리테스, 하스타티, 프린키페스, 트리알리의 구분을 없애는 제2차 군제 개혁 실시. 제2차 시킬리아 노예 반란(BC 104~100년) 발발.

BC 102   마리우스가 게르만의 테우토니족을 섬멸함.

BC 101   마리우스가 게르만의 킴브리족을 섬멸함.

BC 100   율리우스 카이사르 탄생.

BC 91~88   동맹시 전쟁.

BC 89   이탈리아 자유민 모두에게 로마 시민권 부여.

다른 자들의 지혜를 위해 여백을 남긴다

Ad sapientias aliarum marginem relinquo

〈참고문헌〉

○ Edward Gibbon 저, 김희용 외 2 역, 『The History Of The Decline And Fall Of The Roman Empire』(로마 제국 쇠망사), 민음사, 2008~2010

○ Publius Cornelius Tacitus 저, 박광순 역, 『Annales』(연대기), 종합출판 범우(주), 2005

○ Publius Cornelius Tacitus 저, 김경현 외 1 역, 『Historiae』(타키투스의 역사) 한길사, 2011

○ Theodor Mommsen 저, 김남우 외 2 역, 『Römische Geschichte』(몸젠의 로마사) 푸른역사, 2013~2015

○ Plutarchos 저, 이다희 역, 『Bioi Paralleloi』(플루타르코스 영웅전), Human & Books, 2010~2015

○ Gaius Julius Caesar 저, 김한영 역, 『Commentarii De Bello Civil』(내전기) 사이, 2005

○ Gaius Julius Caesar 저, 김한영 역, 『Commentarii De Bello Gallico』(갈리아 전쟁기), 사이, 2005

○ Fritz M. Heichelheim, Cedric A. Yeo 공저, 김덕수 역, 『A History Of The Roman People』(로마사) 현대지성사, 1999

○ Donald R. Dudley 저, 김덕수 역 『The Civilization Of Rome』(로마 문명사), 현대지성사, 1997

○ 시오노 나나미 저, 김석희 역, 『Res Gestae Populi Romani』(로마인 이야기), 한길사, 1995~2007

○ Niccolo Machiavelli 저, 권혁 역, 『Il Principe』(군주론), 돋을새김, 2005

○ Niccolo Machiavelli 저, 강정인 외 1 역, 『Discorsi sopra la prima deca di Tito Livio』(로마사 논고), 한길사, 2003

○ Peter Heather 저, 이순호 역, 『The Fall of the Roman Empire : a new history of Roman and the Barbarians』(로마 제국 최후의 100년), 뿌리와이파리, 2008

○ Philip Matyszak 저, 박기영 역, 『Chronicle of the Roman Republic』(로마 공화정), 갑인공방, 2004

○ Alberto Angela 저, 주효숙 역, 『Una Giornata Nell'antica Roma』(고대 로마인의 24 시간) 까치, 2011

○ Chris Scarre 저, 윤미경 역, 『Chronicle of the Roman Emperors』(로마 황제), 갑인공방, 2004

○ Jérôme Carcopino 저, 류재화 역, 『Rome à l'apogée de I'Empire : la vie quotidienne』(제국의 전성기 고대 로마의 일상생활), 우물이있는집, 2003

○ Alberto Angela 저, 김효정 역, 『Amore e sesso nell'antica Roma』(고대 로마인의 성과 사랑) 까치, 2014

○ Marcus Tullius Cicero 저, 허승일 역, 『De Officiis』(의무론), 서광사, 2006

○ Marcus Tullius Cicero 저, 김창성 역, 『De Re Publica』(국가론), 한길사, 2007

○ Marcus Tullius Cicero 저, 김남우 역, 『Tusculanae Disputationes』(투스쿨룸 대화), 아카넷, 2014

○ Anthony Everitt 저, 조윤정 역, 『The First emreror』(아우구스투스 : 로마 최초의 황제), 다른세상, 2008

○ Gaius Suetonius Tranquillus 저, Robert von Ranke Graves 영역, 조윤정 역, 『De Vita Caesarum』(열두 명의 카이사르), 다른세상, 2009

○ Frank McLynn 저, 조윤정 역, 『Marcus Aurelius』(철인황제 마르쿠스 아우렐리우스), 다른세상, 2011

○ Marcus Tullius Cicero 저, 천병희 역『Cato maior de senectute』(노년에 관하여), 숲, 2011

○ Marcus Tullius Cicero 저, 천병희 역, 『Laelius de amicitia』(우정에 관하여), 숲, 2011

○ Publius Vergilius Maro 저, 천병희 역『Aeneis』(아이네이스), 숲, 2004

○ Publius Ovidius Naso 저, 천병희 역『Fasti』(로마의 축제일), 한길사, 2005

○ Herodotos 저, 천병희 역, 『Histories Apodexis』(역사), 숲, 2009

○ Thucydides 저, 천병희 역, 『Ho Polemos Ton Peloponnesion Kai Athenaion』(펠로폰네소스 전쟁사), 숲, 2011

○ Publius Cornelius Tacitus 저, 천병희 역, 『De origine et situ Germaniorum』(게르마니아), 숲, 2012

○ Publius Vergilius Maro 저, 김남우 역『Aeneis』(아이네이스), 열린책들, 2013

○ Adrian Goldsworthy 저, 백석윤 역, 『Caesar』(가이우스 율리우스 카이사르), 루비
박스, 2007

○ Adrian Goldsworthy 저, 하연희 역, 『The Fall of the West』(로마 멸망사), 루비박스,
2012

○ Adrian Goldsworthy 저, 강유리 역, 『In the Name of Rome: The Men Who Won the
Roman Empire』(로마전쟁영웅사), 말글빛냄, 2005

○ Ronald Syme 저, 허승일 외 1 역, 『Roman Revolution』(로마 혁명사), 한길사, 2006

○ Charles de Montesquieu 저, 김미선 역, 『Considérations sur les causes de la grandeur
des Romains et de leur décadence』(로마의 성공, 로마 제국의 실패), 사이, 2013

○ Aurelius Augustinus 저, 추인해 역, 『De civitate dei』(신국론), 동서문화사, 2013

○ Ray Laurence 저, 최기철 역, 『Roman Passion』(로마 제국 쾌락의 역사), 미래의 창,
2011

○ Gaius Sallustius Crispus 저, 『Bellum Jugurthinum』(유구르타 전쟁기)

○ Cassius Dio Cocceanus 저, 『Historia Romana』(로마사)

○ Titus Livius Patavinus 저, 『Ab Urbe Condita Libri』(로마사)

○ Augustus 저, 『Res Gestae Divi Augusti』(업적록)

○ Gaius Sallstius Crispus 저, 『Bellum Catilinae』(카틸리나 전쟁기)

○ Homeros 저, 천병희 역, 『Ilias』(일리아스), 숲, 2012

○ Homeros 저, 천병희 역, 『Odysseia』(오딧세이아), 숲, 2006

○ Platon 저, 천병희 역, 『Πολιτεια』(국가), 숲, 2013

○ Menandros 저, 천병희 역, 『메난드로스 희극(심술쟁이, 중재판정, 사모스의 여인,
삭발당한 여인)』, 숲, 2014

○ Euripides 저, 천병희 역, 『에우리피데스 비극 전집(안드로마케)』, 숲, 2009

○ Lucius Annaeus Seneca 저, 천병희 역, 『Dialogorum Libri Duodecim : De brevitate
vitae(인생의 짧음에 관하여), De tranquillitate animi(마음의 평정에 관하여), De
providentia(섭리에 관하여), De vita beata(행복한 삶에 관하여)』(인생이 왜 짧은가
: 세네카의 행복론), 숲, 2005

○ Lucius Annaeus Seneca 저, 김혁 외 3 역, 『De Beneficiis』(베풂의 즐거움), 눌민, 2015

○ Platon 저, 박종현 역, 『Pratonis Opera : Κριτων, Φαιδων』(플라톤의 대화 편 : 크리
톤, 파이돈), 서광사, 2003

○ Ramsay MacMullen 저, 김창성 역, 『Roman Government's Response to Crisis』(로마 제국의 위기:235~337년 로마 정부의 대응), 한길사, 2012

○ Flavius Josephus 저, 박정수 외 1 역 『Historia Ioudaikou Polemou Pros Romaious』(유대 전쟁사), (주)나남, 2008

○ B.H. Liddell Hart 저, 박성식 역, 『Scipio Africanus : Great than Napoleon』(스키피오 아프리카누스), 사이, 2010

○ Tom Holland 저, 김병화 역, 『Rubicon』(루비콘 : 공화정에서 제정으로, 로마 공화국 최후의 날들), 책과함께, 2017

○ Tom Holland 저, 이순호 역, 『Dynasty(다이너스티 : 카이사르 가문의 영광과 몰락), 책과함께, 2017

○ Philipp Vandenberg 저, 최상안 역, 『Nero』(네로 : 광기와 고독의 황제), 한길사, 2003

○ Gaius Petronius Arbiter 저, 강미경 역, 『satyricon』(사티리콘), 공존, 2008

○ Lucius Apuleius 저, 송병선 역, 『Metamorphoses』(황금 당나귀), 매직하우스, 2007

○ Barry Strauss 저, 최파일 역, 『Spartacus War』(스파르타쿠스 전쟁), 글항아리, 2011

○ Jean Yves Boriaud 저, 박명숙 역, 『Histoire de Rome』(로마의 역사), 궁리, 2007

○ Reinhart Raffalt 저, 김이섭 역, 『Grosse Kaiser Roms』(로마 황제들의 눈물), 찬섬, 1997

○ Pamela Marin 저, 추미란 역, 『Blood in the forum』(피의 광장 : 로마 공화정을 위한 투쟁), 책우리, 2009

○ K.R. Bradley 저, 차전환 역, 『Slaves and Masters in Roman Empire : A Study in Social Control』(로마 제국의 노예와 주인 : 사회적 통제에 대한 연구), 신서원, 2001

○ Jean-Marie Engel 저, 김차규 역, 『L'Empire romain』(로마 제국사), 한길사, 1999

○ Karl Wilhelm Weeber 저, 윤진희 역, 『Nachtleben im alten Rom』(고대 로마의 밤문화), 들녘, 2006

○ 장진쿠이 저, 남은숙 역, 『흉노제국 이야기』, 아이필드, 2010

○ 시부사와 다츠히코 저, 『세계 악녀 이야기』, 삼양미디어, 2009

○ Robert Knapp 저, 김민수 역, 『Invisible Romans』(99%의 로마인은 어떻게 살았을까), 이론과실천, 2012

○ Tomas R. Martin 저, 이종인 역, 『Ancient Rome : From Romulus to Justinian』(고

대 로마사), 책과함께, 2015

○ Carl Richard 저, 이광일 역, 『Why We're All Romans : The Roman Contribution to the Western World』(왜 우리는 로마인의 후예인가? : 고대 로마와 로마인의 입문서), 이론과실천, 2014

○ Simon Baker 저, 김병화 역, 『Ancient Rome』(처음 읽는 로마의 역사), 웅진지식하우스, 2008

○ Stephen Dado Collins 저, 조윤정 역, 『Caesar's legion』(로마의 전설을 만든 카이사르 군단), 다른세상, 2010

○ Indro Montanelli 저, 김정하 역, 『Storia di Roma』(로마 제국사), 까치, 1998

○ Ivar Lissner 저, 김지영 · 안미라 역, 『So Lebten Die Roemischen Kaiser』(로마 황제의 발견 : 천의 얼굴을 가진 사람들의 이야기), ㈜살림출판사, 2007

○ Procopius 저, 곽동훈 역, 『Αποκρυφη Ιστορια』(프로코피우스의 비잔틴제국 비사), 들메나무, 2015

○ Titus Lucretius Carus 저, 강대진 역, 『De Rerum Natura』(사물의 본성에 관하여), 아카넷, 2011

○ Christopher Kelly 저, 이지은 역, 『The Roman Empire : A Very Short Introduction』(로마 제국), 교유서가, 2015

○ 김덕수 저, 『아우구스투스의 원수정』, 길, 2013

○ 김진경 외 저, 『서양고대사강의』, 한울, 2011

○ 배은숙 저, 『강대국의 비밀』, 글항아리, 2008

○ 배은숙 저 『로마 검투사의 일생』, 글항아리, 2013

○ 임웅 저, 『로마의 하층민』, 한울, 2004

○ 정태남 저, 『로마 역사의 길을 걷다,』 마로니에북스, 2009

○ 차전환 저, 『고대 노예제 사회 : 로마 사회경제사』, 한울, 2015

○ 한국서양고대역사문화학회 엮음, 『아우구스투스 연구』, 책과함께, 2016

○ 허승일 저, 『로마 공화정 연구』, 서울대학교출판부, 1985

○ 허승일 외 저, 『로마 제정사 연구』, 서울대학교출판부, 2000

○ 최정동 저, 『로마제국을 가다』, 한길사, 2007

○ Bernard Haisch 저, 석기용 역, 『The God Theory』(신 이론), 책세상, 2010

○ Victor J. Stenger 저, 김미선 역, 『God The Failed Hypothesis』(신 없는 우주), 바다

출판사, 2013
- 미치오 카쿠 저, 박병철 역, 『Parallel Worlds』(평행 우주), 김영사, 2006
- Martin Bojowald 저, 곽영직 역, 『Once Before Time』(빅뱅 이전), 김영사, 2011
- Stephen Hawking 저, 김동방 역 『The illustrated a brief history of time』(그림으로 보는 시간의 역사) 까치글방 1998
- Brian Greene 저, 박병철 역, 『The Hidden Reality』(멀티 유니버스), 김영사, 2012
- 이지유 저 『처음 읽는 우주의 역사』 (주)휴머니스트 2012

- 강성길, "티베리우스 그라쿠스 농지법의 수혜 대상'" 『경북사학』 12(1989), pp.139~173
- 강성길, "로마 공화정 후기와 제정 초기 선거 민회의 '입후보 신고(professio)" 『대구사학』 72(2003), pp.277~310
- 강성길, "로마 공화정 후기 트리부스 선거민회의 투표 결과 공표를 위한 절차와 '집단 투표의 공정성'" 『서양고대사연구』 14(2004), pp.117~151
- 강성길, "로마 동맹국 전쟁과 내전 시기(기원전 91~82년) 신시민의 투표권" 『서양고대사연구』 17(2005), pp.91~129
- 강준창, "아우구스티누스와 국가권력 : 농민반란을 중심으로" 『역사와담론』 15(1987), pp.121~140
- 김경현, "129년 : Gracchani에 의한 Equites 정책의 맹아기? : 공마 반환법 (plebiscitum equorum reddendorum) 및 극장법(lex theatralis)과 관련하여(上)" 『사총』 27(1979), pp.49~75
- 김경현, "기원전 2세기 로마의 정치와 스토아 사상 : 티베리우스 그라쿠스의 개혁의 이념적 배경과 관련하여" 『서양사론』 27(1986), pp.1~42
- 김경현, "공화정 후기에서 제정 전기 사이 로마 상류층에서 '여성 해방'의 실제" 『서양고전학연구』 11(1997), pp.325~357
- 김경현, "제정기 로마시의 주택사정" 『에피스테메』 창간호(2007), pp.104~146
- 김경현, "공화정기 도시 로마의 수로 건설 배경에 관한 연구" 『중앙사론』 30(2009), pp.79~108

○ 김경현, "율리우스 카이사르의 신격화 : 그리스·로마 전통의 종합" 『서양고대사연구』 26(2010), pp.251~280

○ 김경현, "고대 로마의 페티알리스(fetialis)와 정당한 전쟁" 『역사학보』 216(2012), pp.137~163

○ 김경현, "로마 제국의 흥망" 『서양고대사연구』 33(2012), pp.33~96

○ 김경현, "팍스 로마나 시대, 로마 제국의 지배 원리 : 식민지 엘리트의 시선" 『역사학보』 217(2013), pp.3~36

○ 김경희, "로마의 지참금 제도에 관한 연구" 『서양고대사연구』 6(1998), pp.71~103

○ 김덕수, "프린키파투스의 위기와 아우구스투스의 원로원 재편(23-18 B.C)" 『서양사연구』 15(1994), pp.1~43

○ 김덕수, "아우구스투스의 혼인법들과 프린켑스" 『서양고전학연구』 11(1997), pp.295~324

○ 김덕수, "옥타비아누스와 레피두스의 권력 분쟁" 『서양사연구』 21(1997), pp.1~31

○ 김덕수, "아우구스투스 시기 켄투리아 민회에서의 정무관 선출권" 『서양고전학연구』 14(1999), pp.163~183

○ 김덕수, "로마 공화정에서 프린키파투스 체제로의 이행과 기사 신분(equester ordo)" 『역사교육』 105(2008), pp.165~184

○ 김덕수, "아우구스투스와 기사 신분 : 기능과 역할에 대하여" 『서양고대사연구』 25(2009), pp.147~174

○ 김덕수, "'로마 공화정의 교사' 리비우스와 역사의 모범 사례(exemplum) : 브루투스와 아우구스투스를 중심으로" 『역사교육』 123(2012), pp.217~242

○ 김병용, "서기 476년 중세의 시작? : 로마 제국과 게르만족의 관계를 중심으로" 『독일연구』 9(2005), pp.133~156

○ 김상수, "로마 공화정의 붕괴 원인에 관한 일고" 『서양사론』 9(1969), pp.94~100

○ 김상엽, "로마 공화정기의 곡물 문제와 정치" 『서호사학』 38(2004), pp.213~246

○ 김상엽, "로마 제정 초기 황제들의 곡물 정책" 『서양고대사연구』 15(2004), pp.79~102

○ 김상엽, "고대 로마의 저출산 현상과 아우구스투스의 결혼 법령 : 한국의 저출산 현상에 대한 대책과의 비교를 중심으로" 『호서사학』 44(2006), pp.121~141

○ 김상엽, "서기 2세기 로마 제국의 알리멘타(alimenta) 프로그램" 『역사와담론』

54(2009), pp.185~203

○ 김상엽, "로마 공화정 말기와 제정 초기 곡물 배급과 정치적 소통의 관계"『서양고 대사연구』35(2013), pp.175~218

○ 김선정, "원시 기독교의 사회적 정황 : 로마 황제 제의를 중심으로"『신약논단』 12:1(2005), pp.197~217

○ 김영목, "로마 공화정 말기 정치와 사적 관계"『서양고대사연구』8(2000), pp.39~62

○ 김창성, "로마 공화정기 사적소유농지에 대한 과세와 그 귀결 : 기원전 111년 농지 법 19~20행 분석"『서양사연구』17(1995), pp.137~162

○ 김창성, "로마 공화정 후기 마리우스의 '군제개혁'과 국가재정"『역사학보』 62(1997), pp.95~122

○ 김창성, "로마 공화정기 이탈리아 동맹국의 사회구조와 토지보유 관계 : 통일의 사회 · 경제적 지평 "『역사학보』165(2000), pp.177~210

○ 김창성, "로마 동맹국 전쟁 이후 이탈리아 자치도시의 구조와 중앙의 통제"『역사 학보』184(2004), pp.247~280

○ 김창성, "폴리비오스의 발전관과 혼합정체 국가들 : 이탈리아 동맹의 관점에서 다 시 읽기"『서양고대사연구』26(2010), pp.225~250

○ 김창성, "로마 최초 식민시 오스티아 건설의 목적"『서양고대사연구』28(2011), pp.207~235

○ 김창성, "로마의 속주 지배와 징세 청부 : 공화정 후기를 중심으로"『서양고대사연 구』35(2013), pp.141~173

○ 김칠성, "프린키파투스 체제 성립기의 급수 제도"『서양고대사연구』31(2012), pp.103~142

○ 김학철, "마태복음서와 로마의 통치 : 로마 제국과의 관계 설정의 문제를 중심으 로"『성서학술세미나』5(2008), pp.1~21

○ 김혜진, "망각된 얼굴들 : 제정기 로마 미술에서 기록 말살형에 드러난 정치적 금 기의 (역)효과"『미술사학보』42(2014), pp.7~28

○ 남성현, "로마법과 기독교 : 간통 및 이혼에 관한 로마법 전통과 4~6세기 기독교 시대의 칙법 전통"『서양고대사연구』29(2011), pp.195~260

○ 류호성, "자색 옷에 관한 역사적 고찰(눅 16:19-31)"『신약논단』19:1(2012),

pp.1~36

○ 박창식, "삭개오의 회개와 로마의 조세제도"『로고스경영연구』7:1(2009), pp.159~176

○ 배은숙, "전쟁을 통해 본 로마의 역사"『계명사학』22(2011), pp.93~137

○ 배은숙, "왕정기에서 3세기까지 로마 군대의 규모"『서양고대사연구』31(2012), pp.143~182

○ 배은숙, "율리아 추방의 정치적 의미"『대구사학』60(2000), pp.251~277

○ 서동진, "초기 기독교 공동체의 사회구조 변화"『서양고대사연구』5(1997), pp.53~69

○ 송유례, "역사속의 철인왕 : 율리아누스 황제의 인간애"『철학사상』34(2009), pp.143~178

○ 신명주, "로마 가족 내에서의 부모-자녀 관계"『서양고대사연구』7(1999), pp.43~67

○ 신미숙, "기원전 2세기 로마의 동방 정책과 '그리스인의 자유'"『서양고대사연구』 창간호(1993), pp.87~116

○ 신미숙, "제2차 마케도니아 전쟁의 원인"『서양사론』51(1996), pp.31~68

○ 신상화, "셉티미우스 세베루스의 군대개혁"『서양고전학연구』3(1989), pp.73~123

○ 안희돈, "로마 황제 베스파시아누스의 임페리움에 관한 법(A.D. 69)"『역사교육』 54(1993), pp.113~152

○ 안희돈, "율리우스-클라우디우스 황실기 로마시의 곡물 문제"『서양사론』 64(2000), pp.5~26

○ 안희돈, "네로 황제와 황금 궁전"『서양고대사연구』19(2006), pp.201~229

○ 안희돈, "로마제정 초기 왕조지배 정치선전의 구체적 양상"『서양고대사연구』 25(2009), pp.193~216

○ 안희돈, "고대 로마 교육에서 학생 체벌의 문제"『역사교육』115(2010), pp.199~220

○ 안희돈, "로마 공화정 후기 교육 환경의 성숙 : 도서관 건립과 그리스 지식인의 활동을 중심으로"『역사교육』126(2013), pp.277~301

○ 안희돈, "로마 공화정 중기 문학과 정치 : 리비우스 안드로니쿠스의 활동을 중심

으로"『서양고대사연구』35(2013), pp.112~140

○ 안재원, "고대 로마의 이상적 연설가(orator perfectus)론"『서양고전학연구』 20(2003), pp.119~140

○ 염창선, "초기 기독교와 로마 제국의 정치적 갈등과 대응"『서양고전학연구』 51(2013), pp.107~144

○ 오만규, "콘스탄티누스 체제의 등장과 그리스도교 군복무관의 체제화"『서양사론』 35(1990), pp.31~67

○ 오흥식, "로마의 튀케(τυχη)에 대한 폴리비오스의 견해"『서양사론』60(1999), pp.1~19

○ 이광·박영태, "로마 제국 시대에서 납의 생산 및 사용과 납중독"『환경과학논집』 4:1(1999), pp.343~364

○ 이송란, "폼페이 출토 유리용기와 로마인의 화장 문화"『인문과학연구논총』 35:1(2014), pp.305~336

○ 이승문, "로마 공동체의 경제적 갈등과 공존 : 로마서 14:1-15:13, 15:25-16:2 을 중심으로"『신약논단』18:2(2011), pp.557~598

○ 이은혜, "암브로시우스는 콘스탄티누스주의적 감독(Constantinian Bishop)인 가? : 대립과 결탁(감독 암브로시우스와 3명의 황제들)"『장신논단』45:4(2013), pp.117~140

○ 이지은, "로마 제정 초기의 황제 숭배"『서양고대사연구』25(2009), pp.217~250

○ 임웅, "고대 로마의 기아와 빵 그리고 정치 : 공화정 후기와 원수정기를 중심으로" 『서호사학』38(2004), pp.247~285

○ 정기문, "디오클레티아누스 황제의 최고 가격령"『서양사론』63(1999), pp.5~30

○ 정기문, "디오클레티아누스 황제의 세정 개혁 : 예산 개념의 도입과 형평성 제고 를 중심으로"『역사교육』72(1999), pp.79~99

○ 정기문, "후기 로마 제국은 쇠퇴와 몰락의 시기였는가?"『서양고전학연구』 13(1999), pp.277~300

○ 정기문, "로마 제정의 조세제도 정비와 그 한계"『서양고전학연구』14(1999), pp.217~240

○ 정기문, "서로마 제국의 멸망"『서양사연구』25(2000), pp.139~162

○ 정기문, "로마의 후마니타스와 인본주의"『서양고대사연구』30(2012),

pp.103~130

○ 정기환, "콘스탄티누스의 종교 정책(Ⅰ)" 『종교와문화』 4(1998), pp.179~195

○ 정기환, "콘스탄티누스의 종교 정책(Ⅱ)" 『종교와문화』 5(1999), pp.99~117

○ 정기환, "데키우스의 기독교 정책" 『한국교회사학회지』 9(2000), pp.165~212

○ 조남진, "스토아 사상과 로마법" 『서양고대사연구』 2(1994), pp.23~78

○ 조영식, "원수정기 로마 황제와 군대" 고려대 박사 학위 논문, 2005

○ 조영식, "임페라토르(imperator)로서의 로마 황제" 『서양고대사연구』 17(2005), pp.171~195

○ 조영식, "3세기 로마의 제국방어 군사전략" 『서양사연구』 35(2006), pp.3~28

○ 조은정, "방문객의 시선 : 로마 저택의 실제와 허상" 『서양미술사학회』 30(2009), pp.163~190

○ 조인형, "대박해(303~312)와 유세비우스의 서술" 『사총』 34(1988), pp.103~154

○ 조인형, "유세비우스와 콘스탄티누스 대제에 관한 연구 : Vita Constantini를 중심으로" 『강원사학』 5(1989), pp.119~187

○ 조인형, "콘스탄티누스 대제의 황태자 처형의 배경과 그 여파" 『서양고대사연구』 2(1994), pp.79~110

○ 지동식, "초기 로마 연구에 있어서의 제문제" 『사총』 11(1966), pp.1~12

○ 지동식, "Etrusci의 동방기원 서설 : R.S.Conway와 R.Blosh의 연구를 중심으로" 『사총』 12(1968), pp.35~58

○ 차영길, "로마 노예의 특유 재산(peculium)에 관한 연구 : 공화정말~제정초의 노예제에 미친 영향을 중심으로" 『사총』 28(1984), pp.99~130

○ 차영길, "로마 노예 해방과 경제적 배경 : 기원 1,2세기 이탈리아의 농업 노예를 중심으로" 『사총』 30(1986), pp.347~368

○ 차영길, "로마 가족사 연구(Ⅰ) : '파밀리아'(familia)의 상층구조" 『서양고대사연구』 3(1995), pp.77~102

○ 차영길, "로마 노예 공급원과 '쓰렙토스(θρεπτος)'" 『부산사학』 28(1995), pp.237~257

○ 차영길, "로마 경제의 '노예 대리인'(Ⅰ) : 빌리쿠스(vilicus)" 『부산사학』 29(1995), pp.139~153

○ 차영길, "로마 상업에서 '노예 대리인(actor)의 역할과 존재 형태" 『부산사학』

32(1997), pp.157~177

○ 차영길, "기원 1세기 로마 가족의 특징과 존재 형태"『역사와경계』49(2003), pp.61~86

○ 차영길, "로마 해상무역에서 노예대리인(mercator)의 역할"『중앙사론』32(2010), pp.307~335

○ 차영길, "고대 로마의 임산과 피임에 대한 이론과 실제"『역사와경계』76(2010), pp.233~258

○ 차전환, "기원전 2세기 전반 로마의 농장 경영 : 카토의 농업서를 중심으로"『역사학보』116(1987), pp.61~98

○ 차전환, "로마 공화정 말 제정 초기의 노예 가족"『호서사학』27(1999), pp.163~185

○ 차전환, "로마 제정 초기 북아프리카 황제령의 경영"『서양사론』76(2003), pp.5~32

○ 차전환, "기원전 4세기 로마인들은 어떻게, 무엇을 위해 전투했는가?"『서양고대사연구』25(2009), pp.119~145

○ 차전환, "로마 제정 초기 타키투스의 역사 서술"『서양사론』110(2011), pp.352~377

○ 차전환, "포에니 전쟁 : 카르타고 문명의 몰락"『서양고대사연구』35(2013), pp.77~110

○ 최온, "원수정기 로마 지배 하의 아테네 : 헤로데스 아티코스(Herodes Attikos)와 그의 가문"『서양고대사연구』20(2007), pp.147~200

○ 최주연, "기원전 1세기 도시 로마의 곡물 문제와 정치 : 클로디우스 곡물법을 중심으로"『서양고대사연구』30(2012), pp.67~102

○ 최화선, "로마 공화정 말기의 '종교religio'와 '미신superstitio' 개념"『서양고전학연구』17(2001), pp.133~154

○ 최혜영, "율리아누스 황제의 이교주의"『대구사학』41(1991), pp.185~233

○ 최혜영, "크로노스의 황금 시대"『대구사학』56(1998), pp.141~163

○ 최혜영, "로마 황제 숭배와 기독교"『서양고대사연구』19(2006), pp.87~115

○ 최혜영, "고대 로마의 지식인"『서양사연구』34(2006), pp.5~35

○ 한도령, "건강한 신체에 건건한 정신이 깃든다 : 플라톤과 아리스토텔레스를 중심

으로"『한국웰니스학회지』9:2(2014), pp.1~11

○ 허승일, "Tiberius Gracchus의 농지 정책 : 로마 혁명의 발단과 연관하여"『서양사학』7(1967), pp.105~109

○ 허승일, "티베리우스 그라쿠스의 로마시 곡물수급계획"『역사학보』142(1994), pp.273~330

○ 허승일, "그라쿠스 형제 개혁 시대의 도시 로마의 경제 위기"『서양고전학연구』19(2012), pp.51~79

○ 허중권, "세계사에서의 무기 발달과 전술 전략의 변화"『국방과기술』259(2000), pp.64~67

○ Heinz Bellen, 조인학 역, "로마 황제 이념의 기독교화에 대하여 : 콘스탄티누스 황제에서 테오도시우스 황제까지"『서양고대사연구』2(1994), pp.129~152

○ Internet Britanica 백과사전

○ Internet 한국어 Wikipedia 등 그 외